Die Novemberpogrome in den rheinhessischen Landgemeinden – eine vergleichende Regionalstudie

Rheinhessische Wege in den Nationalsozialismus
TEIL 2

Herausgegeben vom
Förderverein Projekt Osthofen e.V.

Impressum

Hrsg. vom Förderverein Projekt Osthofen e.V.

Die Novemberpogrome in den rheinhessischen Landgemeinden – eine vergleichende Regionalstudie

Rheinhessische Wege in den Nationalsozialismus
TEIL 2

1. Auflage, Januar 2022

in der Kultur und Veranstaltungs GmbH Worms
Von-Steuben-Straße 5 · 67549 Worms

Gestaltung und Produktion: Schäfer & Bonk, Worms

ISBN 978-3-947884-52-0

In dieser Publikation druckt der Förderverein Projekt Osthofen e.V. eine wissenschaftliche Arbeit ab, die an der Universität Mainz im Jahr 2020 im Fach Geschichte als Masterarbeit eingereicht wurde. Aus diesem Grund haben wir uns entschieden, das ursprüngliche Deckblatt beizubehalten. Desgleichen haben wir uns entschieden, die Schreibweise der ursprünglichen Arbeit in Bezug auf das generische Maskulinum beizubehalten. Diese Entscheidung ist vor allem darin begründet, dass die überwiegende Mehrzahl der benutzen Quellentexte – vor allem aufgrund ihres Alters – ebenfalls im generischen Maskulinum geschrieben sind.

Die Novemberpogrome in den rheinhessischen Landgemeinden – eine vergleichende Regionalstudie

Hausarbeit zur Erlangung des Akademischen Grades

Master of Arts

vorgelegt dem Fachbereich 07 –
Geschichts- und Kulturwissenschaften
der Johannes-Gutenberg-Universität Mainz

von **Christian Müller**
geboren am 21. Februar 1995 in Wiesbaden

2020

Fach:	Geschichte (Schwerpunkt Neuzeit)
Erstgutachter:	Prof. Dr. Michael Kißener
Zweitgutachter:	PD Dr. Markus Raasch

Inhalt

Grußwort

Liebe Leser*innen, liebe Interessierte,

elf Jahre nach dem Erscheinen des ersten Bandes von »Rheinhessische Wege in den Nationalsozialismus« ist es mir als Erste Vorsitzende des Fördervereins Projekt Osthofen e.V. eine große Freude, Ihnen den zweiten Band vorstellen zu dürfen. Die Regionalforschung zum Nationalsozialismus bleibt ein Forschungsgebiet, auf dem noch viele Erkenntnisse zu gewinnen sind, und der Förderverein Projekt Osthofen e.V. trägt gerne dazu bei.

Handelte es sich beim ersten Band noch um eine Sammelpublikation, veröffentlichen wir im vorliegenden Band die Arbeit eines einzelnen Autors. Auch der thematische Fokus ist leicht verändert. Christian Müller hat tief und detailliert zur Geschichte der Novemberpogrome 1938 in einer Vielzahl rheinhessischer Landgemeinden recherchiert. Er arbeitet Muster, die sich wiederholen, ebenso heraus wie örtliche Spezifika. Genau wie vom ersten Band der Reihe »Rheinhessische Wege in den Nationalsozialismus« lässt sich vom vorliegenden zweiten Band sagen, dass er Neuland betritt, indem er die Arbeit einzelne Pogrome in rheinhessischen Landgemeinden in einen größeren Zusammenhang bringt und einordnet. Dabei gelingt es Müller stets, örtliche Charakteristika zu würdigen.

Die Novemberpogrome 1938 haben in vielen Orte und Gemeinden tiefe und irreversible Schäden hinterlassen und Traumata hervorgerufen, die zum Teil bis heute unter der Oberfläche spürbar sind. Der vorliegende Band möchte zum Verständnis dieser komplexen Ortsgeschichten beitragen.

Im Namen des Fördervereins Projekt Osthofen e.V. möchte ich mich sehr herzlich beim Autor Christian Müller bedanken, dass er uns das große Vertrauen entgegenbringt, seine Arbeit zu veröffentlichen. Ihnen, liebe Leser*innen, wünsche ich eine spannende Lektüre.

WALTRAUD WERNER
Vorsitzender Förderverein Projekt Osthofen e.V.

Dank

Für mich als Autor ist diese Veröffentlichung ein schöner Abschluss meiner Masterarbeit, die als Grundlage dieser Veröffentlichung diente. Dadurch, dass diese Masterarbeit meinen Studienabschluss markierte, werde ich stets die Recherchezeit, Schreibzeit, Prüfungszeit und Veröffentlichung in besonderer Erinnerung behalten. Damit wird auch stets der Dank an alle verbunden sein, die diese Masterarbeit und die Veröffentlichung ermöglicht haben.

Zunächst möchte ich mich bei Prof. Dr. Michael Kißener von der Universität Mainz bedanken, der meine Masterarbeit als Erstgutachter betreut hat – in einer Zeit, in der die Pandemie die Betreuung erheblich erschwert hat. Gleiches gilt für PD Dr. Markus Raasch, der mir als Zweitgutachter ebenfalls mit Rat zur Seite stand.

Ohne die vielen Ratschläge und Tipps von Heimathistorikern, die sich um die Geschichte ihres Ortes oder ihrer Stadt verdient gemacht haben, hätte ich einige Spuren wahrscheinlich nicht aufnehmen können. Ihnen sage ich ebenfalls Danke – insbesondere für die Offenheit, Gesprächsbereitschaft und das vielfältige Quellenmaterial.

Das Quellenmaterial in den kommunalen und staatlichen Archiven habe ich auf vielfältige Weise für die Masterarbeit ausgeschöpft – und ich bin jedem dankbar, der in diesen Archiven arbeitet und mich bei der Recherche unterstützt hat. Neben einigen Archivarinnen und Archivaren möchte ich an dieser Stelle Marion Vogt (Landeshauptarchiv Koblenz) hervorheben, durch deren fachkundige Unterstützung ich mir innerhalb kürzester Zeit einen Einblick in eine dreistellige Zahl an Spruchkammerakten verschaffen konnte. Angesichts der Corona-Pandemie war die Archivarbeit mitunter ein Geduldsspiel, das sich aber ausgezahlt hat.

Vor allem aber möchte ich dem Förderverein Projekt Osthofen e.V. danken, ohne den diese Publikation nicht möglich gewesen wäre. Durch die Bereitschaft der Herausgeber, diese Masterarbeit nach redaktioneller Prüfung zu veröffentlichen, können die

Ergebnisse einem breiten Publikum in einem wissenschaftlichen Rahmen vorgestellt werden. Dass die Arbeit in der Reihe »Rheinhessische Wege in den Nationalsozialismus« veröffentlicht wird, ist für mich eine große Ehre, da mich der erste Band während meines Studiums und auch im Rahmen der Recherche für diese Arbeit begleitet hat. Für diese kompetente wie reibungslose Zusammenarbeit bei der Veröffentlichung danke ich dem Förderverein.

Ich hoffe, dass Ihnen diese Arbeit einige neue Erkenntnisse hinsichtlich der Novemberpogrome im rheinhessischen Kontext bringen wird. Wenn ich Personen in meiner Arbeit genannt habe, so bitte ich zu berücksichtigen, dass es mir zu keinem Zeitpunkt darum geht, persönliche Abrechnungen vorzunehmen. Viele der genannten Orte kenne ich nur als Besucher; ortsspezifische Sympathien oder Antipathien bezüglich Personen sind mir fremd. Quellenmaterial – hier ist stets eine Einordnung und Abwägung vorgenommen worden – sowie Einschätzungen aus der Sekundärliteratur dienen mir als Grundlage und sollten generell die Grundlage jeder wissenschaftlichen Publikation sein.

CHRISTIAN MÜLLER

Abkürzungsverzeichnis

C.V.	Central-Verein deutscher Staatsbürger jüdischen Glaubens (insbesondere seit der Weimarer Republik auch Centralverein)
DDP	Deutsche Demokratische Partei
DNVP	Deutschnationale Volkspartei
DVSTB	Deutschvölkischer Schutz- und Trutzbund
Gestapo	Geheime Staatspolizei
HCITR	Haute Commission interalliée des territoires rhénans
HJ	Hitlerjugend
HWNW	Hilfswerk Nordwest
NSDAP	Nationalsozialistische Deutsche Arbeiterpartei
NSDAP/AO	Auslandsorganisation der ↗NSDAP
OHL	Oberste Heeresleitung
RAD	Reichsarbeitsdienst
SA	Sturmabteilung
SD	Sicherheitsdienst des Reichsführers SS
SPD	Sozialdemokratische Partei Deutschlands
SS	Schutzstaffel
RjF	Reichsbund jüdischer Frontsoldaten
VDA	Verein für Deutsche Kulturbeziehungen im Ausland (1933: Verein für das Deutschtum im Ausland)
ZVfD	Zionistische Vereinigung für Deutschland

1

Einleitung

1.1 Schicksale und Splitter

Der 9. November ist ein wechselvoller Tag in der deutschen Geschichte. Die Bundeszentrale für politische Bildung nennt ihn sogar den »Schicksalstag der Deutschen«.[1] Diese pathetische Formulierung ist durchaus berechtigt.[2] Die doppelte Ausrufung der Republik durch Philipp Scheidemann und Karl Liebknecht beendete das Kaiserreich am 9. November 1918. Der Hitlerputsch, Höhepunkt des »Krisenjahres« 1923, scheiterte am 9. November 1923. 66 Jahre später brachte der 9. November 1989 den Mauerfall und bildete den Startschuss zu einem Transformationsprozess in der DDR, der in der Wiedervereinigung mündete.

Für die Zeit des Nationalsozialismus markiert der 9. November 1938 ebenfalls ein einschneidendes Ereignis. An jenem Tag, wie in den Tagen davor und danach, entlud sich ein landesweiter antise-

1 Goll, Thomas (Hrsg.): Der 9. November – Schicksalstag der Deutschen. Bonn 2011.

2 Vgl. Conze, Eckart: Ein schwieriger Gedenktag. Der 9. November in Geschichte und Erinnerung. In: Hessisches Jahrbuch für Landesgeschichte 69 (2019). S. 1. Dieser Artikel reflektiert auch die Rezeptionsgeschichte. Vgl. auch das Interview mit Martin Sabrow in der Märkischen Allgemeinen vom 09.11. 2019.

mitischer Furor, gelenkt von Regierungsseite, verbreitet von lokalen Unterstützern, beobachtet von Millionen: die Novemberpogrome. Diese antisemitischen Exzesse bedeuteten einen neuen Höhepunkt des seit 1933 staatlich geförderten Antisemitismus. Nicht umsonst bezeichnete der Historiker Avraham Berkai das Jahr 1938 als »Schicksalsjahr«.[3] In jüdischen Erinnerungen spielen die Novemberpogrome eine zentrale Rolle, so auch für den Moderator Hans Rosenthal:

> »Für mich, den Dreizehnjährigen, zerbrach in dieser Nacht endgültig eine Welt, die schon stark beschädigt und nur in wenigem noch heil gewesen war, seit das ›Heil‹-Gebrüll der Nazis uns in den Ohren dröhnte.«[4]

Robert Behr, ein jüdischer Jugendlicher aus Berlin, erinnert sich ähnlich:

> »For the first time, we became scared and began to fear for our lives and didn't trust anyone [...]. All the dreams we had of being part of the German people. There was nothing left that made you think you could possibly still be a German.«[5]

Die Novemberpogrome bildeten Splitter und Narben in den Biografien vieler jüdischer Überlebender und im Ortsbild vieler Gemeinden, die durch die Novemberpogrome 1938 jüdisches Leben vernichtet und verloren haben – auch in Rheinhessen. Denn nicht nur die beiden Berliner Jugendlichen haben die Novemberpogrome erlebt, sondern auch rheinhessische Juden in den Landgemeinden zwischen Bingen, Mainz, Oppenheim und Worms. Diese Regionalstudie wird daher der Frage nachgehen, wie die Novemberpogrome

3 Wildt, Michael: Volksgemeinschaft als Selbstermächtigung. Gewalt gegen Juden in der deutschen Provinz, 1919–1939. Hamburg 2007. S. 309.

4 Rosenthal, Hans: Zwei Leben in Deutschland. Bergisch Gladbach ^{3}1987. S. 36.

5 Interview mit Robert Behr durch das University of Southern California Shoah Foundation Institute for Visual History and Education (Auszug). Zit. nach: https://www.yadvashem.org/education/educational-materials/ceremonies/kristallnacht.html#footnote14_fk5b1w1 (zuletzt aufgerufen am 14. April 2021).

in ausgewählten rheinhessischen Landgemeinden verliefen. Damit verbunden ist die Untersuchung, inwieweit ortsübergreifende Netzwerke eine Rolle gespielt haben oder inwiefern es ortsspezifische Besonderheiten gab.

Diese Arbeit nimmt die Gemeinsamkeiten und Unterschiede zwischen den Gemeinden in den Blick und verfolgt damit einen vergleichenden, landesgeschichtlichen Ansatz, der angesichts regionaler Zusammenhänge bzw. Eigendynamiken spannend und notwendig ist. Die vergleichende Analyse regionaler Prozesse ist in den letzten Jahrzehnten stärker in den Forschungsfokus gerückt und für die Zeit des Nationalsozialismus postuliert worden, z. B. von Kißener: »[Es] liegt auf der Hand, dass ein Verzicht auf den Vergleich ein herber Verlust an Erkenntnis wäre.«[6] Überregionale Entscheidungen erscheinen hier in klarerem Licht. Doch für diesen Vergleich benötigt der Historiker zunächst zwei Untersuchungsgegenstände – eine Erläuterung des ubiquitären Wortes »Novemberpogrom« und eine Abgrenzung des Untersuchungsraumes dieser Arbeit.

6 Kißener, Michael: Chancen und Probleme regionalgeschichtlicher Forschungen zur NS-Zeit in forschungspraktischer Perspektive. In: Ruck, Michael / Pohl, Karl Heinrich (Hrsg.): Regionen im Nationalsozialismus (= Institut für schleswig-holsteinische Zeit- und Regionalgeschichte, Band 10). Bielefeld 2003. S. 64.

1.2 Das Wort und der Raum – Untersuchungsgegenstände

1.2.1 DAS WORT – DER POGROMBEGRIFF

Auch wenn diese Arbeit keine sprachgeschichtliche Untersuchung darstellt, sollte der zentrale Begriff »Novemberpogrom« kurz erläutert und von anderen Bezeichnungen in Quellen und Literatur abgegrenzt werden. Den Anfang macht »Judenaktion«, von Zeitzeugen und Nachkriegsprozessen gleichermaßen genutzt. Für die wissenschaftliche Verwendung ist er ungeeignet, da er nicht nur den Geist nationalsozialistischer Schreibtischsprache atmet, sondern auch die Pogrome in einen Topf mit anderen antijüdischen Ereignissen wirft, sodass man sich stets fragt, welche der vielen nationalsozialistischen »Judenaktionen«, vom sog. »Aprilboykott« bis Auschwitz, gemeint ist.

»Kristallnacht«, als eine Art »pars pro toto« wegen der zerstörten Fensterscheiben nach der antijüdischen Gewalt zeitgenössisch entstanden, stößt nach anfänglicher Popularität gesellschaftlich zunehmend auf Ablehnung:

> »Die These: ›Kristallnacht‹ suggeriert zerbrechende Scheiben und zerstörte Kronleuchter und macht nicht ausreichend deutlich, dass nach derzeitiger Schätzung bis zu 1.500 Menschen getötet wurden.«[7]

Trotz dieser berechtigten Einwände bleibt dieser Begriff im Ausland wegen der Übernahme aus dem Deutschen unangetastet (vgl. *»Night of Broken Glass«* oder *»nuit de cristal«*).

Ein vergleichsweise unbelasteter Begriff ist »Reichspogromnacht«: Hier wird »pogrom« *(погром)*, ein veraltetes russisches Wort für »umfassende Zerstörung«, genutzt, das anlässlich der antijüdischen Gewaltwelle im zaristischen Russland der 1880er-Jahre verwen-

7 https://www.deutschlandfunk.de/nachgefragt-warum-ist-der-begriff-kristallnacht-verschwunden.2852.de.html?dram:article_id=432858 (zuletzt aufgerufen am 14. April 2021).

det wurde.[8] Auch wenn Historiker die Unterschiede zwischen den Ereignissen im Zarenreich und im »Dritten Reich« betonen, nutzen Zeitzeugen dieses Wort wie »selbstverständlich«.[9] Für die vorliegende Regionalstudie ist die Bezeichnung »Reichspogromnacht« aber irreführend: Sie suggeriert ein einmaliges nächtliches Ereignis. Diese Arbeit wird aber Tathergänge am helllichten Tag bzw. an mehreren Tagen präsentieren.[10] Daher bietet sich der Begriff »Novemberpogrome« an, der ideologisch-unsaubere Begriffe (»Judenaktion«) vermeidet, den metaphorisch-euphemistischen Duktus (»Kristallnacht«) umgeht und die regionalgeschichtlichen Besonderheiten berücksichtigt. Dementsprechend wird diese Arbeit außer bei Zitaten den Begriff »Novemberpogrome« nutzen.

1.2.2 DER RAUM – ZWISCHEN SELZTAL UND RHEIN

Der Untersuchungsraum dieser Arbeit umfasst eine subjektive, wenn auch nicht komplett willkürliche Auswahl rheinhessischer Gemeinden. Diese Auswahl aus strukturell-historischen wie forschungspragmatischen Gründen berücksichtigt so die »idealtypischen Auswahlstrategien« für geschichtswissenschaftliche Untersuchungsräume.[11] Zur strukturell-historischen Ebene gehören Landkreise; für diese Arbeit sind dies Mainz und Bingen sowie der Kreis Oppenheim, der im Zuge einer Verwaltungsreform zum

---

8 Wiese, Stefan: Pogrome im Zarenreich. Dynamiken kollektiver Gewalt. Hamburg 2016. S. 10f.

9 Kellerhoff, Sven Felix: Ein ganz normales Pogrom. November 1938 in einem deutschen Dorf. Stuttgart 2018. S. 18.

10 Dies war beileibe kein rheinhessisches Phänomen. Für Tatzeitpunkte in den badischen Landgemeinden, vgl. Baumann, Ulrich: Zerstörte Nachbarschaften. Christen und Juden in badischen Landgemeinden 1862–1940 (= Studien zur jüdischen Geschichte 7). Hamburg 2000. S. 238.

11 Steber, Martina: Die Eigenkraft des Regionalen. Die ungeschöpften Potenziale einer Geschichte des Nationalsozialismus im kleinen Raum. In: Schmiechen-Ackermann, Detlef (Hrsg.): Der Ort der »Volksgemeinschaft« in der deutschen Gesellschaftsgeschichte. Paderborn 2018. S. 54f.

November 1938 aufgelöst und in die anderen beiden Landkreise integriert wurde.[12] Somit werden Teile des südlichen Rheinhessens wie Alzey und Worms nicht behandelt. Außerdem werden ja Landgemeinden untersucht; Städte wie Mainz, Bingen und Oppenheim fallen weg. Berücksichtigt werden dagegen die Ingelheimer Gemeinden, die erst 1939 zur Stadt Ingelheim vereinigt wurden, während Nieder-Olm und Nierstein 2006 bzw. 2013 die Stadtrechte erhielten.

Um den Umfang der Arbeit angemessen zu halten, hat sich der Autor zudem entschieden, subjektive wie forschungspraktische Eingrenzungen vorzunehmen: So werden mit dem Selztal im Westen und dem Rhein im Osten zwei natürliche Grenzen gezogen, welche einen Teil des Kreises Bingen aus der Studie herausfallen lassen.[13] Außerdem werden die später zu Mainz eingemeindeten Ortschaften ebenfalls nicht berücksichtigt, mit Ausnahme von Ebersheim, das wegen seiner geografischen Lage und traditionell engen Verbindung zu Nieder-Olm eine Sonderrolle einnimmt. Anders sieht es bei Orten am Rande des Untersuchungsraumes aus: Dolgesheim und Hillesheim sowie Undenheim gehörten zwar als weltliche Gemeinden zum Kreis Mainz; die jüdischen Bürger zählten sich aber zum Rabbinatsbezirk Alzey bzw. zur jüdischen Gemeinde Schornsheim im Landkreis Alzey, welche zum Rabbinatsbezirk Alzey gehörte.[14]

---

12 Für die Entwicklung der Verwaltung, vgl. Würz, Markus: Die Zeit des Nationalsozialismus in Rheinhessen. Ein Überblick über die (Forschungs-)Literatur. In: »Beseelt mit Hitlergeist« … bis zum bitteren Ende. Nationalsozialismus im Alzeyer Land. Begleitband zur Sonderausstellung im Museum Alzey, Alzeyer Geschichtsblätter (Sonderheft 26). Alzey 2012. S. 17. Siehe StA Mainz, VOA 11/35 für eine weitere Verwaltungsreform, die Auflösung der Provinzen Starkenburg, Oberhessen und Rheinhessen.

13 Dabei handelt es sich u.a. um die jüdischen Gemeinden von Gau-Algesheim und Gensingen.

14 Für die Synagogengemeinden Hillesheim-Dolgesheim sowie Schornsheim (mit Gabsheim und Undenheim), vgl. http://www.alemannia-judaica.de/hillesheim_synagoge.htm und http://www.alemannia-judaica.de/schornsheim_synagoge.htm (beide zuletzt aufgerufen am 14. April 2021). Vgl. zu den Rabbinatsbezirken außerdem Penßel, Renate: Jüdische Religionsgemeinschaften als Körperschaften des öffentlichen Rechts. Von 1800 bis 1919 (= Forschungen zur kirchlichen Rechtsgeschichte und zum Kirchenrecht, Band 33). Köln 2014. S. 295.

Da diese Gemeinden die Kriterien des Untersuchungsraumes nur teilweise abdecken, fallen sie aus der Regionalstudie weitgehend heraus und spielen als Übergangsraum nur eine Nebenrolle. Dieser Übergangsraum zeigt aber, wie fließend jede gezogene Grenze sein kann.

Trotz dieser Einschränkungen bleibt ein Konglomerat aus über 40 Gemeinden zwischen Selztal und Rhein übrig. Der Fokus lässt sich aber weiter schärfen. Nicht alle Gemeinden können auf jüdisches Leben im 20. Jahrhundert zurückblicken, entweder weil Juden nie vor Ort gelebt oder den Ort vor 1900 verlassen haben. In diese Kategorien fallen Bubenheim,[15] Budenheim, Elsheim, Engelstadt, Frei-Weinheim,[16] Friesenheim,[17] Gau-Bischofsheim, Ludwigshöhe, Schwabsburg,[18] Sporkenheim,[19] Uelversheim,[20] Wackernheim, Weinolsheim,[21] Wintersheim[22] und Zornheim. In anderen Gemeinden lassen sich für den November 1938 keine jüdischen Bürger

15 Vgl. Meyer, Hans-Georg / Mentgen, Gerd: Sie sind mitten unter uns. Zur Geschichte der Juden in Ingelheim. Ingelheim 1998. S. 76. Im Jahr 1835 ließen sich zuletzt Juden in Bubenheim nachweisen.

16 Vgl. Meyer, Hans-Georg: »Wer mit Juden handelt, gilt daher als unehrenhaft«. Die Geschichte der israelitischen Gemeinde Ingelheim. In: Ders./Klausing, Caroline (Hrsg.): Freudige Gefolgschaft und bedingungslose Einordnung …? Der Nationalsozialismus in Ingelheim. Ingelheim 2011. S. 421.

17 Vgl. Schwamb, Walter: Die jüdischen Bewohner der Selztalgemeinden und ihrer Nachbardörfer. Ihre Schicksale. Köngernheim 2012. S. 38; Neumer, Franz: Friesenheim. Geschichte eines Dorfes in Rheinhessen. Alzey 2001. S. 94.

18 Vgl. Dokumentation der jüdischen Bevölkerung in Rheinland-Pfalz und im Saarland von 1800 bis 1945 (Band 5). Koblenz 1975. S. 156.

19 Vgl. Meyer in Meyer / Klausing: »Wer mit Juden handelt, gilt daher als unehrenhaft«. S. 421.

20 Vgl. Dokumentation der jüdischen Bevölkerung. S. 156. Uelversheim hieß bis 1930 Wald-Uelversheim. Vgl. dazu Landskrone Oppenheimer Kreisblatt vom 19. Juli 1950.

21 Vgl. Brilmayer, Karl Johann: Rheinhessen in Vergangenheit und Gegenwart. Geschichte der bestehenden und ausgegangenen Städte, Flecken, Dörfer, Weiler und Höfe, Kloster und Burgen der Provinz Rheinhessen nebst einer Einleitung. Gießen 1905. S. 453.

22 Vgl. Rohde, Matthias: Juden in Rheinhessen. Studien zur wirtschaftlichen und sozialen Lage in der ersten Hälfte des 19. Jahrhunderts. Tönning 2007. S. 384.

mehr nachweisen: Zu dieser Liste gehören Dexheim,[23] Eimsheim,[24] Essenheim,[25] Groß-Winternheim,[26] Köngernheim,[27] Lörzweiler,[28] Nackenheim,[29] Schwabenheim,[30] Selzen,[31] Sörgenloch[32] und Stadecken.[33] Diese Gemeinden sind für den historischen Kontext inte-

23 Vgl. https://www.regionalgeschichte.net/rheinhessen/dexheim.html (zuletzt aufgerufen am 14. April 2021).

24 Vgl. LA Speyer, H 53, Nr. 1776. Die Bürgermeisterei antwortete auf das Rundschreiben der Kreisverwaltung bzgl. Schäden während der Novemberpogrome: »Juden sind hier keine wohnhaft«.

25 Vgl. Mossel, Stefan: Juden in Essenheim. In: Ders. (Hrsg.): Essenheim. Geschichte und Gegenwart. Ingelheim 2013. S. 127. Vgl. auch LA Speyer, Bestand H 53, Nr. 1436; Brief von Eugenio (Eugen) Sters vom 1. September 1947. In: LHA Koblenz, Bestand 856, Nr. 137333. Der letzte Essenheimer Jude wanderte 1937 aus.

26 Vgl. Dokumentation zur Geschichte der jüdischen Bevölkerung in Rheinland-Pfalz und im Saarland von 1800 bis 1945. Band 5: Statistische Materialien zur Geschichte der jüdischen Bevölkerung. Koblenz 1975. S. 154.

27 Vgl. Schwamb, Walter: Von Cuningisheim bis Köngernheim. Ein Dorf und seine Geschichte. Köngernheim 2006. S. 40. Die letzte jüdische Familie verzog demnach im Jahr 1934 von Köngernheim nach Mainz.

28 Vgl. die vorliegenden Gedenkbucheinträge https://www.bundesarchiv.de/gedenkbuch/de1253085 sowie https://www.bundesarchiv.de/gedenkbuch/de1000516 (beide zuletzt aufgerufen am 14. April 2021). Danach waren Josef und Sofie / Sophie Herz Lörzweiler bereits vor 1937 nach Mainz umgezogen. Sie waren evtl. die beiden Juden Lörzweilers bei Brilmayer (vgl. Rheinhessen in Vergangenheit und Gegenwart, S. 267).

29 Vgl. Landskrone Oppenheimer Kreisblatt vom 31. Oktober 1938.

30 Vgl. StA Ingelheim, Rep / III/543/144–170. Bis 1905 hieß diese Gemeinde »Sauerschwabenheim«.

31 Vgl. Mainzer Anzeiger vom 12. November 1938 mit der Meldung, dass die letzte »Judenfamilie« ausgewandert sei. Wahrscheinlich ist die Familie Mann gemeint, die am 16. September 1938 nach Amerika ausgewandert ist (vgl. LA Speyer, Bestand H 53, Nr. 1439). Im Mainzer Anzeiger wird »Amerika« ebenfalls als Auswanderungsziel genannt.

32 Vgl. LA Speyer, H 53, Nr. 1776. Laut Bürgermeisterei gab es im Juni 1938 keine Juden in Sörgenloch. Die letzten jüdischen Bürger, eine Frau und ihre Tochter, waren entweder verstorben oder weggezogen. Vgl. Mitteilungsblatt des Landesverbandes israelitischer Religionsgemeinden in Hessen (7/1928). S. 3.

33 Vgl. LA Speyer, Bestand H 53, Nr. 1776. Nach einer Antwort auf ein Rundschreiben im Juni 1938 waren laut Bürgermeisterei Stadecken keine Juden mehr im Ort wohnhaft.

ressant, spielen für den Hauptteil aber keine Rolle. Dalheim und Harxheim mit ein bis zwei Juden verzeichneten zudem keine Vorkommnisse während der Novemberpogrome.

Die verbliebenen rheinhessischen Gemeinden offenbaren eine regionale Unterteilung: Einerseits findet sich im nördlichen Rheinhessen mit den beiden Ingelheimer Gemeinden Ober-Ingelheim und Nieder-Ingelheim ein jüdisches Zentrum, das die jüdische Filialgemeinde Heidesheim einschloss. Im zentralen Rheinhessen markieren andererseits die Gemeinden Nieder-Olm und Ebersheim mit ihren eigenständigen jüdischen Gemeinden ein weiteres Zentrum, das von den benachbarten Ortschaften Jugenheim, Hahnheim, Ober-Olm, Klein-Winternheim und Mommenheim ergänzt und abgerundet wird. Dieses Gebiet aus kleinen Ortschaften im zentralen Rheinhessen besitzt traditionell eine Scharnierfunktion zwischen dem nördlichen und südlichen Rheinhessen, was auch bei den Novemberpogromen deutlich wurde. Im südlichen Rheinhessen liegt der Fokus auf Nierstein und Guntersblum, während Bodenheim und Dienheim wegen ihrer im Jahr 1938 kleinen jüdischen Gemeinden eine untergeordnete Rolle einnehmen.

1.3 Gegen das Vergessen? – Der Quellen- und Literaturüberblick

Die Archivsituation zu diesem Thema und dem vorgestellten Untersuchungsraum kann als disparat, aber auch als umfangreich bezeichnet werden. Wechselnde territoriale Zugehörigkeiten, unzureichende Aktenübergabe nach dem Krieg sowie lokale Aktenvernichtung durch Kriegsschäden und ehemalige Mitglieder der NS-Verwaltung haben Lücken in die Überlieferung gerissen, welche nur mühsam geschlossen werden können. Dennoch besitzen zahlreiche Archive wertvolles Material: So verfügt das Landesarchiv Speyer z.B. über die Akten des Landratsamtes Mainz[34] sowie Prozessakten und Entschädigungsverfahren.[35] Gerade die Prozessakten sind ein wichtiger Bestand, der sorgfältiger quellenkritischer Prüfung bedarf. Da die Arbeit Ortschaften umfasst, kannten sich Opfer, Zeugen und Beschuldigte oftmals gut; Sympathien und Antipathien waren unvermeidlich.[36] Gleichzeitig kam es mitunter zu einer fehlenden Aufklärung der Geschehnisse, verschärft durch nachlässige Gerichte.[37] Selbst wenn polizeiliche Ermittlungen mit Nachdruck geführt wurden, konnten mitunter kaum Zeugen gefunden werden,[38] was eine sorgfältige Gegenüberstellung der wenigen Aussagen voraussetzt.

Ein vergleichbares quellenkritisches Vorgehen kommt den Spruchkammerakten zu, die sich für diese Region im Landeshauptarchiv Koblenz befinden.[39] Wie Kißener zu Recht betont,

34 Vgl. im Landesarchiv Speyer die Bestände H 53 (Kreisamt Mainz), J 44 (Amtsgericht Mainz) und J 46 (Amtsgericht Oppenheim).

35 Für die Nachkriegsprozesse, vgl. z.B. den Bestand J 76 (Staatsanwaltschaft beim Landgericht Mainz).

36 Da der Autor in den Orten nicht jede familiengeschichtliche oder ortshistorische Sympathie bzw. Antipathie kennen kann, wurden die Zeugenaussagen aus der Perspektive eines Ortsfremden betrachtet.

37 Vgl. hierfür insbesondere den Strafprozess J 76, Nr. 35 zu den Vorfällen in Nieder-Olm und Ebersheim sowie weitere Verweise auf Prozessentwicklungen der Nachkriegszeit im Unterkapitel zu beiden Orten.

38 Vgl. Kellerhoff: Ein ganz normales Pogrom. S. 13.

39 Im Bestand 856 befinden sich die Spruchkammerakten aus verschieden Gemeinden zu Einzelpersonen.

»darf der Historiker nicht alles für bare Münze nehmen, was in Spruchkammerverhandlungen behauptet wurde. Es ist aber auch nicht mit einer sachgerechten Quellenkritik zu vereinbaren, grundsätzlich alles, was in diesen Akten steht, von vornherein und ohne nähere Prüfung für falsch oder irrelevant zu halten.«[40]

Schließlich gewähren die Spruchkammerakten einen wichtigen Einblick in nationalsozialistische Biografien und Beziehungsgeflechte. Erkenntnisse liefern auch einzelne Steuerakten, Entschädigungsakten sowie Spruchkammerakten im Hessischen Hauptstaatsarchiv Wiesbaden.[41] Darüber hinaus befinden sich die Akten der Gendarmerie, des Sicherheitsdienstes der SS sowie des Landgerichts im Hessischen Staatsarchiv Darmstadt.[42] Auf kommunaler Ebene bietet das Stadtarchiv Ingelheim diverse Archivalien zur Ingelheimer Geschichte,[43] während das Stadtarchiv Mainz Akten zu Ebersheim, seit 1969 ein Stadtteil von Mainz, besitzt.[44] Außerdem nutzt diese Arbeit Archivalien aus dem Dom- und Diözesanarchiv in Mainz und dem Leo Baeck Institute in New York. Auf überregionaler Ebene ergänzen diplomatische Dokumente aus Quelleneditionen die staatliche Ebene, während Privatarchive wichtige Erkenntnisse für die lokale Ebene liefern. Dazu gehören die Privatarchive von Willi Geisenhof, Horst Kasper, Heribert Schmitt und Dieter Michaelis sowie das Zeitungsarchiv von Volker Sonneck.[45]

40 Kißener, Michael: Chancen und Probleme regionalgeschichtlicher Forschungen zur NS-Zeit. S. 61.

41 Vgl. die Bestände 518, 520 und 685, mit den personenbezogenen Akten.

42 Vgl. z.B. Bestand G12 A und B sowie G27, mit den personengebundenen Prozessakten.

43 Darunter befindet sich Rep. III/543, in dem Vorfälle zu Ingelheimer Juden enthalten sind, oder A/85/2013, wo zahlreiche Archivalien zur NSDAP in den Ingelheimer Gemeinden zusammengefasst sind.

44 Hier ist v.a. der Bestand VOA 11 zu nennen mit den überlieferten Akten der einstigen Bürgermeisterei.

45 Bei diesen Personen handelt es sich um Heimathistoriker, die über umfangreiche private Sammlungen verfügen und seit Jahrzehnten ihre jeweilige Ortsgeschichte ehrenamtlich erforschen und aufarbeiten.

Für einen Einblick in die Presseberichterstattung werden verschiedene Zeitungen herangezogen. Lokale Zeitungen gewähren Einblicke in regionale Prozesse, wie z. B. die »Landskrone Oppenheimer Kreisblatt«, »Ingelheimer Zeitung« und der »Mainzer Anzeiger«. Amtliche Mitteilungsblätter wie das »Nachrichtenblatt der Gemeinden Heidesheim und Wackernheim« oder die »Amtliche Nachrichten der Gemeinde Nieder-Olm« vermitteln die offizielle Sichtweise der Ortsverwaltung. Sowohl bei den lokalen Zeitungen als auch bei den amtlichen Mitteilungsblättern muss man zudem berücksichtigen, dass die politische Ausrichtung im Zuge der Gleichschaltung nach 1933 klar nationalsozialistisch war. Jüdische Zeitungen rücken die jüdischen Gemeinden in den Blickpunkt, darunter »Der Israelit« oder das institutionell-regional veranlagte »Mitteilungsblatt«. Schließlich berichten überregionale bzw. ausländische Zeitungen über Ereignisse mit einem überregionalen Bezug.

Zeitgeschichtliche Regionalstudien für Rheinhessen sind in der Forschung lange Zeit eine Randerscheinung gewesen.[46] Für die nationalsozialistische Zeit leistet der erste Band der Reihe »Rheinhessische Wege in den Nationalsozialismus« eine wichtige regionale Grundlagenarbeit, insbesondere für das Ende der Weimarer Republik und den Beginn der nationalsozialistischen Machtübernahme.[47] Es gibt aber keine explizite Regionalstudie zu den Novemberpogromen in Rheinhessen, die den ausgewählten Untersuchungsraum vergleichend abdeckt. Dennoch gibt es Studien zum jüdischen Leben in Rheinhessen, z. B. von Hoffmann und Brodhaecker.[48] Eine

46 Vgl. Würz: Die Zeit des Nationalsozialismus in Rheinhessen. S. 12 sowie S. 16. Zum forschungsgeschichtlichen Hintergrund, vgl. von Hehl, Ulrich: Nationalsozialismus und Region. Bedeutung und Probleme einer regionalen und lokalen Erforschung des Dritten Reiches. In: ZBLG 56 (1993). S. 116; sowie als aktuelle Untersuchung Steber: Die Eigenkraft des Regionalen. S. 50f.

47 Vgl. Kißener, Michael (Hrsg.): Rheinhessische Wege in den Nationalsozialismus. Studien zu rheinhessischen Landgemeinden von der Weimarer Republik bis zum Ende der NS-Diktatur. Worms 2010.

48 Vgl. Hoffmann, Dieter: »… wir sind doch Deutsche«. Zu Geschichte und Schicksal der Landjuden in Rheinhessen (= Alzeyer Geschichtsblätter, Sonderheft 14). Alzey 1992; Brodhaecker, Michael: Menschen zwischen Hoffnung und Verzweiflung. Der Alltag jüdischer Mitmenschen in Rheinhessen, Mainz und Worms während

Aufarbeitung der Novemberpogrome fand nicht flächendeckend in Rheinhessen statt. Einige Gemeinden haben wegen ihrer geringen Größe und damit verbundenen Ressourcen keine umfangreiche Ortschronik vorgelegt, andere blenden ihre jüdische Geschichte eher aus. In Holzers Studie zur Aufarbeitung der NS-Zeit in Ortschroniken werden dennoch Gemeinden des Untersuchungsraumes zu Recht lobend hervorgehoben, z.B. Hahnheim (1991), Nierstein (1992) und Bodenheim (2003).[49] Darüber hinaus bildet die Ortsgeschichte Essenheims von Mossel ein gutes Beispiel für die lokale Aufarbeitung der NS-Zeit und der jüdischen Gemeinde.[50]

Ingelheim darf dank zweier umfangreicher Publikationen von Meyer sowie der Arbeit des Deutsch-Israelischen Freundeskreises Ingelheim (DIF)[51] als herausragendes Beispiel für die lokale Aufarbeitung dieser historischen Prozesse im regionalen Rahmen betrachtet werden. Nicht minder beispielhaft ist die Aufarbeitung der Niersteiner Ortsgeschichte im Rahmen eines Periodikums, den Niersteiner Geschichtsblättern.[52] Guntersblum gilt durch die Veröffentlichungen von Michaelis und Kellerhoff,[53] dessen Buch vor

des »Dritten Reiches« (= Studien zur Volkskultur in Rheinland-Pfalz 26). Mainz 1999.

49 Vgl. Holzer, Gerhard: Vom »schwarzen Loch« zur Aufarbeitung. Nationalsozialismus und Judenverfolgung in rheinhessischen Ortschroniken. In: Alzeyer Geschichtsblätter, S. 159f. Holzers Beitrag beschränkt sich eher auf das zentrale Rheinhessen. Für eine forschungspraktische und quellenkritische Einordnung von Ortschroniken, vgl. Thomaschke, Dirk: Abseits der Geschichte. Nationalsozialismus und Zweiter Weltkrieg in Ortschroniken (= Formen der Erinnerung, Band 60). Göttingen 2016. S. 28, 33 und 47–49.

50 Vgl. Mossel, Stefan: Essenheim. Geschichte und Gegenwart. Ingelheim 2013.

51 Vgl. Meyer / Mentgen: Sie sind mitten unter uns. 1998; Meyer / Klausing (Hrsg.): Freudige Gefolgschaft und bedingungslose Einordnung …? Der Nationalsozialismus in Ingelheim. Ingelheim 2011; vgl. zudem die informative Homepage des DIF: https://dif-ingelheim.de/ (zuletzt aufgerufen am 14. April 2021).

52 Im nördlichen Rheinhessen sind die Schriften des Historischen Vereins Ingelheim ein ähnliches Zeitschriftenmedium. Im südlichen Rheinhessen gibt es zudem die Alzeyer Geschichtsblätter.

53 Vgl. Michaelis, Dieter: Die jüdische Gemeinde von Guntersblum. Von den Anfängen bis zur Vernichtung durch den Nationalsozialismus. Berlin 2014; Kellerhoff: Ein ganz normales Pogrom.

Ort »wie eine Bombe« einschlug,[54] als besonders gut erforscht. Weitere Studien zu jüdischen Gemeinden sind u.a. für Bodenheim, Ebersheim, Heidesheim, Jugenheim, Nierstein und das Selztal entstanden.[55] Ebenso erschien bereits in den 1980er-Jahren eine ausführliche Dokumentation zur Geschichte der jüdischen Gemeinde Nieder-Olm.[56] Darüber hinaus behandelt für Nieder-Olm ein Sammelband aus den 1980er-Jahren in einem ausführlichen Kapitel die Zeit des Nationalsozialismus, nebst einem kleinen Unterkapitel zur Judenverfolgung.[57] Doch nach dieser guten Pionierleistung fehlt leider eine aktuelle Studie zur Zeit des Nationalsozialismus in Nieder-Olm, welche z.B. die Rolle der NSDAP-Ortsgruppe und ihres Führungspersonals für die umliegenden Gemeinden der heutigen Verbandsgemeinde Nieder-Olm berücksichtigen könnte.

54 Vgl. Telefongespräch mit Volker Sonneck vom 9. April 2020. Neben den historischen Besonderheiten in Guntersblum nennt Kellerhoffs Buch zahlreiche Namen, was vor Ort zu Diskussionen geführt hat.

55 Vgl. Kasper, Horst (Hrsg.): Der jüdische Friedhof in Bodenheim und Schicksale der ehemaligen jüdischen Bürgerinnen und Bürger von Bodenheim und Nackenheim. Zur Geschichte in Bodenheim und gegen das Vergessen. Bodenheim 2004; Tapp, Berthold: Die israelitische Gemeinde Ebersheim mit Harxheim und ihre Synagoge (1830–1938). Aufstieg und Untergang einer rheinhessischen Landjudengemeinde. Norderstedt 2014; Urhegyi, Karl: Die »Kristallnacht« in einer Landgemeinde. Heidesheim im November 1938. Heidesheim 1988; Klein, Wolfhard: Juden in Jugenheim. Zur Erinnerung an eine 500-jährige Geschichte. Jugenheim 2020; Kemp, Wolfgang: Dokumentation Oppenheimer und Niersteiner Juden: 1933–1945. Alzey 2009. Dieser Autor beschäftigt sich in weiteren Beiträgen mit Bodenheim und Nackenheim; Schwamb, Walter: Die jüdischen Bewohner der Selztalgemeinden und ihrer Nachbardörfer.

56 Vgl. Weisrock, Anton / Rettinger, Elmar / Weisrock, Peter (Hrsg.): Die Jüdische Gemeinde von Nieder-Olm. Nieder-Olm ^{2}2000. Vgl. auch die damalige schulpraktische Arbeit einer Arbeitsgemeinschaft des Gymnasiums Nieder-Olm im Jahr 1989, vorgestellt bei Wittstock, Alfred: »Es waren doch alles so nette Nachbarn …«. Juden unserer Gemeinden: ihre Leidenswege in der NS-Zeit. In: Heimatpflege für den Kreis Mainz-Bingen / Vereinigung der Heimatfreunde am Mittelrhein e.V. 3 (1995), S. 165–169.

57 Vgl. Grass, Karl-Martin: Die Orte der Verbandsgemeinde Nieder-Olm in der Weimarer Republik und in der NS-Zeit. In: Spieß, Karl-Heinz (Hrsg.): Nieder-Olm. Der Raum der Verbandsgemeinde in Geschichte und Gegenwart. Alzey 1983. S. 212–264.

Alle diese Forschungsdesiderate kann diese Arbeit nicht ausfüllen; jedoch möchte sie einen neuen Beitrag zur vergleichenden regionalen Erforschung der Novemberpogrome leisten. Diese Regionalstudie versteht sich für diesen Untersuchungsraum als Pionierarbeit und beginnt mit einem historischen Kontext, dessen Bedeutung für die Ereignisse im November 1938 nicht unterschätzt werden darf und daher ausführlich analysiert wird. Erst durch diese zusätzliche Ebene werden die überregionalen Beziehungen sowie Kontinuitäten und Umbrüche des jüdischen Lebens in den Landgemeinden sichtbar.

Der historische Kontext geht auf jüdisches Leben in den rheinhessischen Landgemeinden von der Reichsgründung bis zum November 1938 ausführlich ein. Gesellschaftlicher Aufstieg im Kaiserreich, verbunden mit dörflicher Integration der Juden einerseits und antisemitischer Agitation andererseits, wird als Spannungsfeld sichtbar – wie auch später in der Weimarer Republik. Dort spielte der Aufstieg des Nationalsozialismus eine wichtige Rolle, verstärkte er doch antisemitische Aktivitäten und etablierte ortsspezifische Netzwerke. Die nationalsozialistische Machtübernahme veränderte das jüdische Leben einschneidend; in drei Unterkapiteln werden die antijüdischen Maßnahmen im rheinhessischen Kontext analysiert. Der Fokus liegt je nach Unterkapitel auf der politischen, wirtschaftlichen und gesetzlichen Ausschaltung der Juden. Dadurch ergeben sich Einblicke in regionale Befehlsstrukturen, Meinungsführung, Tatmuster, Täter-Opfer-Beziehungen und den Niedergang jüdischen Lebens auf dem Land.

Es schließt sich der Hauptteil an, der zweigeteilt ist: Zunächst wird auf überregionaler Ebene der Hintergrund der Novemberpogrome vorgestellt und der Beschluss zu reichsweiten Pogromen in den Kontext eingeordnet. Danach werden auf regionaler Ebene die Novemberpogrome in den einzelnen Ortschaften ausführlich analysiert und ggf. in einen direkten Tatzusammenhang gestellt. Netzwerke, Befehlsketten, Täter und Opfer, die bereits im historischen Kontext erwähnt worden sind, werden erneut sichtbar und genauer betrachtet. Direkte Verbindungslinien zwischen einzelnen Ortschaften können nun oft gezogen werden. Abgerundet wird dieses Hauptkapitel durch die Analyse weiterer, isolierter Vorfälle im Untersuchungsraum. Ein kurzer Epilog ordnet die Geschehnisse wieder in den überregionalen Kontext ein, sodass innen- und außenpolitische Reaktionen sichtbar werden. Das Fazit fasst die Arbeitsergebnisse zusammen und wirft die Frage auf, ob die Novemberpogrome das jüdische Leben in Rheinhessen unvermittelt beendet oder einen langfristigen Niedergang brachial beschleunigt haben.

Historischer Kontext: Sonnenschein und dunkle Nächte? – Juden in Rheinhessen (1871–1938)

2.1 Ein goldenes jüdisches Zeitalter? – Jüdisches Leben in Rheinhessen (1871–1918)

Rheinhessen kann auf eine jahrhundertelange Tradition jüdischen Lebens zurückblicken, war aber bis zur Französischen Revolution ein territorialer Flickenteppich, den Mahlerwein in seiner Monografie zur Geschichte Rheinhessens anschaulich aus der Sicht eines Reisenden beschreibt.[58] Das jüdische Leben vor der Französischen Revolution hatte sich eng an diesen territorialen Verhältnissen ausgerichtet. Über Jahrhunderte hinweg war die Berufswahl für Juden eingeschränkt, entweder durch Restriktionen bzgl. des Grundeigentums und des Bürgerrechts oder etwa durch die Weigerung von Zünften, Juden aufzunehmen. So waren Juden überproportional häufig im Handelswesen tätig – einem weiten Geschäftszweig, der von einfachem Viehhandel auf dem Land bis hin zu dem Bank- und Kreditwesen in den Städten reichte.[59]

58 Vgl. Mahlerwein: Rheinhessen. S. 28–30.

59 Vgl. Rohde: Juden in Rheinhessen. S. 52f.

Nach dem Ende der napoleonischen Zeit wurden zwar die ehemals zersplitterten und später französischen Gebiete in das Großherzogtum Hessen-Darmstadt als »Provinz Rheinhessen«[60] integriert. In diesem neuen Gebilde existierte aber lange keine landesweite Organisation für die hessischen Juden, die ihrer Hoffnung nach rechtlicher Gleichstellung Ausdruck verleihen konnte.[61] Dieser Schritt wurde spät vollzogen, durch die Gründung eines jüdischen Landesverbandes in den 1920er-Jahren, der erst 1931 als Körperschaft des öffentlichen Rechts anerkannt wurde.[62] Die Emanzipation gestaltete sich langwierig: Das im Jahr 1808 noch unter französischer Herrschaft erlassene Décret infâme (Moralpatent), welches Handel und Freizügigkeit der rheinhessischen Juden eingeschränkt hatte und nach Protesten nicht aufgehoben worden war, wurde erst im Jahr 1847 abgeschafft.[63] Weitere Restriktionen, etwa beim Militärdienst, der Gerichtsbarkeit (sog. »Judeneid«) oder dem Staatsdienst wurden nach und nach aufgehoben,[64] erfuhren jedoch erst mit der Reichsgründung 1871 einen tiefgreifenden und nachhaltigen Wandel. Dieser nationalstaatliche Prozess bedeutete eine sichtbare wie flächendeckende Manifestierung des sozialen Aufstiegs der Juden. So führte die Zivilehe zu interreligiösem Heiraten sowie zu Übertritten zum Christentum, sodass der traditionelle Status des

60 Die anderen beiden hessischen Provinzen waren Oberhessen und Starkenburg.

61 Vgl. Penßel: Jüdische Religionsgemeinden als Körperschaften öffentlichen Rechts. S. 287.

62 Vgl. Weisrock / Rettinger / Weisrock: Die jüdische Gemeinde von Nieder-Olm. S. 26.

63 Vgl. Keim, Anton Maria: Zur Geschichte der rheinhessischen Juden im Vormärz. Zwischen Revolution und Emanzipation. In: Schütz, Friedrich (Hrsg.): Von Blau-Weiß-Rot zu Schwarz-Rot-Gold (= Beiträge zur Geschichte der Stadt Mainz 32). Mainz 1998. S. 119f.

64 Für die historischen Hintergründe dieses Emanzipationsprozesses, vgl. z. B. Hausmann, Ulrich: »Leuchte des Exils« – Zur Geschichte des jüdischen Mainz. In: Berkessel, Hans (Hrsg.): Leuchte des Exils. Zeugnisse jüdischen Lebens in Mainz und Bingen (= Beiträge zur Geschichte der Juden in Rheinland-Pfalz, Band 1). Mainz 2016. S. 17; zudem Mahlerwein: Rheinhessen 1816–2016. S. 165. Vgl. für den Judeneid Arnsberg, Paul: Die jüdischen Gemeinden in Hessen. Anfang – Untergang – Neubeginn (Zweiter Band). Frankfurt / Main 1971. S. 182.

Judentums als »enclosed religious group«[65] seine Gültigkeit verstärkt verlor. Wirtschaftlich gesehen wurde der Weg in neue Berufsgruppen und Netzwerke geöffnet – was dank der Phase der Hochindustrialisierung, die mit der Reichsgründung quasi zusammenfiel, einen wirtschaftlichen und politischen Wandlungsprozess einläutete.

Diese Entwicklungen waren für die Juden in Rheinhessen günstig, wie Mahlerwein unterstreicht: »Die über Jahrhunderte erzwungene Konzentration auf Handelsberufe erwies sich nun angesichts der gestiegenen Bedeutung der Ressourcen Kapital und Bildung für den Aufstiegsprozess als Vorteil.«[66] Zwei Beispiele aus rheinhessischen Ortschaften unterstreichen diese Beobachtung: In Klein-Winternheim errichtete Karl Abraham neben seinem Wohnhaus am Bahnhof eine Lagerhalle für Saatgut, Futtermittel und Dünger.[67] Die Produktpalette zog Landwirte aus der Region an. Für die Ingelheimer Gemeinden stellt der Heimathistoriker Andreas Saalwächter im Jahr 1910 zwei große jüdische Betriebe vor: Während die Düngemittelfabrik »Hermann & Koch« unter Heinrich Koch »seit den Neunziger Jahren einen bedeutenden Aufschwung genommen« hatte, bezog die Malzfabrik von Adolf Löwensberg »einen großen Teil ihres bedeutenden Gerstebedarfs von den Landwirten der näheren Umgebung.«[68] Beide Fabriken stellten wichtige Arbeitsplätze der verarbeitenden Industrie dar, und der Turm der Malzfabrik mit Schornstein prägte das Ortsbild von Nieder-Ingelheim.[69]

Der wirtschaftliche Aufstieg spiegelte sich auch im gesellschaftlichen Engagement wider. In den Ingelheimer Gemeinden waren

65 Evans, Richard J.: The Coming of the Third Reich. London 2004. S. 23. Für eine Rezension zu dieser Publikation, siehe Moses, A. Dirk: Review. The Coming of the Third Reich. In: German History 22.4 (2004). S. 656–658.

66 Mahlerwein: Rheinhessen. S. 160.

67 Vgl. Hoffmann, Monika: Geächtet, geplündert, geflohen. Das Schicksal der Familie Abraham aus Klein-Winternheim und Ober-Olm. Klein-Winternheim 2018. S. 6.

68 Saalwächter, Andreas: Beiträge zur Geschichte von Nieder-Ingelheim. Gießen 1910. S. 98f.

69 Vgl. Meyer / Mentgen: Sie sind mitten unter uns. S. 193 (Düngemittelfabrik) bzw. S. 200 (Malzfabrik).

daher zahlreiche Juden in Vereinen aktiv: So lassen sich Tätigkeiten in Turn-, Ruder-, Gesangs- und Karnevalsvereinen, dem Historischen Verein, Volksbildungsverein, Stenografenverein sowie in Sozial- und Wirtschaftsverbänden nachweisen.[70] Siegmund Oppenheimer aus Ober-Ingelheim engagierte sich beispielsweise im Gesangverein »Germania« als Schriftführer, Kassierer und Organisator vereinsinterner Feierlichkeiten.[71] Etwas weiter südlicher in Essenheim fungierte Joseph Goldmann als langjähriger Schriftführer der Freiwilligen Feuerwehr, der Kaufmann Ferdinand Feibel wirkte als Mitglied im Schulvorstand.[72] Im nahen Ober-Olm gehörten im Jahr 1886 Abraham Mayer III., Simon Mayer I. und Simon Mayer II. zu den ersten 64 aktiven Mitgliedern der Freiwilligen Feuerwehr.[73]

In der Politik blieb zwar ein jüdischer Bürgermeister wie Bernhard Roos im pfälzischen Ingenheim[74] eine absolute Ausnahme; dennoch engagierten sich einige Juden in Rheinhessen politisch: Bei der Ober-Ingelheimer Gemeinderatswahl 1889 kam der Weinhändler Ferdinand Mayer auf das zweitbeste Ergebnis – und füllte so das politische Erbe seines Vaters aus, der 13 Jahre im Gemeinderat gewirkt hatte.[75] Überregional wirkte mit Ludwig Bamberger ein nationalliberaler jüdischer Reichstagsabgeordneter zunächst für den Wahlkreis Mainz-Oppenheim, später für Bingen. Bei seiner ersten Wahl in den Reichstag im Jahr 1871 setzte er sich gegen den Domkapitular und Gründer der Hessischen Zentrumspartei, Christoph Moufang, durch – ein Beweis für die Popularität, die Bamberger als ehemaliger Chefredakteur der Mainzer Zeitung genoss.[76]

70 Vgl. Meyer in Meyer / Klausing: »Wer mit Juden handelt, gilt daher als unehrenhaft«. S. 424f.

71 Vgl. Meyer / Mentgen: Sie sind mitten unter uns. S. 298f.

72 Vgl. Mossel: Juden in Essenheim. S. 124.

73 Vgl. FS Freiwillige Feuerwehr 1886 Ober-Olm zum 70-jährigen Jubiläum verbunden mit Bannerweihe und Denkmaleinweihung für die Opfer des 2. Weltkrieges. Oppenheim 1956. S. 36f.

74 Vgl. Der Israelit vom 25. Mai 1870.

75 Vgl. Mahlerwein: Rheinhessen. S. 159; Meyer / Mentgen: Sie sind mitten unter uns. S. 289f.

76 Vgl. Hausmann: »Leuchte des Exils«. S. 18.

Parallel etablierte sich ein neues Selbstbewusstsein der Synagogengemeinden in Rheinhessen, das sich durch die Errichtung neuer Synagogen und Friedhöfe manifestierte. Seit dem Vormärz waren sukzessiv neue Synagogen – »Juddekerch« im rheinhessischen Dialekt – gebaut worden, u.a. in Bodenheim (1835), Hahnheim (ca. 1840), Ober-Ingelheim (1841), Ebersheim (ca. 1850), Nieder-Olm (1858), Stadecken (1881) und Sörgenloch (1893).[77] Das jüdische religiöse Leben wurde nun sichtbarer Teil der Dorfgemeinschaft. Dies galt auch für das Leben nach dem Tod auf den Friedhöfen. In Bodenheim erwarb die jüdische Gemeinde Anfang der 1880er-Jahre ein neues Friedhofsgrundstück.[78] Den Vertrag für das alte Grundstück hatte man gekündigt, um die jüdischen Begräbnisplätze wie in Mainz und Worms nun unmittelbar an den christlichen Friedhof anzuschließen, als »ein deutliches Zeichen der rechtlichen Gleichstellung«,[79] wie Kemp bemerkt. Allerdings scheiterte dieser Versuch der Bodenheimer Juden an dem Widerstand der Behörden, sodass stattdessen der Friedhof am Ortsrand entstand, wo er noch heute erhalten ist.

Debatten rund um den jüdischen Friedhof tauchten auch im Guntersblumer Gemeinderat im 19. Jahrhundert auf. An ihnen lässt sich ein Sinneswandel aufzeigen: Nachdem die Ortsgemeinde einen Teil des alten Friedhofs für einen Straßenbau requiriert und

77 Vgl. Hoffmann, Dieter: Auf schmalem Grat. Die Juden Rheinhessens. In: Heimatjahrbuch des Landkreises Alzey-Worms 51 (2016). S. 73; Keim: Zur Geschichte der rheinhessischen Juden im Vormärz. S. 117. Für die einzelnen Beispiele, vgl. Fischbach, Stefan (u.a.): Synagogen Rheinland-Pfalz, Saarland: »und dies ist die Pforte des Himmels« (= Gedenkbuch der Synagogen in Deutschland, Band 2). Mainz 2005. S. 120 (Bodenheim), S. 177 (Hahnheim), S. 194 (Ober-Ingelheim; Neubau), S. 258 (Ebersheim), S. 291 (Nieder-Olm), S. 357 (Stadecken) und S. 347 (Sörgenloch). Vgl. dazu auch Freckmann, Klaus: Zornheim und Sörgenloch. Beispiele rheinhessischer Dorfbilder, 1850–1940. In: Spieß, Karl-Heinz (Hrsg.): Nieder-Olm. Der Raum der Verbandsgemeinde in Geschichte und Gegenwart. Alzey 1983. S. 360.

78 Vgl. Kasper, Horst: Leben in der jüdischen Gemeinde Bodenheim im 19. Jahrhundert. In: Heimatjahrbuch Landkreis Mainz-Bingen 62 (2018). S. 146–148.

79 Kemp, Wolfgang: Die jüdische Gemeinde Bodenheim / Nackenheim. In: Marschall, Bernhard: 1250 Jahre Albansgemeinde Bodenheim. Beiträge zur Vergangenheit und Gegenwart. Alzey 2003. S. 195.

Die Synagoge in Ober-Ingelheim wurde im Zuge der Novemberpogrome zerstört. Diese undatierte Innenansicht, wahrscheinlich aus den frühen 1930er-Jahren, zeigt das unwiederbringlich verlorene Innere der Synagoge – und ist zugleich das einzige Foto. Quelle: DIF Ingelheim (Klaus Dürsch).

Zuschüsse für eine Synagogenrenovierung versagt hatte, erhielten die jüdischen Bürger durch Gemeindearbeiten eine Friedhofserweiterung.[80] Die Zeitung »Der Israelit« jubelte: »Ehre einem solchen Bürgermeister und seinen Gemeinderäten!«[81] Ähnlich positiv äußerte sich der jüdische Lehrer Heinemann Stern, der um die Jahrhundertwende in Guntersblum wirkte und zufrieden auf seine Dienstzeit zurückblickte:

> »Zum erstenmal [sic] war ich in eine Gegend gekommen, in der nicht zwei, sondern drei Konfessionen nebeneinander wohnten, nämlich

80 Vgl. Michaelis: Die jüdische Gemeinde Guntersblum. S. 22, 27f. und 30f.

81 Der Israelit vom 1. Juni 1893.

neben den Juden nicht Christen schlechthin, sondern Protestanten u. Katholiken. Das Verhältnis zwischen den Juden u. diesen war absolut normal, d.h. freundnachbarlich, ohne eine Spur von antijüdischen Neigungen, geschweige denn Bestrebungen, womit aber wiederum nicht gesagt werden soll, dass es keine Antisemiten gegeben hätte.«[82]

82 Vgl. Leo Baeck Institute NY, Memory Collection, ME 625. S. 29.

2.2 *Fragile Heimat – Antisemitismus in Rheinhessen*

Antisemitismus am Rhein war beileibe kein neuzeitliches Phänomen – man denke nur an die Judenverfolgungen im Zuge des Ersten Kreuzzugs. Im 19. Jahrhundert kam es immer wieder zu punktuellen antijüdischen Ausschreitungen, insbesondere in Zeiten politischen Wandels. Beispiele hierfür sind die sog. »Hep-Hep-Krawalle« im Jahr 1819 oder auch die Revolution von 1848, bei der es zu Übergriffen gegen Juden in mehreren Ortschaften Rheinhessens kam, darunter auch in Jugenheim.[83]

Nach der Reichsgründung kam es mit der Emanzipation der Juden im wirtschaftlichen und politisch-sozialen Leben vor Ort zu antisemitischen Reaktionen der Landbevölkerung. Diese Agitationen gegen Juden im ausgehenden 19. Jahrhundert beschränkten sich nicht auf Rheinhessen, sondern kamen auch in anderen Regionen zum Vorschein. Weise bemerkt hierzu,

> »dass ein hoher Grad von Akkulturation nicht unbedingt zu einem Abbau feindseliger Vorurteile führt, man denke etwa an das Deutsche oder an das Habsburgerreich.«[84]

Für diese beiden deutschsprachigen Monarchien lassen sich gleich zwei öffentliche Diskurslinien nachzeichnen, welche im Jahr 1879 virulent wurden: Während im Deutschen Reich der Historiker Heinrich von Treitschke durch einen antisemitischen Aufsatz mit dem Ausspruch »die Juden sind unser Unglück« den Berliner Antisemitismusstreit auslöste und parallel dazu die Antisemitenliga sowie die Christlich-soziale Partei unter Adolf Stöcker den Antisemitismus politisierten,[85] präsentierte in Österreich der Politiker Georg von Schönerer sein deutschnationalistisches Linzer Programm, das 1885 durch die Forderung erweitert wurde, dass jeglicher jüdischer Ein-

83 Vgl. Meier: Die Novemberpogrome von 1938. S. 35; Klein: Juden in Jugenheim. S. 47f.

84 Weise: Pogrome im Zarenreich. S. 39.

85 Für eine konzise Zusammenfassung von Stöckers Ideen, vgl. Klein: Juden in Jugenheim. S. 49.

fluss aus dem öffentlichen Leben beseitigt werden sollte.[86] Schönerer wurde später Vorsitzender der Alldeutschen Vereinigung, einer dezidiert antisemitischen Partei im Reichsrat. Der namentlich ähnliche, in seinem Selbstverständnis jedoch parteiübergreifende Alldeutsche Verband bot antisemitischen Umtrieben ein Auffangbecken im Deutschen Reich.

Diese Verbände und politischen Vereinigungen bereiteten auch den ideologischen Nährboden für antisemitische Umtriebe in Rheinhessen. Hierbei stach der hessische Politiker Otto Böckel hervor, dessen antisemitische Agitation, insbesondere gegen den jüdischen Reichstagsabgeordneten Ludwig Bamberger, in der rheinhessischen Provinz auf fruchtbaren Boden fiel. Dabei nutzte Böckel wechselnde politische Konstellationen, die Mahlerwein wie folgt beschreibt:

> »Nach Bambergers Bruch mit der Mehrheit der Nationalliberalen in der Frage des Freihandels 1880 bekam die Kampagne zur Reichstagswahl 1881 antisemitische Züge, indem seine Gegner [...] nicht vor Wahlaussagen wie ›Getreidezölle und keine Juden‹ zurückschreckten.«[87]

Wie Evans aufzeigt, verknüpfte Böckel diese antisemitischen Parolen geschickt mit Hilfsmaßnahmen für die Landbevölkerung, »by offering the peasants concrete measures such as co-operative organizations in order to get over their economic difficulties.«[88]

Doch Böckels Wahlkampf scheiterte wie der Versuch, mit dem Stadecker Weingutsbesitzer Michael Wolf einen erfolgreichen lokalen Kandidaten aufzustellen.[89] Dennoch legte Böckel den Nährboden für einen regionalen Antisemitismus – im Wechselspiel mit überregionalen Initiativen, wie z.B. der Antisemitenpetition Otto von Bismarcks: Die dort artikulierte Forderung, die verfassungs-

86 Vgl. Evans: The Coming of the Third Reich. S. 42f.

87 Mahlerwein: Rheinhessen. S. 160.

88 Evans: The Coming of the Third Reich. S. 26.

89 Vgl. Weisrock / Rettinger / Weisrock: Die jüdische Gemeinde von Nieder-Olm. S. 28.

mäßige Gleichstellung der Juden zurückzunehmen, fand überwältigende Zustimmung in Jugenheim und Partenheim, sodass »Der Israelit« angesichts von Sachbeschädigungen bei Juden sarkastisch urteilte: »Die Herren, Stöcker, Förster, etc. können auf diese Erfolge stolz sein.«[90] Die Partenheimer Gendarmerie stellte zwei Wachposten auf, um die Lage zu beruhigen.[91]

Dies waren nicht die einzigen Übergriffe in jener Zeit. Antijüdische Aktionen sind für viele jüdische Gemeinden Rheinhessens überliefert. Bereits 1874 wurden in Essenheim die Rebstöcke von drei Juden nachts abgeschnitten.[92] Ein Fastnachtsumzug in Nieder-Olm präsentierte ein mehr als geschmackloses Zugprogramm, das Peter Weisrock beschreibt:

> »Im Fastnachtsumzug führte man ein improvisiertes Fallbeil mit, das vor jedem jüdischen Wohnhaus in Stellung gebracht wurde. Unter großem Gejohle enthauptete man dann eine dem jeweiligen Hausbesitzer ähnlich aussehende Puppe.«[93]

Dieses üble Schauspiel hatte ein juristisches Nachspiel: Im anschließenden Gerichtsverfahren sprach die Staatsanwaltschaft von »Raçenverfolgung« [sic!] und verlangte eine »exemplarische Strafe«.[94] Diese fiel aber verhalten aus: Drei Angeklagte erhielten zwar Geldstrafen, jedoch keine Haftstrafen; zwei Personen wurden freigesprochen.[95] Während die Anführer so in die dörfliche Gemeinschaft wieder integriert wurden, zogen einige Juden enttäuscht nach Mainz, wo sie Schutz vor diesen antisemitischen Angriffen suchten.[96] Selbst kleine Gemeinden wie Dalheim bei Nierstein entwickelten sich zu einer

---

90 Der Israelit vom 9. Februar 1881; siehe auch Klein: Juden in Jugenheim. S. 48.

91 Vgl. Hoffmann: Auf schmalem Grat. S. 74.

92 Vgl. Mossel: Juden in Essenheim. S. 125.

93 Weisrock / Rettinger / Weisrock: Die jüdische Gemeinde von Nieder-Olm. S. 49.

94 Der Israelit vom 28. Juni 1881.

95 Vgl. Allgemeine Zeitung des Judenthums vom 5. Juli 1881.

96 Vgl. Weisrock / Rettinger / Weisrock: Die jüdische Gemeinde von Nieder-Olm. S. 49.

Zielscheibe der Antisemiten; im Jahr 1890 wurde dort die Synagoge verwüstet.[97] Im Jahr 1892 hielten die Antisemiten in Nieder-Olm eine von 1.000 Landwirten besuchte Kundgebung ab, nach deren Ende »bei Schulkindern Flugschriften gefunden [wurden], in denen Gott gebeten wurde, die Juden im Roten Meer zu ertränken.«[98] Diese biblische Komponente, welche die protestantische Landbevölkerung anziehen sollte, verschaffte den Antisemiten durchaus Achtungserfolge in einigen Gemeinden. Es blieb jedoch bei einzelnen antisemitischen Aktionen. So auch in Hahnheim: Dort wurden 1904 die Grabsteine auf dem jüdischen Friedhof zertrümmert.[99]

Gegen diese fortschreitenden antisemitischen Umtriebe setzten sich die Juden zur Wehr. Dies zeigt die Gründung des Central-Vereins deutscher Staatsbürger jüdischen Glaubens (C. V.) in Berlin im Jahr 1893, der sich für die Rechte der deutschen Juden einsetzte und den grassierenden Antisemitismus bekämpfte. Wie Brodhaecker aufzeigt, war der C. V. »die maßgebliche politische Vertretung des deutschen Judentums«[100] und durch Lands- und Ortsvereine mit seiner Basis verbunden. So war der Verein in Ober-Ingelheim und dem Selztal überaus aktiv, sodass dort 1912 eine Ortsgruppe gegründet wurde: Der Fabrikant Heinrich Koch übernahm den Vorsitz und der Kaufmann Josef Eisemann das Schriftführeramt in einem zehnköpfigen Vorstandsgremium, dem auch der Lehrer Ludwig Langstädter und einige Weinhändler angehörten.[101]

Neben dem C. V. setzte sich die im Untersuchungsraum eher spärlich vertretene Zionistische Vereinigung für Deutschland (ZVfD) für die Ideen des Zionismus und zunehmend auch für eine »Kolonisation Palästinas« ein.[102] Später, nach dem Ersten Weltkrieg, gründete sich mit dem Reichsbund jüdischer Frontsoldaten

97 Vgl. Populär-wissenschaftliche Monatsblätter zur Belehrung über das Judentum für Gebildete aller Confessionen (10/1890); Der Israelit vom 29. August 1890.

98 Mahlerwein: Rheinhessen. S. 168.

99 Vgl. Der Israelit vom 30. Dezember 1904.

100 Brodhaecker: Menschen zwischen Hoffnung und Verzweiflung. S. 45.

101 Vgl. Zeitschrift des Central-Vereins (7/8 1912). S. 365f.

102 Brodhaecker: Menschen zwischen Hoffnung und Verzweiflung. S. 47.

(RjF) ein Veteranenverband, der gegen die antisemitische Agitation kämpfte und den patriotischen Einsatz seiner Mitglieder betonte.[103] Tatsächlich kämpften – wie im deutsch-französischen Krieg 1870[104] – überdurchschnittlich viele Juden im Ersten Weltkrieg für das Kaiserreich: So waren aus Essenheim fünf Juden im Kriegseinsatz.[105] Der Nieder-Olmer Otto Mayer geriet in Kriegsgefangenschaft[106] – nur eines von vielen Beispielen. Für Guntersblumer Juden sind Auszeichnungen überliefert, u.a. für Eugen Wolf, Gustav Grünebaum und Leo Erlanger; Theodor Monat gehörte zu den Gefallenen der Gemeinde.[107]

Trotz dieser offensiven Gegenbewegungen befand sich das jüdische Leben in den rheinhessischen Landgemeinden im Niedergang. Doch war dies nicht exklusiv dem Antisemitismus geschuldet. Historiker nennen auch pragmatische Gründe: Die Städte wurden für den Fabrik- und Großhandel attraktiver. Sie zogen junge Juden mit einem hohen Bildungsstand an; die Reichsgründung mit der reichsweiten Bewegungsfreiheit und rechtlichen Gleichstellung wirkte wie ein Katalysator.[108] Durch diesen demografischen Wandel lösten sich einige jüdische Gemeinden Anfang des 20. Jahrhunderts bereits wieder auf. Im hiesigen Untersuchungsraum trifft dies u.a. auf Sörgenloch zu, wo sich die jüdische Gemeinde kurz nach Kriegsende um 1920 auflöste.[109]

---

103 Für weitere Informationen zum RjF, vgl. Crim, Brian E.: Antisemitism in the German Military Community and the Jewish Response, 1914–1938. Lanham (MD) 2014. S. 115f.

104 Vgl. Hoffmann: Auf schmalem Grat. S. 74.

105 Vgl. Mossel: Juden in Essenheim. S. 124.

106 Vgl. Weisrock / Rettinger / Weisrock: Die jüdische Gemeinde von Nieder-Olm. S. 71.

107 Vgl. Michaelis: Die jüdische Gemeinde Guntersblum. S. 42.

108 Vgl. Mahlerwein: Rheinhessen. S. 164; Hoffmann: Auf schmalem Grat. S. 75; Kellerhoff: Ein ganz normales Pogrom. S. 36.

109 Vgl. Freckmann: Zornheim und Sörgenloch. S. 360

2.3 Bedrohte Heimat – Der Aufstieg der NSDAP in Rheinhessen

Das Kriegsende mit der Niederlage der Mittelmächte versetzte führende Mitglieder der deutschen Juden in Alarmstimmung. Der Centralverein befürchtete Racheakte, da antisemitische Flugblätter eine Verbindung zwischen den Juden und den siegreichen Alliierten zogen.[110] Diese Vorwürfe wurden vonseiten der Obersten Heeresleitung (OHL) und deutschnationalen Kreisen gestreut und zur sog. »Dolchstoßlegende« stilisiert. Das Bild »der Juden« wurde hier synonym mit der Friedensdelegation, den Begründern der Weimarer Republik und revolutionären Umtrieben benutzt.[111] Dazu Baranowski: »For conservatives, the Jew became shorthand for the multiple ills of modernity.«[112] In Rheinhessen blieben größere Ausschreitungen zwar aus, aber in Nieder-Saulheim bei Nieder-Olm wurden an Silvester 1918 die Synagogenfenster eingeworfen.[113]

Ein Sammelbecken für antisemitische Umtriebe bot um 1920 der Deutschvölkische Schutz- und Trutz-Bund (DVSTB). Er unterhielt in Mainz eine Ortsgruppe, gab mit dem »Rheinischen Beobachter« ein antijüdisches Hetzblatt heraus – und arbeitete Hand in Hand mit dem Alldeutschen Verband.[114] Der bekannte Mainzer Rabbiner und lokale C.V.-Vorsitzende Sali Levi entwickelte sich zur Zielscheibe des DVSTB und wurde in einem antisemitischen Flugblatt sowie einer Kundgebung in Mainz verunglimpft.[115] Verbündete fand Levi in den Mainzer Zeitungen, die Gegendarstellungen publizierten.

110 Vgl. Wildt: Volksgemeinschaft als Selbstermächtigung. S. 70.

111 Vgl. Evans: The Coming of the Third Reich. S. 150.

112 Baranowski, Shelley: Conservative Elite Anti-Semitism from the Weimar Republic to the Third Reich. In: German Studies Review 19.3 (1996). S. 527.

113 Vgl. Arnsberg: Die jüdischen Gemeinden in Hessen (Zweiter Band). S. 142.

114 Vgl. Hausmann: »Leuchte des Exils«. S. 20; Würz: Kampfzeit unter französischen Bajonetten. S. 81.

115 Vgl. Brodhaecker: Menschen zwischen Hoffnung und Verzweiflung. S. 225; vgl. auch Hausmann: »Leuchte des Exils«. S. 20; Würz: Kampfzeit unter französischen Bajonetten. S. 85f. Die folgenden Informationen zu Sali Levi und dem DVSTB sind dieser Textstelle entnommen.

Dieser ersten Phase der antisemitischen Hetze konnte so noch entgegengetreten werden – zumal der DVSTB nicht ins rheinhessische Hinterland zu expandieren vermochte.

Nach der Ermordung des jüdischen Außenministers Walther Rathenau am 24. Juni 1922 wurde der DVSTB verboten. Viele Mitglieder verloren ihr ideologisches Auffangbecken und verstreuten sich auf deutschnationale wie antisemitische Splitterbewegungen der frühen 1920er-Jahre, zu denen die Nationalsozialistische Deutsche Arbeiterpartei (NSDAP) mit ihrer als Saalschutz und Schlägertruppe wirkenden Sturmabteilung (SA) gehörte.

Gegen diese antisemitischen und republikfeindlichen Kräfte engagierten sich die rheinhessischen Juden in der Weimarer Republik auf vielfältige Art und Weise, was auch mit einer fortgeführten Integration ins Gemeindeleben einherging. Während des rheinhessischen Separatismus hielten sich die Juden der untersuchten Landgemeinden zurück; lediglich für Jugenheim ist mit Max Urnstein ein Unterstützer überliefert, der nach dem Scheitern der Separatisten das Dorf verlassen musste.[116] Dagegen kämpften, neben dem nach wie vor einflussreichen Centralverein, Juden im Reichsbanner für die Weimarer Republik, u.a. in Guntersblum.[117] Die jüdischen Bürger von Guntersblum wurden wie selbstverständlich hinzugezogen, als die Gemeinde einen Ausschuss zur Bekämpfung sozialer Missstände im Zuge der Weltwirtschaftskrise bildete: David Rüb, der Vorsteher der jüdischen Gemeinde, gehörte als »Vertreter der Juden« diesem Gremium an.[118] Die jüdische Gemeinde von Ober-Ingelheim hatte bereits im Kaiserreich eine wichtige Rolle in der Ortspolitik gespielt und bildete einen Eckpfeiler für die Demokratische Partei, ein Zusammenschluss liberaler Parteien.[119] Örtliche C.V.-Mitglieder wie Ludwig Langstädter oder die Weinhändler

116 Vgl. Klein: Juden in Jugenheim. S. 51.

117 Vgl. Michaelis: Die jüdische Gemeinde Guntersblum. S. 48f.; vgl. auch die Mitteilung von Dena Rüb-Romero zur Reichsbannerzugehörigkeit ihres Großvaters im Privatarchiv Dieter Michaelis, Guntersblum.

118 Kellerhoff: Ein ganz normales Pogrom. S. 38.

119 Vgl. Meyer / Mentgen: Sie sind mitten unter uns. S. 288–293 (mit einer Tabelle der politisch interessierten Ingelheimer Juden). Die folgenden Informationen zur Ortspolitik sind dieser Tabelle entnommen.

Moritz II. Mayer und Moritz Neumann waren prominente Unterstützer auf Wahlvorschlagslisten. Siegmund Oppenheimer trat für den Gemeinderat an. Der Fruchthändler Josef Hirsch kandidierte zudem für die SPD bei Ratswahlen. Ein vergleichbares Engagement ist im benachbarten Nieder-Ingelheim zu beobachten. Darüber hinaus fungierten der Metzger Max Jesselsohn sowie der Fabrikant Salomon Löwensberg in ihren Bezirken als Wahlvorstände und waren daher als Vertrauenspersonen gesellschaftlich anerkannt. Etwas weiter südlich, in Essenheim, führte mit Wilhelm Stern der Sohn des Viehhändlers Hermann Stern eine gemischte Wahlliste (»Vereinigte bürgerliche Liste für Landwirtschaft, Handwerk und Gewerbe«) an; die Liste zog mit zwei Sitzen in den Gemeinderat ein.[120]

Politisches Engagement ging einher mit gesellschaftlichem Engagement. Sally Blum aus Bodenheim war z.B. Mitglied im Radfahrerverein »Wanderlust«, im Finanzausschuss des Gesangvereins »Liedertafel« und soll sogar an der christlichen Wallfahrt »aus Interesse« teilgenommen haben.[121] Emil Rüb aus Guntersblum engagierte sich beim Verkehrsverein, der SPD und der Freiwilligen Feuerwehr.[122] Der Weinhändler Emil Trum aus Hahnheim bezahlte alljährlich am zweiten Tag der Kirchweihe »die gesamte Menge des an allen Ständen getrunkenen Weines« und erließ den Kindern das Geld für Süßwaren und Karussell.[123] Innerhalb der kleinen jüdischen Gemeinde Mommenheim nahm der Kolonialwarenhändler Ludwig Bergmann eine Sonderstellung ein: Er engagierte sich in zahlreichen Ortsvereinen, während sich sein Laden zum Aufenthaltsort der Karten spielenden Dorfjugend entwickelte – was

120 Vgl. LA Speyer, Bestand U 296, Nr. 148; Mossel: Juden in Essenheim. S. 125.

121 Kemp: Die jüdische Gemeinde Bodenheim / Nackenheim. S. 196f. Vgl. das Festbuch des Radfahrervereins für weitere jüdische Vereinsmitglieder sowie die Zusammenstellung derjenigen Juden mit Mitgliedschaften in Bodenheimer Ortsvereinen (Stand: 1999). In: Privatarchiv von Horst Kasper, Bodenheim.

122 Vgl. Kellerhoff: Ein ganz normales Pogrom. S. 38.

123 Vgl. Zurowski, Marek: Hahnheim 764–1990. Aus der Geschichte einer rheinhessischen Weinbaugemeinde. Horb / Neckar 1991. S. 198.

Eine mitunter unbeschwerte Zeit in den rheinhessischen Landgemeinden genossen viele jüdische Bürger wenige Jahre vor der nationalsozialistischen Machtübernahme: Diese Aufnahme zeigt eine Weinprobe von vier Guntersblumer Juden an Pfingsten 1923 (v. r. n. l.: Siegfried Liebmann, Lothar Erlanger, Emil Rüb und Ludwig Liebmann). Quelle: Dieter Michaelis, Guntersblum.

Vier Jugendliche am Rhein 1929 (v. r. n. l.): Hede Rüb aus Guntersblum, ihre nichtjüdische Bekannte Thea Stahl, ihr nichtjüdischer Freund Dejung aus Dienheim sowie ihre Cousine Liesel Kulp. Quelle: Dieter Michaelis, Guntersblum.

Bergmanns Geschäft den Beinamen »Kasino« einbrachte.[124] In Nieder-Olm wirkte Otto Baum, Sohn des Gründers Isidor Baum, als populärer Redner des Carneval Clubs, obwohl noch Jahrzehnte zuvor ein Fastnachtsumzug in Nieder-Olm für einen antisemitischen Skandal gesorgt hatte.[125]

Doch obwohl für viele jüdische Bürger in Rheinhessen gesellschaftlich nicht nur an Festtagen Sonnenschein herrschen sollte, zogen in den 1920er-Jahren dunkle Wolken am politischen Horizont auf. Das ländlich-protestantische Milieu sympathisierte stärker mit nationalsozialistischem Gedankengut. Neben Nichtwählern, die u.a. in Nierstein bis zu 40% ausmachten[126] und von neuen Parteien leicht umworben werden konnten, bildete dieses – keinesfalls monolithische – Milieu eine Grundlage für den Aufstieg der NSDAP im konfessionell gemischten Rheinhessen. Seit 1924 hatte sich der Hessische Bauernbund als landwirtschaftliche Interessenpartei formiert; seine Wurzeln lagen in der antisemitischen Agitation Otto Böckels aus den 1880er-Jahren, wobei dank wahltaktischer Winkelzüge bei Reichstagswahlen auch rechtsnationale Parteien wie die DNVP integriert wurden.[127] Es entstanden Hochburgen des Bauernbundes und seiner Partner, z.B. in Essenheim und Stadecken sowie in Dexheim und Nackenheim.[128] Für die Nationalsozialisten bildeten diese Netzwerke einen ideologischen Nährboden, auch wenn die NSDAP in Rheinhessen lange eine untergeordnete Rolle spielte. Schließlich standen bis zum Abzug der französischen Besatzungsmacht die Aktivitäten von NSDAP und SA unter Beob-

---

124 Vgl. Luig, Ulrich: Mommenheim. Hundert Jahre Sozialgeschichte eines rheinhessischen Dorfes. Mainz 1990. S. 71.

125 Vgl. Weisrock / Rettinger / Weisrock: Die jüdische Gemeinde von Nieder-Olm. S. 71.

126 Vgl. Neumann, Henrik: Die Mitglieder der NSDAP in Oppenheim und Nierstein. Niersteiner Geschichtsblätter 22 (2016). S. 21.

127 Vgl. Mahlerwein: Rheinhessen. S. 270; Würz: Kampfzeit unter französischen Bajonetten. S. 70f.

128 Vgl. Klein, Thomas: Die Hessen als Reichstagswähler. Tabellenwerk zur politischen Landesgeschichte, 1867–1933. Band 3: Großherzogtum / Volksstaat Hessen, 1867–1933 (= Veröffentlichungen der Historischen Kommission für Hessen, Band 51/3). Marburg 1995. S. 1152–1154 bzw. S. 1274–1276.

Nationalsozialistische Bauern bei einem Umzug durch die Straßen von Undenheim (1929). Quelle: HStA Darmstadt, Bestand R4, Nr. 3304.

achtung durch die Sûreté[129] und die Haute Commission Interalliée des Territoires Rhénans (HCITR).[130] Das Verbot der NSDAP und ihrer Gliederungen durch die Besatzungsbehörde im Juni 1923, noch vor dem landesweiten Verbot im Zuge des gescheiterten Hitlerputsches, »drängte die Hitler-Anhänger schließlich vollständig in die Illegalität.«[131] Wie David Siemens aber am Beispiel der SA aufzeigt, ging die Arbeit im Untergrund weiter[132] – ein Zustand, der bis zur Neugründung der NSDAP andauerte.

129 Als Sicherheitspolizei überwachte die Sûreté in dem französisch besetzten Rheinland u. a. nationalistische Vereine. Vgl. hierzu Würz: Kampfzeit unter französischen Bajonetten. S. 74f.

130 Die »Haute Commission International des Territoires Rhénans« (HCITR) war für die Verwaltung des von den Alliierten besetzten linksrheinischen Gebietes zuständig, zu dem auch Rheinhessen gehörte.

131 Würz: Kampfzeit unter französischen Bajonetten. S. 240.

132 Vgl. Siemens, Daniel: Stormtroopers. A New History of Hitler's Brownshirts. New Haven / London 2017. S. 28–30.

Mit der Neugründung der NSDAP im März 1925 erfolgte auch die langsame Durchdringung der rheinhessischen Provinz. Gaststätten spielten als Versammlungs- und Begegnungsorte dabei eine herausragende Rolle: Die erste rheinhessische NSDAP-Ortsgruppe in Worms nutzte trotz Parteiverbot seit dem Sommer 1922 das Lokal »Zum Summser«.[133] Die Guntersblumer Ortsgruppe gründete sich 1925 im »Pfälzer Hof«.[134] Andernorts fungierten auch Gaststätten als Gründungsort bzw. frühes Versammlungslokal, z.B. in Bodenheim,[135] Guntersblum[136] oder in Hahnheim.[137] Dagegen musste die Niersteiner SA nach Schwabsburg ausweichen, weil vor Ort »kein Versammlungslokal zu erhalten war.«[138] Die neuen Gruppierungen stießen nicht immer auf Wohlwollen.

Dies konnten örtliche Honoratioren ändern. Dank ihres Bildungsstandes und ihrer Kontakte spielten diese Personen, u.a. Lehrer, Geistliche oder Ärzte, eine wichtige Rolle bei der Verbreitung nationalsozialistischer Ideen. Bei den Geistlichen stachen Pfarrer als Teil des ländlich-protestantischen Milieus hervor, darunter die Pfarrer von der Au in Guntersblum[139] oder Richard Olff in Bodenheim. Olff, selbst NSDAP- und SA-Mitglied, beteiligte sich als Redner, u.a. beim »Deutschen Tag« in Undenheim im August 1931, und segnete die SA-Fahne.[140] Ebenso wie Pfarrer waren Lehrer

133 Vgl. Würz: Kampfzeit unter französischen Bajonetten. S. 100f.

134 Vgl. Kellerhoff: Ein ganz normales Pogrom. S. 45. Seit dem Jahr 1924 hatten trotz Parteiverbots erste nationalsozialistische Kreise in Guntersblum unter Georg Zimmer und in Wald-Uelversheim unter Philipp Zimmermann bestanden. Vgl. hierzu Würz: Kampfzeit unter französischen Bajonetten. S. 118.

135 Vgl. Brüchert, Hedwig: Bodenheim in der Zeit des Nationalsozialismus. In: Kißener, Michael (Hrsg.): Rheinhessische Wege in den Nationalsozialismus. Studien zu rheinhessischen Landgemeinden von der Weimarer Republik bis zum Ende der NS-Diktatur. Worms 2010. S. 94.

136 Vgl. Landskrone Oppenheimer Kreisblatt vom 25. Januar 1932.

137 Vgl. Zurowski: Hahnheim. S. 137; Landskrone Oppenheimer Kreisblatt vom 27. Januar 1931.

138 Vgl. Landskrone Oppenheimer Kreisblatt vom 26. Februar 1934.

139 Vgl. hierzu Kellerhoff: Ein ganz normales Pogrom. S. 29f.

140 Vgl. Brüchert: Bodenheim in der Zeit des Nationalsozialismus. S. 96f.; Landskrone Oppenheimer Kreisblatt vom 22. August 1931, vom 26. Februar 1934 und

Respektspersonen des öffentlichen Lebens; ihr Wort zählte in der Dorfgemeinschaft. Während Philipp Zimmermann die NSDAP von Guntersblum und später Wintersheim aus voranbrachte und der pensionierte Rektor Martin Best der Guntersblumer Ortsgruppe vorstand, waren die Lehrer Wilhelm Haag, Franz Bambach, Gustav Herrmann und Adolf Mathes in den Ingelheimer Gemeinden tätig.[141] Haag sollte später für seine politische Haltung ausdrücklich gelobt werden:

> »Dr. Haag war einer der ersten nationalsozialistischen Aktivisten im Kreise Bingen. Seine Verdienste um den Aufbau der Bewegung können um nichts geschmälert werden.«[142]

Abschließend bilden Ärzte eine wichtige Honoratiorengruppe. Die Flugblätter gegen Sali Levi hatte ein Tierarzt aus Gonsenheim veranlasst.[143] In Jugenheim stand der Sohn des Tierarztes Gerhold der Ortsgruppe vor.[144] Im Nachbarkreis Alzey unterstützten die Ärzte Daum in Framersheim und Schilling in Gau-Odernheim früh die NSDAP.[145] Ihren Kollegen Richard Mayer-Pullmann aus Undenheim benannte eine Gerichtsakte aus Weimarer Zeiten als »fanatischen Führer«[146] der Ortsgruppe. Die Ärzte verfügten über Automobile und konnten so die Gemeinden vernetzen sowie die Behörden überrumpeln, wie eine Begebenheit aus Harxheim 1930 zeigt:

> »Da sich der Bürgermeister von Harxheim geweigert hatte, die Versammlung durch die Ortsschelle bekannt zu machen, fuhr der

---

insbesondere vom 7. Oktober 1930.

141 Vgl. HStA Darmstadt, Bestand G 12 A in Nr. 19/7. S. 1165f.; Landskrone Oppenheimer Kreisblatt vom 15. Februar 1936; Kellerhoff: Ein ganz normales Pogrom. S. 46–48 bzw. S. 58; LHA Koblenz, Bestand 856, Nr. 054041 und 132994.

142 StA Ingelheim, Bestand A/85/2013/17.

143 Vgl. Würz: Kampfzeit unter französischen Bajonetten. S. 84.

144 Vgl. HStA Darmstadt, Bestand G 12 A in Nr. 19/7. S. 1145.

145 Vgl. Würz: Kampfzeit unter französischen Bajonetten. S. 115.

146 LA Speyer, Bestand J 44, Nr. 196.

Das Lehrerkollegium in Nieder-Ingelheim in nationalsozialistischer Zeit. Teile des Kollegiums hatten bereits während der Weimarer Republik die NSDAP unterstützt. Quelle: Fotoarchiv Peter Weiland, Ingelheim.

Versammlungsleiter, Tierarzt Mayer-Pullmann, mit seinem Auto im Ort herum und gab mit einer Hausschelle die Versammlung bekannt.«[147]

Weitere ortsübergreifende Netzwerke lassen sich deutlich nachweisen. Die 1926 gegründete Oppenheimer NSDAP-Ortsgruppe griff schnell auf Nierstein über.[148] Die Niersteiner Ortsgruppe organisierte ihrerseits Veranstaltungen in Nachbarorten, z.B. in Nackenheim.[149] Außerdem arbeitete sie mit Mitstreitern aus Dalheim, Dienheim und Schwabsburg in einem Ortsgruppenverband

147 HStA Darmstadt, Bestand G 12 A in Nr. 19/8. S. 1394.

148 Vgl. Würz, Markus: Die Niersteiner NSDAP in der Weimarer Republik. In: Niersteiner Geschichtsblätter 17 (2011). S. 22; Brodhaecker: Menschen zwischen Hoffnung und Verzweiflung. S. 196.

149 Vgl. Landskrone Oppenheimer Kreisblatt vom 21. Februar 1931.

zusammen.[150] Darüber hinaus gelang es dem umtriebigen Leiter der Stadecker Ortsgruppe, Moritz Cramer, nach mehreren missglückten Anläufen eine Versammlung im nahen Essenheim aufzuziehen.[151] Für die SA gab es anfangs einen Sturm für 14 Orte im südlichen Rheinhessen, von Bodenheim über Hahnheim bis Nierstein / Oppenheim.[152] Im zentralen Rheinhessen warb der Nieder-Olmer SA-Sturm u.a. in Sörgenloch um Mitglieder.[153] Der SA-Sturm des Essenheimers Karl Wolf III. erstreckte sich schließlich auf sieben Ortschaften.[154] Ortsübergreifende Veranstaltungen, wie z.B. Sprechabende, waren eine logische Konsequenz.

Diese Aktivitäten fanden immer häufiger im rheinhessischen Hinterland statt. Nicht umsonst meldete ein Gendarmeriebericht, dass die NSDAP in den einzelnen Ortschaften »lebhaft tätig« war.[155] Die einsetzende Weltwirtschaftskrise belebte einige NSDAP-Ortsgruppen, u.a. in Ober-Ingelheim, Jugenheim und Guntersblum.[156] Entsprechend drehten sich die ersten Parteiveranstaltungen in den rheinhessischen Gemeinden um Wirtschaftsfragen, außenpolitischen Revisionismus und antikommunistische Politik – was auch Daniel Siemens für den überregionalen Kontext bestätigt.[157] Die Juden spielten keine zentrale Rolle. Doch diese ortsübergreifenden Netzwerke, die in der später verklärten »Kampfzeit« gebildet wurden,

150 Vgl. Würz: Die Niersteiner NSDAP in der Weimarer Republik. S. 29.

151 Vgl. HStA Darmstadt, Bestand G 12 A in Nr. 19/8. S. 1386.

152 Vgl. Landskrone Oppenheimer Kreisblatt vom 26. Februar 1934. Später wurde der Sturm geteilt: Der Westen wurde von Hahnheim aus verwaltet, während Nierstein für die Rheinschiene zuständig war.

153 Vgl. DDA Mainz, Bestand 52/54, Nr. 20b (fol. 128/129).

154 Vgl. die Aussage von Karl Wolff III. vom 25. August 1948. In: LHA Koblenz, Bestand 856, Nr. 135238.

155 HStA Darmstadt, Bestand G 12 A in Nr. 19/5. S. 536.

156 Vgl. HStA Darmstadt, Bestand G 12 A in Nr. 19/6. S. 846; zudem Nr. 19/7. S. 1145. Die Ortsgruppe Guntersblum wurde 1929 neugegründet. Vgl. hierzu Kellerhoff: Ein ganz normales Pogrom. S. 49f.

157 Vgl. hierzu Kundgebungen in HStA Darmstadt, Bestand G 12 A in Nr. 19/7. S. 1123 (Dalheim), S. 1129 (Dexheim), S. 1164f. (Undenheim), S. 1165f. (Wald-Uelversheim); Nr. 19/8. S. 1386 (Essenheim), S. 1394 (Harxheim), S. 1420f. (Schwabsburg); für eine wissenschaftliche Einordnung, vgl. Siemens: Stormtroopers. S. 89.

bildeten die Grundlage für ein regionales Beziehungsgeflecht, das auch bei den Novemberpogromen deutlich hervortreten sollte.

Zunächst aber verloren viele Juden um 1930 ihre politische Heimat, v.a. durch den Niedergang der DDP; die neu formierte Deutsche Staatspartei sah der Centralverein wegen ihrer Zusammenarbeit mit nationalistischen Vereinigungen kritisch.[158] Auf der Gegenseite verfolgte die NSDAP eine clevere Taktik, die auch in Rheinhessen praktiziert wurde:

> »Antisemitic slogans would be used when addressing groups to whom they might have an appeal; where they were clearly not working, they were abandoned.«[159]

Die ehemaligen Hochburgen des Bauernbundes wechselten so bei der Reichstagswahl 1930 zur NSDAP, dank der sukzessiven Unterwanderung der Landwirte.[160] Durch diese Strategie avancierte die NSDAP bei der Reichstagswahl 1930 zur zweitstärksten Partei. Bereits vor dem Wahltermin hatte die NSDAP ihre neue Stärke gezeigt: Adolf Hitler hatte sich nach dem Abzug der französischen Besatzungstruppen ins Linksrheinische gewagt und auf seinem Weg nach Ludwigshafen die Rheindörfer passiert.[161] Viele Ortsgruppen trafen sich in Mainz, während einige jüdische Bürger den politischen Wandel offenbar zu registrieren schienen:

> »Die Juden in Nierstein sind sehr niedergeschlagen, weil es in Mainz so glatt abging. Alle glaubten die Ortsgruppe käme nur halb nach Hause.«[162]

---

158 Vgl. Liepach, Martin: Die politische Orientierung der Dorf- und Kleinstadtjuden in Hessen am Ende der Weimarer Republik. In: Archiv für hessische Geschichte und Altertumskunde, N.F. 55 (1997). S. 95.

159 Evans: The Coming of the Third Reich. S. 257.

160 Vgl. Würz: Kampfzeit unter französischen Bajonetten. S. 207. Vgl. hierzu z.B. Essenheim im LA Speyer, Bestand U 296, Nr. 148. Dort kamen spätere NSDAP-Ratsmitglieder von »Bauernlisten« des Jahres 1929.

161 Vgl. Briefe von K. S. und L. S. bzw. M. S. In: LHA Koblenz, Bestand 856, Nr. 138848.

162 Ebd.

Veranstaltungen mit Hitler zogen zahlreiche Interessenten an – wie hier in der Mainzer Stadthalle am 11. November 1931. Quelle: StA Mainz, Bestand BPSF, Nr. 8423a.

Die NSDAP etablierte sich mit der Zeit in den Landgemeinden. Diese Aufnahme zeigt den Parteiredner Claus Selzner (1933). Quelle: HStA Darmstadt, Bestand R 4, Nr. 29789.

Diese Notiz einer NSDAP-Anhängerin verdeutlicht ein gefährliches Stimmungshoch, dessen Folgen Wildt ausführt:

> »Je mehr es der NSDAP gelang, in den Orten Fuß zu fassen, Ortsgruppen und SA-Abteilungen zu gründen, desto mehr suchte sie [...] mit Gewalt den politischen Gegner zu terrorisieren und einen ›Antisemitismus der Tat‹ zu praktizieren.«[163]

Die Vorfälle nahmen an Schärfe zu. Im Jahr 1927 wurden jüdische Grabsteine in Hillesheim umgestoßen, angeblich von »Völkische[n]«.[164] Ein Jahr später, an Jom Kippur, griffen aus Westhofen einfallende Nationalsozialisten Niersteiner und Oppenheimer Juden an; es gab Verletzte.[165] Schließlich eskalierte die Lage in Dolgesheim im Mai 1930: Nach einem Zusammenstoß zwischen der NSDAP-Ortsgruppe und dem Reichsbanner wurde das Haus des jüdischen Reichsbannervorsitzenden Julius Frank stundenlang belagert und demoliert.[166] Frank verzog daraufhin nach Worms.[167] Gerade diese Ebene sollte sich nach 1933 mit einem staatlich geförderten Antisemitismus sowie lokalem Opportunismus verbinden. Der Vorfall in Dolgesheim zog überregionale Kreise: Jüdische Zeitungen titelten »Völkischer Terror«,[168] »Überfallkommando in Dolgesheim«,[169] »Das Martyrium von Nathan Frank in Dolgesheim«[170] oder »Das Drama in Dolgesheim: heute noch ein Einzelfall – aber im Dritten

---

163 Wildt: Volksgemeinschaft als Selbstermächtigung. S. 85.

164 Wiener Morgenzeitung vom 7. Mai 1927; Central-Verein-Zeitung vom 20. März 1931 und 27. März 1931.

165 Vgl. Der Israelit vom 9. Oktober 1928. Jom Kippur, das Versöhnungsfest, ist der höchste jüdische Feiertag.

166 Vgl. Landskrone Oppenheimer Kreisblatt vom 7. Mai 1927.

167 Vgl. Seibert: Dolgesheimer Mord. S. 15. Hier werden die vielschichtigen Hitergründe des Wegzugs erklärt. Siehe zudem LA Speyer, Bestand H 53, Nr. 295. Für einen vorherigen Streitfall Franks mit einem NSDAP-Mitglied, vgl. LA Speyer, Bestand J 46, Nr. 139.

168 Jüdisch-liberale Zeitung vom 27. August 1930.

169 Landskrone Oppenheimer Kreisblatt vom 12. August 1930.

170 Die Stimme vom 28. August 1930. Nathan Frank war der Vater von Julius Frank.

Reichsbanner Guntersblum. Quelle: Dieter Michaelis, Guntersblum.

Reich?«[171] Der anschließende Prozess erhielt landesweite Beachtung,[172] entwickelte sich aber zu einem Reinfall: Nach einigen taktisch-juristischen Fehlern im Prozessverlauf verhängte das Gericht nur eine einmonatige Gefängnisstrafe sowie Geldstrafen.[173] Schließlich nahmen die Behörden sogar das ursprünglich ausgesprochene Verbot für die NSDAP-Ortsgruppe Dolgesheim zurück.[174] Langfristig war dies also ein nationalsozialistischer Sieg.

Dies sollte nicht der einzige zweifelhafte Sieg der Nationalsozialisten sein. Obwohl einhundert von ihnen bei einem Marsch durch das kleine Dexheim antisemitische Lieder skandiert hatten, stellte die Staatsanwaltschaft das Verfahren gegen einen ihrer Anführer,

171 Central-Verein-Zeitung vom 22. August 1930. Nathan Frank war der Vater von Julius Frank.

172 Vgl. die ausführlichen Artikel der Central-Verein-Zeitung vom 20. März bzw. 27. März 1931.

173 Vgl. Seibert: Dolgesheimer Mord. S. 16f.; vgl. auch Die Stimme vom 26. März 1931.

174 Vgl. LA Speyer, Bestand H 53, Nr. 295; Das jüdische Echo vom 29. August 1930.

Adolf Hitler mit der bereits vor 1933 überaus aktiven Stadecker Ortsgruppe (undatiert). Quelle: LA Speyer, Bestand X 3, Nr. 2150.

Friedrich Strub aus Nierstein, ein – mit einer zynischen Begründung: »Eine Gefährdung des öffentlichen Friedens ist nicht ersichtlich,«[175] zumal es in Dexheim keine Juden gebe. Die NSDAP fühlte sich nun in Rheinhessen stärker als zuvor. In Stadecken wurden Mitte Juni 1932 die Ortsschilder durch Tafeln mit der Bezeichnung »Hitlershausen« ersetzt.[176] Dies war auch gegenüber den wenigen Stadecker Juden eine sichtbare Provokation. Bei der Reichspräsidentenwahl 1932 unterstützten somit Juden, darunter Max Jesselsohn aus Nieder-Ingelheim,[177] den greisen Reichspräsidenten Paul von Hindenburg, in der Hoffnung, Hitler verhindern zu können. Doch im Januar 1933 machte Hindenburg Hitler zum Reichskanzler – der Startschuss zur nationalsozialistischen Machtübernahme.

175 Zit. nach Der Israelit vom 10. September 1931.

176 Vgl. Grass: Die Orte der Verbandsgemeinde Nieder-Olm. S. 240.

177 Vgl. Meyer / Mentgen: Sie sind mitten unter uns. S. 212. Jesselsohn unterzeichnete einen Wahlaufruf.

2.4 *Die lange Nacht – Im Nationalsozialismus (1933–1938)*

2.4.1 STAATSFEINDE – ÜBERGRIFFE IM ZUGE DER NATIONALSOZIALISTISCHEN MACHTÜBERNAHME

Zum Zeitpunkt der nationalsozialistischen Machtübernahme lag der Anteil der jüdischen Bevölkerung im Untersuchungsraum zwischen 0,56% und 0,9%.[178] Die Juden waren bei der Märzwahl 1933 also nicht wahlentscheidend, spürten aber die Wahlfolgen deutlich. Die NSDAP feierte Erdrutschsiege, u. a. in Wintersheim, Essenheim, Dalheim, Stadecken, Engelstadt, Mommenheim, Wackernheim und Jugenheim.[179] Außerdem erzielte sie knapp die absolute Mehrheit in Nierstein, während sie relative Mehrheiten in Hahnheim, Ober-Olm, Guntersblum, Heidesheim, Nieder-Ingelheim, Ober-Ingelheim, Dienheim und Bodenheim erreichte. In anderen Ortschaften gelang dem Zentrum ein letzter Sieg, darunter in Ebersheim, Nackenheim, Klein-Winternheim sowie Zornheim – und in Nieder-Olm erlebte die aktive NSDAP-Ortsgruppe sogar ein Debakel, was u. a. auf den einflussreichen Zentrumsbürgermeister Jakob Sieben zurückzuführen ist.

Nach der gewonnenen Märzwahl veranstaltete die NSDAP in Nieder-Olm einen Fackelzug – bei dem sogar drei jüdische Bürger mitmarschiert sein sollen, im Glauben an eine Verständigung.[180] Doch sie täuschten sich: Nachts verprügelten SA-Leute Leopold Kramer im Wasserhaus und ließen ihn in der Dunkelheit im Ort umherlaufen.[181] In Guntersblum kam es nach der Märzwahl zu einer Razzia in den Häusern der Händler Isidor Wolf und Hermann Grünewald;

---

178 Vgl. Brodhaecker: Menschen zwischen Hoffnung und Verzweiflung. S. 221.

179 Vgl. Klein: Die Hessen als Reichstagswähler. S. 1197 (Kreis Mainz), S. 1270 (Kreis Bingen), S. 1306 (Kreis Oppenheim). Die folgenden Wahlanalysen beziehen sich auf diese tabellarischen Übersichten.

180 Vgl. Weisrock / Rettinger / Weisrock: Die jüdische Gemeinde von Nieder-Olm. S. 83.

181 Ebd.

Die nationalsozialistische Machtübernahme vollzog sich auch am Ober-Ingelheimer Rathaus. Quelle: Fotoarchiv Peter Weiland, Ingelheim.

die beiden Hausbesitzer kamen für eine Nacht ins Ortsgefängnis.[182] In Hahnheim wurde Hans Trum von »unbekannten« Nationalsozialisten überfallen und tauchte am nächsten Morgen schwer verletzt wieder im Ort auf.[183] Sein Onkel, der Weinhändler Emil Trum, wurde wochenlang erpresst, entging aber Schlimmerem.[184] Durch weitere Umzüge demonstrierten die Nationalsozialisten ihre

182 Vgl. Kellerhoff: Ein ganz normales Pogrom. S. 73.

183 Vgl. Aussage von Heinrich Haas vom 25. Februar 1947. In: LHA Koblenz, Bestand 856, Nr. 134240; Aussage von Änne Heinz vom 18. Februar 1947. In: LHA Koblenz, Bestand 856, Nr. 132310.

184 Vgl. Aussage von Änne Heinz vom 18. Februar 1947. In: LHA Koblenz, Bestand 856, Nr. 135240.

Vormachtstellung; es kam auch zu Verbrennungen der schwarz-rot-goldenen Flagge der Republik.[185] In Essenheim, ebenfalls Schauplatz einer Flaggenschändung,[186] zeigte sich am »Deutschen Tag«, wer neben den Demokraten noch aus der Dorfgemeinschaft ausgestoßen werden sollte: Eugen Stern wurde abends auf offener Straße verprügelt.[187] Eine Gruppe aus örtlichen und ortsfremden SA-Leuten brachte Stern dann zu Bürgermeister Friedrich Wilhelm Schott; nach mehreren Zeugenaussagen führte jemand einen Strick mit sich.[188] Am Rathaus entspann sich zwischen der SA und dem NSDAP-Bürgermeister eine Diskussion, welche Stern vor Schlimmerem bewahrte. Dieses Glück hatte Julius Frank aus Dolgesheim nicht. Der nach Worms verzogene ehemalige Reichsbannerortsvorsitzende wurde von einem Schlägertrupp verschleppt und im Dolgesheimer Feuerwehrhaus eingesperrt.[189] Angeblich erhängte er sich in seinem provisorischen Gefängnis, vor dem sich ein Menschenauflauf gebildet hatte. Diese voyeuristische Zuschauerrolle vieler Ortsbürger sollte später auch bei den Novemberpogromen eine Rolle spielen.

Die politischen Gegner, zu denen neben Sozialdemokraten, Kommunisten und Liberalen insbesondere Juden zählten, wurden als Staatsfeinde schrittweise aus dem gesellschaftlichen Leben gedrängt. Angesichts des demokratischen Niedergangs war die Zahl der jüdischen Gemeinderäte zum Zeitpunkt der Gleichschaltung überschaubar. In Essenheim legte Wilhelm Stern sein Mandat am 2. April 1933 nieder und kam so einem Ausschluss zuvor.[190] Andere

---

185 Vgl. Mahlerwein: Rheinhessen. S. 280; Neumer: Geschichte eines Dorfes in Rheinhessen. S. 121.

186 Vgl. Sitzungsprotokoll vom 17. August -25. August 1948. In: LHA Koblenz, Bestand 856, Nr. 135238.

187 Vgl. Mossel: Juden in Essenheim. S. 126.

188 Sämtliche folgende Informationen zu diesem Vorfall stammen aus der Spruchkammerverhandlung von Karl Wolf III. vom 17. August – 25. August 1948. In: LHA Koblenz, Bestand 856, Nr. 135238.

189 Vgl. Seibert: Dolgesheimer Mord. S. 98f. Die folgenden Informationen beziehen sich auf diese Textstelle.

190 Vgl. Mossel: Juden in Essenheim. S. 126.

Bei der sog. »Abwaschaktion« in Bodenheim, mussten Lothar Mayer (2. v.l.) und sein Freund Willi Jerz (l.) kommunistische Wahlgraffiti beseitigen – öffentlich. Quelle: Horst Kasper, Bodenheim.

nichtjüdische Gegner wurden abgesetzt oder passten sich an, während verdiente Mitglieder von NSDAP und SA ins Amt gehievt wurden.[191] Der noch im Kaiserreich ins Amt gekommene Nieder-Olmer Bürgermeister Jakob Sieben wurde durch Jakob Eckes II. ersetzt.[192] In Hahnheim erfolgte umgehend die Ablösung von Philipp Schömbs, den die Nationalsozialisten bei einer Straßenschlacht

191 Zu dieser verwaltungsgeschichtlichen Entwicklung, vgl. Siemens: Stormtroopers. S. 131.

192 Vgl. Weisrock / Rettinger / Weisrock: Die jüdische Gemeinde von Nieder-Olm. S. 78.

schwer verletzt hatten.[193] In Bodenheim wurde der Zentrumsbürgermeister Andreas Becker abgesetzt; der NSDAP-Ortsgruppenleiter Anton Sauer wurde sein Nachfolger.[194] Die Niersteiner Nationalsozialisten vollzogen die Machtübernahme schwunghaft wie generös: Sie verliehen Hindenburg und Hitler die Ehrenbürgerwürde und schickten dem Reichspräsidenten eine große Kiste Niersteiner Wein.[195] Überschaubarer Widerstand und geschickte Anpassung lassen sich in den kleinen Gemeinden des zentralen Rheinhessens beobachten. Während in Essenheim und Ober-Olm die Machtübernahme effizient vollzogen wurde, übernahmen in den Zentrumshochburgen Zornheim, Klein-Winternheim und Harxheim die Bürgermeister die Machtübernahme in Eigenregie und blieben so im Amt.[196] Diese drei Bürgermeister stehen symbolisch für viele Bürger in Rheinhessen, welche in jener Zeit aus den unterschiedlichsten Gründen eine Anpassung vollzogen.

Die Machtübernahme in den Ingelheimer Gemeinden verlief unterschiedlich: Während die Nationalsozialisten in Nieder-Ingelheim die Zentrumspartei in die Neugestaltung einbanden,[197] startete in Ober-Ingelheim die Machtübernahme gewaltsam mit Schüssen auf das Haus des demokratischen Bürgermeisters Georg Rückert.[198]

193 Vgl. Zurowski: Hahnheim. S. 138; Landskrone Oppenheimer Kreisblatt vom 26. Januar 1931.

194 Vgl. Brüchert: Bodenheim im Nationalsozialismus. S. 99.

195 Vgl. LA Speyer, Bestand U 278, Nr. 2009. Hitler hatte sich Geschenke, v. a. Alkohol, verbeten.

196 Vgl. Grass: Die Orte der Verbandsgemeinde Nieder-Olm. S. 249; FS 900 Jahre Klein-Winternheim. Beiträge zur Ortsgeschichte. Klein-Winternheim 1999. S. 207; FS Harxheim. 1250 – eintausendzweihundertfünfzig. Harxheim 2017. S. 103; Vgl. exemplarisch auch LHA Koblenz, Bestand 856, Nr. 138019.

197 Vgl. zu diesem Prozess in Nieder-Ingelheim Dürsch, Klaus: Eine bedeutende Rolle im katholischen Leben Ingelheims gespielt – Das Leben des Wilhelm Fries. In: Meyer, Hans-Georg / Klausing, Caroline (Hrsg.): Freudige Gefolgschaft und bedingungslose Einordnung …? Der Nationalsozialismus in Ingelheim. Ingelheim 2011. S. 653f.

198 Vgl. Ballmann, Simon: Zum »Sieg des deutschen Volkes« läuteten die Kirchenglocken. Die nationalsozialistische »Machtergreifung« in Ingelheim. In: Meyer, Hans-Georg / Klausing, Caroline (Hrsg.): Freudige Gefolgschaft und bedingungslose Einordnung …? Der Nationalsozialismus in Ingelheim. Ingelheim 2011.

Es folgte eine turbulente öffentliche Ratssitzung, nach deren Ende die zwei konzessionsfreudigen NSDAP-Ratsmitglieder Döhn und Schätzel von einem – angeblich auswärtigen – SS-Kommando verprügelt wurden.[199] Die Machtübernahme in Ober-Ingelheim verlief schleppend; die Ortsgruppe präsentierte sich als zerstrittener Haufen.

Im Zuge der Machtübernahme kam es zur Rache an politischen Gegnern – und somit auch an Juden: Als sog. »Abwaschkolonne« mussten Bodenheimer Kommunisten ihre Maueranschriften aus dem Märzwahlkampf öffentlich beseitigen.[200] Ein SA-Trupp zwang zwei Jugendliche zur »Mithilfe« – Willi Jerz wegen seines sozialdemokratischen Elternhauses, Lothar Mayer wegen seines jüdischen Glaubens.[201] Wenige Wochen vor der »Abwaschaktion« in Bodenheim war es in Guntersblum zu einer »Reinigungsaktion«[202] – so die Überschrift in der »Landskrone« – gekommen: Die Gendarmerie und ein »Überfallwagen« vernahmen 20 Einwohner; neun wurden in das neu errichtete Konzentrationslager (KZ) Osthofen verschleppt.[203] Insgesamt sind mindestens 146 jüdische Häftlinge für das KZ Osthofen überliefert,[204] darunter auch viele jüdische Geschäftsleute. Dazu gehörten bei dem Guntersblumer Transport der Tabakwarenhändler Josef (»Leo«) Fränkel sowie der Weinhänd-

S. 103f.; Vey, Anno: Ingelheim unter dem Hakenkreuz (= Beiträge zur Ingelheimer Geschichte, Band 44). Ingelheim 1999. S. 186.Ein ähnlicher Vorfall ereignete sich im nahen Heidesheim am Haus des Bürgermeisters Franz Heinstadt. Vgl. Ingelheimer Zeitung vom 3. April 1933; Salzburger Volksblatt vom 4. April 1933.

199 Vgl. Ballmann: Die nationalsozialistische »Machtergreifung« in Ingelheim. S. 105–107.

200 Vgl. Säuberungsvorschlag vom 11. Januar 1949. In: LHA Koblenz, Bestand 856, Nr. 132243. Ein ähnlicher Vorgang in der Stadt Alzey findet sich bei Hoffmann: »... wir sind doch Deutsche«. S. 186f.

201 Vgl. Brüchert: Bodenheim im Nationalsozialismus. S. 106.

202 Landskrone Oppenheimer Kreisblatt vom 12. April 1933.

203 Ebd.

204 Vgl. Arenz-Morch, Angelika: Das KZ Osthofen 1933/34 – ein Überblick. In: Dies./Heinz, Stefan (Hrsg.): Gewerkschafter im Konzentrationslager Osthofen 1933/34. Biografisches Handbuch. Berlin 2019. S. 36.

ler Arthur Mayer.[205] Die beiden trafen im KZ auf ihre Mitbürger Heinrich Hertz und Josef Wolf.[206] Die nebulösen wie willkürlichen Verhaftungsgründe wurden vielfach angegeben, wie z.B. »politische Verfehlungen«[207] bei dem Getreidehändler Heinrich Wolf aus Nackenheim oder »Verächtlichmachung des nationalen Staates«[208] bei dem Apotheker Max Holländer aus Heidesheim.

Für nahezu jede Gemeinde des Untersuchungsraumes sind Übergriffe, Hausdurchsuchungen oder Verhaftungen überliefert. In Hahnheim drangen Nationalsozialisten im April 1933 in die Wohnung von Isaak Haas ein, schlugen ihn zusammen und hielten seinen Sohn Rudolf mit einer Pistole in Schach.[209] Später wurden Isaak Haas sowie seine Söhne Rudolf und Heinrich nach Osthofen transportiert.[210] Diese mitunter wilden Szenen im Jahr 1933 schufen Tat- und Gewaltmuster, welche bei den Novemberpogromen im Jahr 1938 erneut angewandt und perfektioniert wurden. Für die soziale Ausgrenzung der Juden ist diese Phase nicht zu unterschätzen, wie Wünschmann erläutert:

> »With the concentration camps as murderous instruments of deterrence, humiliation and expulsion, the Gestapo and the SS succeeded in transforming German Jews from a heterogeneous minority group within society to outsiders regarded as a homogenous group of enemies to be excluded from any form of communal life.«[211]

---

205 Vgl. für die Berufsbezeichnungen Michaelis: Die jüdische Gemeinde Guntersblum. S. 195 und S. 202.

206 Landskrone Oppenheimer Kreisblatt vom 28. März 1933 (für Hertz) bzw. vom 8. April 1933 (für Wolf).

207 Vgl. Landskrone Oppenheimer Kreisblatt vom 6. Juli 1933.

208 Vgl. Nachrichtenblatt vom 7. Juli 1933.

209 Vgl. die Aussagen von Georg Plattner, Gerda Landua, Heinrich Haas und Rudolf Haas. In: LHA Koblenz, Bestand 856, Nr. 135240.

210 Vgl. die Aussage von Karl Dexheimer vom 23. Februar 1947. In: LHA Koblenz, Bestand 856, Nr. 135321.

211 Wünschmann, Kim: Cementing the Enemy Category: Arrest and Imprisonment of German Jews in Nazi Concentration Camps, 1933–8/9. In: Journal of Contemporary History 45.3 (2010). S. 599.

Mit zunehmender Zeit koordinierten die Nationalsozialisten ihre Übergriffe, wie ein Vorfall aus Nieder-Ingelheim zeigt. Nachdem mehrfach im August und September Schüsse auf die Häuser der Familien Strauß, Eisemann und Mayer abgefeuert worden waren, erreichte am 29. September die Gendarmerie ein Anruf der politischen Polizei in Mainz, wonach für Nieder-Ingelheim »von gewisser Seite« antijüdische Aktionen am folgenden Tag geplant waren.[212] Das Timing war kein Zufall,[213] fiel doch der 30. September im Jahr 1933 auf den hohen jüdischen Feiertag Jom Kippur. Tatsächlich fielen drei Mitglieder des nahen Reichsarbeitsdienstes (RAD) in Wackernheim, mit Unterstützung des Kaufmanns Ambrosius Bockius, bei den jüdischen Familien Strauß und Jesselsohn ein, während sich eine Menschenmenge vor dem Haus von Alfred Mayer versammelte und diesen aufforderte, sich nach Osthofen abtransportieren zu lassen.[214] Ortsgruppenleiter Gaul nahm diesen Vorfall zum Anlass, Alfred Mayer der Gendarmerie mit Bitte um »Schutzhaft« auszuhändigen. Mayer und weitere Nieder-Ingelheimer Juden wurden nach Mainz transportiert – ebenso Bockius, dessen Agitation selbst der Gendarmerie zu weit gegangen war. In der Nacht wurden erneut jüdische Häuser beschossen.[215]

Manchmal genügte nur die Androhung von Gewaltmaßnahmen, um jüdische Bürger zu vertreiben, wie der Fall von Meta Michel aus Undenheim zeigt. Sie rückte in das Visier des örtlichen Tierarztes und »alten Kämpfers« Richard Mayer-Pullmann, der ihr Gewalt androhte, sodass Meta Michel wegen der »wiederholten Belästigungen des Dr. Mayer« Undenheim im November 1933 verließ.[216] Doch selbst Mayer-Pullmann stieß in dieser »wilden Zeit«

212 Bericht der Gendarmerie Nieder-Ingelheim vom 5. Oktober 1933. In: StA Ingelheim, Rep. III/543/023.

213 Vgl. das Urteil vom 27. Februar 1947. In: LA Speyer, Bestand J 76, Nr. 3.

214 Vgl. den Bericht der Gendarmerie Nieder-Ingelheim vom 5. Oktober 1933. In: StA Ingelheim, Rep. III/543/023.

215 Ebd.

216 Strafanzeige von Meta Michel gegen Dr. Richard Mayer [-Pullmann]. In: LHA Koblenz, Bestand 856, Nr. 132065. Das Gericht erkannte die Vorwürfe Meta Michels an.

von Gewalt, Übergriffen und Diebstahl an seine Grenzen. Nachdem seine SA-Leute die Lagerhalle des jüdischen Getreidehändlers Gabriel aus Hillesheim entgegen Mayer-Pullmanns Anweisung geplündert hatten, zeigte der Tierarzt seine eigenen Leute an, erntete aber dafür Unverständnis und wurde gar vorübergehend aus der Partei ausgeschlossen.[217] Kritik an antijüdischen Aktionen – selbst von verdienten wie ideologisch gefestigten »alten Kämpfern« – war unerwünscht.

Angesichts dieser Übergriffe gaben die ersten Juden bereits auf, wie z.B. die Familie von Sigmund Strauss in Hahnheim, die sich nach einem Überfall mit anschließender Verhaftung zur Auswanderung entschloss.[218] Unter den Juden Guntersblums, die früh wegzogen, sticht Josef Wolf hervor: Er war gleich zwei Mal im Jahr 1933 ins KZ Osthofen verschleppt worden und entschied sich nach seiner zweiten Freilassung für eine ungewisse, aber ungestörte Zukunft in Palästina.[219] Nicht immer verzogen die Juden sofort ins Ausland: Die Familie des Weinhändlers Ludwig Hertz aus Guntersblum fühlte sich wegen eingeschlagener Fensterscheiben nicht mehr sicher und verzog nach Mainz, um »in der Anonymität der Stadt [...] sicherer leben zu können.«[220] Ein weiteres Beispiel aus dem südlichen Rheinhessen ist aus Köngernheim überliefert – und es steht symbolisch für viele jüdische Schicksale im Untersuchungsraum: Der Weinhändler Ernst Ludwig Schlösser, »langjähriger Schriftführer« des Turnvereins, verließ durch die Gleichschaltung den Verein und gab auch die Leitung der Konsumgenossenschaft ab.[221] Familie Schlösser verzog daraufhin nach Mainz und verkaufte ihr Haus an die Gemeinde, die dort die Bürgermeisterei einquar-

217 Vgl. die Aussage von Richard Schickert vom 28. April 1947, bestätigt im Säuberungsvorschlag vom 27. November 1948. In: LHA Koblenz, Bestand 856, Nr. 132065 bzw. 139363; vgl. hierzu auch Seibert: Dolgesheimer Mord. S. 15.

218 Vgl. Zurowski: Hahnheim. S. 199; vgl. auch die Aussage von Heinrich Haas vom 25. Februar 1947. In: LHA Koblenz, Bestand 856, Nr. 135240.

219 Vgl. Kellerhoff: Ein ganz normales Pogrom. S. 81; Landskrone Oppenheimer Kreisblatt vom 16. Oktober 1933.

220 Michaelis: Die jüdische Gemeinde Guntersblum. S. 106.

221 Vgl. Schwamb: Von Cuningisheim bis Köngernheim. S. 218.

tierte. Somit steuerten die neuen Machthaber die nun »judenfreie« Gemeinde von einem ehemaligen jüdischen Haus aus.

Von den Bürgermeistereien aus wurde oftmals die Gleichschaltung der Vereine initiiert, welche die soziale Ausgrenzung der Juden verschärfte: Nach 44 Jahren Mitgliedschaft wurde Siegmund Oppenheimer aus dem Vorstand des Ober-Ingelheimer Gesangvereins »Germania« ausgeschlossen, während Joseph Goldmann sein Amt als Schriftführer bei der Essenheimer Feuerwehr niederlegen musste.[222] Nationalkonservative Vereine befanden sich in einer besonders skurrilen Situation. Ihre jüdischen Mitglieder hatten die Vereinsprinzipien unterstützt, standen ideologisch sogar den Nationalsozialisten in gewissen Punkten nahe – und hatten doch keine Zukunft: Der Niersteiner Soldatenverein »Rhenania« trennte sich so von seinem Vorsitzenden, dem Weinhändler Gustav Blum.[223] Im Verein für das Deutschtum im Ausland (VDA) wollte der Nieder-Ingelheimer Ortsvorstand Josef Löwensberg eine »wahre Volksgemeinschaft« aufbauen, wurde aber zu seinem Entsetzen im Juli 1933 ausgeschlossen.[224] Zudem blickten mit dem RjF und dem C.V. zwei pragmatische und integrative jüdische Vereine mit einigen Mitgliedern aus den Ingelheimer Gemeinden einer ungewissen Zukunft entgegen.[225]

All diese antijüdischen Maßnahmen wurden auch von Juden auf der Durchreise registriert. Nach einem Besuch bei seinem Verwandten Otto Baum in Nieder-Olm schrieb der junge Kaufmann Herbert Friedländer seiner Freundin im französischen Straßburg:

> »Der Antisemitismus ist nach wie vor sehr groß, besonders auf kleineren Plätzen. Die Juden werden hier vernichtet […]. Die Stim-

222 Vgl. Meyer / Mentgen: Sie sind mitten unter uns. S. 299; Mossel: Juden in Essenheim. S. 126.

223 Vgl. Kreuzburg, Julia: Die Weinhandlung Gärtner & Blum zur Zeit des Nationalsozialismus. In: Niersteiner Geschichtsblätter 24 (2018). S. 30.

224 Nielsen, Philipp: In the Defense of Germandom in the East. Jews and the Verein für das Deutschtum im Ausland, 1914 to 1935. In: Grill, Tobias (Hrsg.): Jews and Germans in Eastern Europe. Shared and Comparative Histories. München 2018. S. 175f.; vgl. auch für Gerta Neumann, ein weiteres VDA-Mitglied aus den Ingelheimer Gemeinden, Meyer / Mentgen: Sie sind mitten unter uns. S. 425.

225 Vgl. Meyer / Mentgen: Sie sind mitten unter uns. S. 425.

mung für Hitler ist gewiß groß, meistens jedoch dadurch, dass das Volk Angst hat, anders zu sprechen […]. All das was der Straßburger Sender berichtet stimmt, nichts ist übertrieben. Wenn das noch einige Zeit so weit geht, sind die Juden in Dtschl. [sic] verarmt. Verrecken sollen die Barbaren!«[226]

Dieser von den Behörden abgefangene Brief brachte Friedländer ein Jahr Gefängnis ein.[227]

2.4.2 BOYKOTT UND ALTE RECHNUNGEN – DIE AUSGRENZUNG UND AUSSCHALTUNG DER JUDEN AUS DEM WIRTSCHAFTSLEBEN

In seinen Gesprächen mit den Verwandten in Nieder-Olm könnte Herbert Friedländer auch von dem lokalen Boykott jüdischer Geschäfte erfahren haben, der gleichzeitig den Startschuss für die Ausgrenzung und Ausschaltung der Juden aus dem Wirtschaftsleben darstellte. Bereits während der Weimarer Republik war es in Mainz zu kurzzeitigen Übergriffen auf jüdische Geschäfte gekommen, insbesondere in der Separatistenzeit um 1923 und der Vorweihnachtszeit 1932.[228] Die NSDAP hatte so bereits lokale Erfahrung gesammelt und konnte nun, dank der Rückendeckung durch die Machtübernahme, die Boykottaufrufe wiederholen und auf das rheinhessische Hinterland ausdehnen. Dort war das jüdische Gewerbe trotz der Wirtschaftskrise nahezu intakt. In Nierstein bezeugte die Rheinstraße mit der Weinhandlung Gärtner & Blum, der Fleischerei Koch, der Tuchhandlung Leopold Wolf & Sohn und der Tabakhandlung Weiler einen »bescheidenen Wohlstand.«[229]

226 HStA Darmstadt, Bestand G 27, Nr. 349.

227 Ebd.

228 Vgl. Hausmann: »Leuchte des Exils. S. 21.

229 Brodhaecker: Menschen zwischen Hoffnung und Verzweiflung. S. 231. Dazu zählte auch die Tuchhandlung Feiner in der Oberdorfstraße.

Diese Situation änderte sich durch den Boykott von jüdischen Geschäften am 1. April 1933. Dieser Boykott sollte eine spontane Reaktion der einfachen Bevölkerung auf »die wachsende Kritik des Auslands an dem Terror« der Machtübernahme abbilden.[230] In Wirklichkeit wurden die Boykottkaufrufe von der Parteileitung gelenkt. Sie forderte ihre Ortsgruppen dazu auf, sog. »Aktionskomitees« zu bilden, welche die Maßnahmen in die kleineren Dörfer hineintragen sollten.[231] Dieses Organisationsnetz war aber nicht die einzige Diskrepanz zwischen Propaganda und Realität, wie Evans am Verhalten der Bevölkerung aufzeigt:

> »Yet, contrary to reports in the Nazi press, they [crowds of people] did not demonstrate their anger against the Jews, but remained for the most part passive and silent.«[232]

Tatsächlich bedeuteten die für alle sichtbaren Aktionen eine Machtdemonstration, wobei der SA hierbei eine Schlüsselrolle zufiel. Denn die einfache Bevölkerung konnte, so Siemens,

> »either join in such actions or, in case of disagreement, at least they understood it was best not to oppose it. The Brownshirts' belief in the SA as the educator of the German masses could thus be upheld.«[233]

Auf lokaler Ebene gestaltete sich der Boykott unterschiedlich. In Guntersblum bewachten SA-Posten das Geschäft des Weinhändlers Ludwig Hertz; zudem wurden Steine durch das Fenster geschmissen.[234] Die jüdischen Geschäfte in Essenheim wurden

230 Longerich, Peter: »Davon haben wir nichts gewusst!« Die Deutschen und die Judenverfolgung 1933–1945. München ²2006. S. 59; siehe auch Wildt: Volksgemeinschaft als Selbstermächtigung. S. 115f.

231 Vgl. Kellerhoff: Ein ganz normales Pogrom. S. 74.

232 Evans: The Coming of the Third Reich. S. 435.

233 Siemens: Stormtroopers. S. 192.

234 Vgl. Kellerhoff: Ein ganz normales Pogrom. S. 74.

von SA-Posten kontrolliert, was den Geschäftsgang erschwerte.[235] Dennoch gelang es Parteistellen durch Weisungen, eine flächendeckende Radikalisierung der Aktion zu verhindern.[236] Dies geboten auch taktische Erwägungen. Die Machtübernahme stand noch am Anfang und ausufernder Aktivismus konnte Sympathisanten vergraulen.

Aus den Ingelheimer Gemeinden, wo jüdische Geschäftsleute einen wichtigen Teil des Wirtschaftslebens ausmachten, sind – abgesehen von SA-Wachen vor den Geschäften[237] – keine größeren Vorkommnisse überliefert. Dies spricht für eine Passivität der Restbevölkerung. In Ortschaften mit wenigen Geschäften konnte der Boykott nicht zur gewünschten Entfaltung kommen, da die Beziehungen zu den jüdischen Geschäftsinhabern stärker ausgeprägt waren als in den Städten. Zudem konnte ein einziges jüdisches Geschäft ohne nichtjüdische Konkurrenz in der Verkaufssparte vorteilhaft sein: So finden sich z.B. in Heidesheim für das Jahr 1933 keine öffentlichen Boykottaufrufe im ansonsten linientreuen »Nachrichtenblatt«, während der geplante Boykott der Kolonialwarenhandlung Bergmann in Mommenheim auf Unverständnis stieß.[238] Es kam auch zu skurrilen Szenen wie in Undenheim, wo ein Ein-Mann-Boykotttrupp vor dem Haus von Meta Michel patrouillierte, obwohl sich dort kein Geschäft mehr befand.[239]

Weitere eigenständige Boykottaktionen entwickelten jedoch später teils eine solche lokale Eigendynamik, dass staatliche Behörden einschritten, um keine allzu großen außenpolitischen Verwerfungen zu riskieren. Die Kreisämter verfügten daher nach einem Einschreiten

---

235 Vgl. die Aussage von Ludwig Betz VI. vom 27. Februar 1947. In: LHA Koblenz, Bestand 856, Nr. 137333.

236 Vgl. Kropat, Wolf-Arno: Kristallnacht in Hessen: Der Judenpogrom vom November 1938. Eine Dokumentation. In: Schriften der Kommission für die Geschichte der Juden in Hessen, Band 10, Wiesbaden 1988. S. 20.

237 Vgl. Meyer in Meyer / Klausing: »Wer mit Juden handelt, gilt daher als unehrenhaft«. S. 441.

238 Vgl. Luig: Mommenheim. S. 72.

239 Vgl. die Strafanzeige von Meta Michel gegen Dr. Richard Mayer. In: LHA Koblenz, Bestand 856, Nr. 132065.

des Centralvereins und staatlicher Stellen im Sommer 1934 die Entfernung von antijüdischen Schildern, u.a. in Nierstein (»Die Juden sind Wucherer«), Nackenheim (»Juden nicht erwünscht«), Friesenheim (»Die Juden sind Spitzbuben«), Lörzweiler und Undenheim (jeweils »Wer beim Juden kauft, ist ein Volksverräter«).[240] Dazu beigetragen haben könnte auch die entrüstete Eingabe eines amerikanischen Touristen, der an die Handelskammer in Darmstadt geschrieben hatte:

> »I regret that I have to inform you that when passing the villages Oppenheim and Nackenheim yesterday by motorcar while on holiday in Europe, my eyes were struck by wooden plates indicating: ›Juden sind hier nicht erwünscht or Juden sind volksfremde Schmarotzer‹. So far I have not believed the stories published in our newspapers but it is now evident that they are perfectly based on truth, I have therefore instructed to day [sic!] my homeoffice to stop all buying of German wines and to cancel them fro [sic!] our list [...].«[241]

Diese Reaktion eines Ausländers, weit nach dem offiziellen Ende des »Judenboykotts« am 1. April 1934, verdeutlicht den außenpolitischen Schaden, den antijüdische Aktionen auslösten. Die lokalen Behörden wurden deshalb vorsichtig; eine weitere Boykottaktion im Dezember 1934 wurde daher vom Hessischen Staatspolizeiamt untersagt.[242] Die SA, welche bereits durch den sog. »Röhm-Putsch« in die Defensive gedrängt worden war, verlor dadurch ein Betätigungsfeld, wie Siemens analysiert:

> »After the summer of 1934, SA violence – a fundamental element of the group's public appeal and internal cohesion – lacked political meaning and purpose. It was to a good degree autotelic.«[243]

---

240 Vgl. die diversen Bezeichnungen auf den einzelnen Schildern in LA Speyer, Bestand H 53, Nr. 307.

241 LA Speyer, Bestand U 278, Nr. 1980.

242 Vgl. StA Mainz, VOA 11/551.

243 Siemens: Stormtroopers. S. 134.

Dies bedeutete aber nicht, dass die Ausschaltung der Juden aus dem Wirtschaftsleben gebremst wurde – im Gegenteil, sie wurde »von oben« intensiviert: Am 16. August 1934 untersagte Rudolf Heß allen NSDAP-Mitgliedern jeglichen Verkehr mit Juden in der Öffentlichkeit.[244] Kontrollen machten gerade vor Parteigenossen nicht Halt, wie ein Beispiel aus Nieder-Ingelheim zeigt: Das antisemitische Hetzblatt »Der Stürmer« rechnete im Jahr 1935 mit Julius Liebrecht ab, dessen Frau bei dem Metzger Jesselsohn eingekauft hatte – was Liebrecht ein Parteigerichtsverfahren einbrachte.[245]

Wucher- und Täuschungsvorwürfe wurden gegen Einzelhändler lanciert, um kleinere Geschäfte systematisch zu ruinieren, u.a. im Textilhandel.[246] Besonders hart ging das »Nachrichtenblatt« mit dem Textilgeschäft von Rosa Gruner in Heidesheim um. Unter der Überschrift »Juden bleiben Juden!« berichtete die Ortszeitung über eine angebliche Täuschung Gruners gegenüber einer ortsfremden »Volksgenossin«, die sich in einem nichtjüdischen Geschäft glaubte und über Juden schimpfte, während Gruner gute Miene zum bösen Spiel machte.[247] Für die Nationalsozialisten passte diese Begebenheit in ihr Stereotyp des hinterlistigen Juden. Ebenso verhielt es sich in Nieder-Olm mit einem gut gemeinten, in der Praxis aber missglückten Ratschlag eines Nieder-Olmer Juden an einen Landwirt, sodass die »Amtlichen Nachrichten« schrieben, ergänzt durch Treitschkes Satz: »Deutscher Volksgenosse! Laß ab von dem Juden; er ist dein Unglück!«[248]

Im größten deutschen Weinanbaugebiet Rheinhessen spielte die Ausschaltung jüdischer Weinhändler eine Schlüsselrolle bei der sog. »Arisierung der Wirtschaft«, zerstörte man doch damit ein miss-

244 Vgl. Gruner, Wolf: Die NS-Judenverfolgung und die Kommunen. Zur wechselseitigen Dynamisierung von zentraler und lokaler Politik 1933–1941. In: Vierteljahrshefte für Zeitgeschichte 48.1 (2000), S. 83.

245 Vgl. Kißener, Michael: Boehringer Ingelheim im Nationalsozialismus. Studien zur Geschichte eines mittelständischen chemisch-pharmazeutischen Unternehmens. Stuttgart 2015. S. 57.

246 Vgl. Brodhaecker: Menschen zwischen Hoffnung und Verzweiflung. S. 256.

247 Vgl. Nachrichtenblatt vom 11. Juni 1937.

248 Amtliche Nachrichten der Gemeinde Nieder-Olm vom 8. Juni 1935.

liebiges jüdisches Wirtschaftsnetzwerk, das ins gesamte Reichsgebiet reichte.[249] In Nierstein war die Weinhandlung Gärtner & Blum betroffen. Der Niersteiner Bürgermeister Fritz Strub war Winzer, Ortsgruppenleiter Georg Ludwig Bittel Weinvermittler.[250] Den hohen Anteil von Landwirten und Winzern in der Niersteiner NSDAP sollte man zudem nicht unterschätzen.[251] Es liegt nahe, dass die Ausschaltung jüdischer Weinhändler hier zur Chefsache gemacht wurde – mit Erfolg: Triumphierend meldete die »Landskrone« die Schließung der Weinhandlung Gärtner & Blum sowie die Verhaftung der Geschäftsleitung: »Weinschmiererei und Wucherpreise haben dem Weinjuden auf Kosten der ›dummen Gojins‹ [sic!][252] ungeheure Gewinne gebracht. Das hat jetzt Gottseidank aufgehört.«[253] Für die Weinhandlung Gärtner & Blum bedeuteten diese juristischen Auseinandersetzungen das Ende der wirtschaftlichen und privaten Existenz. Während Otto Blum noch nach Palästina flüchten konnte, nahm sich sein Vater Eduard im Gefängnis das Leben.[254] Diese kräftezehrenden »Weinbetrügerprozesse« schafften es sogar als Volksbelustigung im Jahr 1936 als Motivwagen auf den Mainzer Rosenmontagszug.[255]

Nicht nur jüdische Weinhändler sahen sich Schikanen ausgesetzt; auch jüdische Viehhändler in den Landgemeinden gerieten zunehmend ins Visier der Willkürjustiz. So stellte die Geheime

249 Zur jüdischen Präsenz im Weinhandel, siehe Kreuzburg, Julia: Die »Weinbetrüger«-Prozesse in Rheinhessen. Zur »Arisierung« des jüdischen Weinhandels. In: Hambach-Gesellschaft für Historische Forschung und Politische Bildung: Jahrbuch 25 (2018). S. 166–168. Für den historischen Hintergrund, siehe Goldberg, Kevin: Reaping the Judenfrage. Jewish Wine Merchants in Central Europe before World War I. In: Agricultural History 87.2 (2013). S. 224–245 (insbesondere S. 231–233).

250 Vgl. hierzu LHA Koblenz, Bestand 856, Nr. 132458 (Strub) und Nr. 135624 (Bittel).

251 Vgl. Neumann: Die Mitglieder der NSDAP in Oppenheim und Nierstein. S. 27.

252 Als »Gójim« (hebräisch) werden Nichtjuden bezeichnet.

253 Landskrone Oppenheimer Kreisblatt vom 2. November 1935.

254 Vgl. Kreuzburg: Die Weinhandlung Gärtner & Blum zur Zeit des Nationalsozialismus. S. 33. Vgl. zu Blum und weiteren regionalen Prozessen auch dies.: Die »Weinbetrüger«-Prozesse in Rheinhessen. S. 181–183.

255 Vgl. Brodhaecker: Menschen zwischen Hoffnung und Verzweiflung. S. 301.

Die sog. »Weinbetrügerprozesse«, welche jüdische Weinhändler systematisch aus dem Geschäft drängten, schafften es als Motivwagen auf den Rosenmontagszug (Aufschriften: »Han mer auch gemacht Eintopf!« – »Preise pro Sorte: 1,45–9,95« – »Fremde Art hat, so bestätigt, deutschen Handel schwer geschädigt.«). Quelle: StA Mainz, Bestand BPSF, Nr. 419a.

Staatspolizeidienststelle (Gestapo) Darmstadt Untersuchungen in Rheinhessen an, als Teil einer reichsweiten Aktion gegen den »auch heute noch restlos in den Händen der Juden lieg[enden]« Viehhandel.[256] Untersuchungen in Nierstein, Selzen und Dolgesheim förderten zwar wenige Beweise zutage, schränkten aber den Handel teilweise ein.[257] Andernorts gingen die Behörden energischer vor: Der Viehhändler Kahn aus Finthen wurde 1935 verhaftet.[258] In Essenheim bildete das Vorstrafenregister des Viehhändlers Hermann Stern einen willkommenen Anlass für die Behörden, Stern

256 LA Speyer, Bestand H 53, Nr. 307.

257 Ebd.

258 Vgl. Nachrichtenblatt vom 27. August 1935.

zu zermürben.[259] Die Stellungnahme der Bürgermeisterei liest sich vernichtend:

> »Moralisch war Stern ja ein großer Gauner und hat die Leute im Viehhandel kolossal angeschmiert, dieses war ihm ja sehr gegeben und Stern war ein großer Taktiker hierin, mit süßen Worten fand er seine Leute zu gewinnen, um sie dann gehörig hineinzulegen, doch dies durften die Juden nach ihrem Gesetz ja.«

Gleichzeitig charakterisierte die Bürgermeisterei Stern als Genussmensch, Geizhals und Lügner – was nahelegt, dass einige Ortsbürger den Moment nutzten, alte Rechnungen mit Stern zu begleichen.

Einem ungenannten Viehhändler aus Nieder-Olm, der »einen Landwirt mit zudringlichen Schacherangeboten« bedrängt haben soll, empfahlen die »Amtlichen Nachrichten« die Auswanderung.[260] Da Amtsblätter oft über den Schreibtisch von Ortsgruppenleitern oder Amtsleitern der NSDAP wanderten, kam es so zu persönlichen Abrechnungen. In Jugenheim beschossen drei SA-Männer das Haus des Viehhändlers Salomon Müller, wobei zwei weitere SA-Mitglieder, Georg Schäfer und Georg Jennerich VII., diese Aktion kritisierten bzw. sogar dem Viehhändler zur Hilfe kamen – und deshalb aus der SA ausgestoßen wurden.[261] Widersprüchliches Verhalten wurde nicht toleriert. Im Januar 1937 kam es zum Berufsverbot für »nichtarische« Viehhändler.[262] Aus NS-Sicht war dieser Berufszweig »judenfrei« – und die komplette Ausschaltung der Juden aus dem Wirtschaftsleben ein Stück näher gerückt, wie Baranowski ausführt:

---

259 Vgl. HStA Darmstadt, Bestand G 30 Marienschloss, GP 730. Stern hatte laut Akte nicht weniger als 11 Vorstrafen bis 1930 angehäuft. Das folgende Zitat bezieht sich auch auf diese Akte.

260 Amtliche Nachrichten der Gemeinde Nieder-Olm vom 14. April 1934.

261 Vgl. die Spruchkammerverfahren von Georg Schäfer und Georg Jennerich VII. In: LHA Koblenz, Bestand 856, Nr. 132082 bzw. 132086. Siehe dort für Jennerich auch die Schreiben von Bertha Müller, welche die Hilfsmaßnahme erläutern. Im zweiten Schreiben wird irrtümlicherweise das Jahr 1938 genannt. Dieser Widerspruch löst sich durch die Einsichtnahme in Schäfers Akte aber auf.

262 Vgl. Meyer in Meyer / Klausing: »Wer mit Juden handelt, gilt daher als unehrenhaft.« S. 448.

»Furthermore, the steady exclusion of Jews from the German economy met with at most muted protests from industrialists, many of whom saw the elimination of the left, rearmament, and despite initial misgiving, the drive for autarky as the way out of depression.«[263]

2.4.3 GESETZESFLUT UND EXODUS – DIE SYSTEMATISCHE ENTRECHTUNG DER JUDEN

Eine wichtige Grundlage der antisemitischen Politik im NS-Staat bildete die Gesetzgebung, welche sich bereits vor den Novemberpogromen radikalisiert hatte. Das »Gesetz zur Wiederherstellung des Berufsbeamtentums« mit dem sog. »Arierparagrafen« sowie das »Gesetz über die Zulassung zur Rechtsanwaltschaft« diskriminierten seit dem 7. April 1933 Juden explizit – und beendeten so berufliche Karrieren. Die gesamtgesellschaftlichen Folgen solcher und weiterer Gesetze arbeitet Wildt pointiert heraus:

»Die bürokratische Exklusionspraxis veränderte die Gesellschaft selbst. Die bürokratische Diskriminierung, die gesetzlichen Bestimmungen, jüdische Deutsche zu Staatsbürgern minderen Rechts zu erklären, ebenso wie die gewalttätigen, anti-jüdischen Aktionen [...] zerstörten die bürgerliche, rechtsstaatliche Ordnung und transformierten die deutsche Nation in eine aggressive, rassistische Volksgemeinschaft.«[264]

Die Folgen dieser Entrechtung der Juden spürte man in sämtlichen Lebensbereichen. Dazu gehörte auch das Ende der jüdischen Dorflehrer, die in kleinen Gemeinden wichtige Bezugspersonen waren. So stellte der Volksstaat Hessen die Bezahlung des Lehrers Kahn ein, der im südlichen Rheinhessen gewirkt hatte.[265] Und wenn die jüdischen Kinder nach der Schule ins Schwimmbad gehen woll-

---

263 Baranowski: Conservative Elite Anti-Semitism. S. 529.

264 Wildt: Volksgemeinschaft als Selbstermächtigung. S. 13. Vgl. für diesen Prozess auch Gruner: Die NS-Judenverfolgung und die Kommunen. S. 88.

265 Vgl. HStA Darmstadt, Bestand G35 E, Nr. 17472.

ten, blieben die Türen für sie verschlossen. So durften in Nieder-Olm nur noch Christen das Schwimmbad nutzen; die »Amtlichen Nachrichten« höhnten: »Die Juden gehen in den Nil!«[266] Im Ingelheimer Strandbad wurde eine Tafel angebracht: »Judenbesuch nicht erwünscht. Christenmädels gehen nicht mit Juden.«[267] Jüdische Schwimmerinnen wie Gerta Neumann wichen in die schwer kontrollierbare Auenlandschaft zwischen Nieder-Ingelheim und Bingen aus[268] – ein klares Zeichen der gesellschaftlichen Ausgrenzung. Sportvereine lebten den Antisemitismus vor, z.B. die Deutsche Turnerschaft, die in vorauseilendem Gehorsam selbst Vereinsmitglieder mit einem jüdischen Großelternteil ausschloss – und damit radikaler vorging als die Reichsregierung mit den Nürnberger Gesetzen.[269]

Das Jahr 1935 brachte einige einschneidende Gesetze, darunter ebenjene Nürnberger Gesetze, bestehend aus dem »Reichsbürgergesetz« und dem »Gesetz zum Schutze des Deutschen Blutes und der Ehre«, das Ehen zwischen Juden und Christen verbot. Vorausgegangen waren eine intensive Pressekampagne, gesetzliche Vorstöße in einzelnen Bereichen, u.a. im Militär und Ärztewesen, und zunehmende bürokratische Konflikte zwischen SA, Polizei und Kommunen infolge von Ausschreitungen und Boykottaktionen.[270] Die Nürnberger Gesetze und ihre Nachfolgeverordnungen degradierten die Juden juristisch endgültig und bildeten den Höhepunkt einer Reihe von antijüdischen Gesetzen. Noch radikalere Initiativen für die Wirtschafts- und Sozialpolitik, »um Gemeinden unter 20.000 Einwohnern ›judenfrei‹ zu machen«, wurden von Innenminister Wilhelm Frick und Wirtschaftsminister Hjalmar Schacht diskutiert,

266 Zit. nach Brodhaecker: Menschen zwischen Hoffnung und Verzweiflung. S. 284.

267 Meyer / Mentgen. Sie sind mitten unter uns. S. 451.

268 Ebd.

269 Vgl. Peiffer, Lorenz: »… unser Verein ist judenfrei«. Die Rolle der deutschen Turn- und Sportbewegung in dem politischen und gesellschaftlichen Wandlungsprozess nach dem 30. Januar 1933. In: Historische Sozialforschung 32.1/119 (2007). S. 102.

270 Vgl. Gruner: Die NS-Judenverfolgung und die Kommunen. S. 89. Für die juristischen Restriktionen für das Ärztewesen, vgl. auch Longerich: Davon haben wir nichts gewusst. S. 76.

scheiterten aber am Veto Hitlers, der aus taktischen Gründen eine Vertagung des Problems forcierte.[271]

Für den Untersuchungsraum dieser Arbeit ergab sich trotz der vielen reichsweiten Gesetze ein Wechselspiel zwischen der Politik der Reichsregierung und kommunalen Eigeninitiativen, das Wirsching so beschreibt:

> »Wo sie [die Gemeinden] eigene Bewegungsspielräume behielten, nutzten sie diese in der Regel extensiv ohne äußere Notwendigkeit zur Diskriminierung jüdischer Einwohner.«[272]

Ein Streifzug durch die rheinhessischen Gemeinderäte jener Zeit bestätigt diese Beobachtung: In Bodenheim beschloss der Rat noch vor den Nürnberger Gesetzen, den Zuzug von Juden, Grund- und Geländeerwerb durch Juden sowie Geschäftstätigkeiten mit Juden zu verbieten.[273] Kurzzeitig verkündete sogar ein Schild am Ortseingang: »Deutscher Ort – Jud bleib fort!«[274] Ähnlich restriktive Beschlüsse erließen die Gemeinderäte in den Ingelheimer Gemeinden,[275] Mommenheim,[276] Guntersblum[277] und Dienheim.[278] Die Gesetzgebung wurde so kleinteilig, dass z. B. in Essenheim verfügt wurde, »dass denjenigen Bauern, die noch von Juden Vieh kauften, die Gemeindebullen nicht mehr zum Sprung überlassen werden.«[279] Selbst Gemeinden ohne jüdische Bürger veranlass-

271 Gruner: Die NS-Judenverfolgung und die Kommunen. S. 91.

272 Wirsching, Andreas: Jüdische Friedhöfe in Deutschland 1933–1957. Vierteljahrshefte für Zeitgeschichte 50.1 (2002). S. 6.

273 Vgl. Brüchert: Bodenheim im Nationalsozialismus. S. 113.

274 LA Speyer, Bestand H 53, Nr. 307.

275 Vgl. Klausing, Caroline: Ingelheim in der Zeit des Nationalsozialismus und im Zweiten Weltkrieg. In: Berkessel, Hans (Hrsg.): Ingelheim am Rhein. Geschichte der Stadt von den Anfängen bis in die Gegenwart. S. 199. Oppenheim 2019.

276 Vgl. Luig: Mommenheim. S. 71.

277 Vgl. Jüdische Rundschau vom 3. September 1935; Landskrone Oppenheimer Kreisblatt vom 28. August 1935.

278 Vgl. Landskrone Oppenheimer Kreisblatt vom 23. September 1935.

279 Mossel: Juden in Essenheim. S. 127.

ten antijüdische Anordnungen, z.B. Frei-Weinheim.[280] Nicht weit davon entfernt legte das nach NS-Ideologie »judenfreie« Wackernheim seine Zurückhaltung im Sommer 1938 durch eine Warnung des Bürgermeisters Nelgen ab:

> »In den letzten Tagen werden insbesondere Stimmen laut, daß Kameraden der Freiw. Feuerwehr und Mitglieder des Männergesangvereins hier noch reichliche Geschäfte mit Juden tätigen. Beschämend für unsere Gemeinde. Den Kameraden der Wehr insbesondere verbiete ich hiermit derartige Geschäftstätigung. Die Judenfrage ist vom Führer schon längst erledigt, nur an einzelnen Volksgenossen hängt es. Hoffentlich genügen die kurzen Worte für Wackernheim.«[281]

Tatsächlich gestaltete sich die Gesetzgebung gegenüber Juden stets radikaler und exkludierender. Am 15. August 1938 erließ die Reichsregierung die Verordnung, dass Juden ab dem Jahr 1939 den Vornamen »Sara« (Frauen) und »Israel« (Männer) annehmen mussten[282] – wodurch sie bereits sprachlich ein Erkennungsmerkmal erhalten sollten. Nach einer Verordnung vom 14. Juni 1938 musste jüdisches Vermögen angemeldet werden, was für Innenminister Frick als Beginn der »Lösung der Judenfrage auf wirtschaftlichem Gebiet« bezeichnet wurde.[283] Der Staat hatte nun vollen Zugriff auf jüdische Vermögenswerte. Eine weitere Verordnung über den Einsatz jüdischen Vermögens vom 3. September 1938 besiegelte den »Zwangsverkauf jüdischer Immobilien«.[284]

Bei gesetzlichen Verstößen gegen diese Verordnungen kam es jedoch v.a. zu Verhaftungen oder Vorladungen, nicht aber zu den berüchtigten »Prangerumzügen«, die u.a. in Schlesien und Ostfriesland vorzufinden waren.[285] Stattdessen veröffentlichten die

280 Vgl. Mahlerwein: Rheinhessen. S. 294.

281 Nachrichtenblatt vom 10. Juni 1938.

282 Vgl. Meyer / Mentgen: Sie sind mitten unter uns. S. 473.

283 Zit. nach Brodhaecker: Menschen zwischen Hoffnung und Verzweiflung. S. 173.

284 Wirsching: Jüdische Friedhöfe in Deutschland. S. 12.

285 Vgl. Wildt: Volksgemeinschaft als Selbstermächtigung. S. 232f.

Gemeindeverwaltungen missliebige Personen auf einer »Prangertafel« in Amtsblättern, die nicht nur Juden, sondern auch denjenigen Ortsbürgern vorbehalten war, welche mit Juden geschäftlich bzw. privat verkehrten. In Gemeinden mit besonders umtriebigem Verwaltungspersonal wurde dieser soziale Druck früh verschärft, wie z.B. in Nieder-Olm, wo Ortsgruppenleiter Hugo Eckes bereits im September 1933 drohte:

> »Wir warnen diese Widerspenstigen und Oppositionellen zum letzten Male, gegen die Anordnung und den Willen unseres Führers weiterhin zu verstoßen, sonst werden wir die Betreffenden für die Folge rücksichtlos an dieser Stelle öffentlich bekannt machen.«[286]

Seit 1935 wurden in den Gemeinden des Untersuchungsraumes verstärkt »Stürmerkästen« als Schaukästen antisemitischer Agitation in die dörfliche Meinungsbildung miteinbezogen, während Abdrucke von Parteiorganen wie dem »Völkischen Beobachter« durch Amtsblätter jeden Ortsbürger erreichten.[287] So vermeldete die Gemeinde Nieder-Olm:

> »Nun hat auch Nieder-Olm einen Stürmerkasten. Am letzten Sonntag wurde er vom Sturm 28/R 224 in der Bahnhofstraße neben der Post aufgehängt. Wie notwendig die Aufklärung über das Judentum ist, zeigen gerade in den letzten Tagen wieder verschiedene Vorkommnisse. Wenn der Jude Schlösser einmal Milch braucht, läßt er sie sich von Nachbarsleuten holen.«[288]

Der Artikel schließt mit Treitschkes Satz: »Die Juden sind unser Unglück.« Tagesaktueller Antisemitismus war nun für jedermann sichtbar. Über die »Weinbetrügerprozesse« berichtete »Der Stürmer«

---

286 Amtliche Nachrichten der Gemeinde Nieder-Olm vom 9. September 1933. In: Weisrock / Rettinger / Weisrock: Die jüdische Gemeinde von Nieder-Olm. S. 91.

287 Vgl. Wildt: Volksgemeinschaft als Selbstermächtigung. S. 191f. Für örtliche Kontroversen rund um die Anprangerung in Schaukästen, vgl. auch die Generalversammlung des Bodenheimer Radfahrervereins vom 30. August 1935. In: Privatarchiv Horst Kasper, Bodenheim.

288 Amtliche Nachrichten der Gemeinde Nieder-Olm vom 20. Juli 1935. In: Weisrock / Rettinger / Weisrock: Die jüdische Gemeinde von Nieder-Olm. S. 106.

z.B. genüsslich wie ausführlich.[289] Ein weiteres prominentes Beispiel war der Ober-Ingelheimer Kaplan Jakob Bergmann, der fotografiert wurde, als er mit dem jüdischen Lehrer Langstädter den Bahnhof verließ. Die Fotografie gelangte in den »Stürmer« mit der höhnischen Bildunterschrift: »Rabbiner und Kaplan! Nachkommen der Christusmörder und Verkünder des Evangeliums in gleicher Front!«[290]

Dass die Übergriffe und Verhaftungen im Zuge der Machtübernahme, die sukzessive wirtschaftliche Ausschaltung sowie die sich radikalisierende Gesetzgebung in vielen Juden Auswanderungsgedanken nährten, ist unvermeidlich und nachvollziehbar. In der Praxis war eine Emigration jedoch kompliziert und noch stärker als in früheren Zeiten – man denke nur an jüdische Auswanderungsbestrebungen infolge des Pauperismus der 1840er-Jahre[291] – mit Hindernissen verbunden. Neben der mitunter hemmenden Hoffnung, das Schlimmste überstanden zu haben, machte insbesondere die »Reichsfluchtsteuer«, eine noch aus Weimarer Zeit stammende Teilabgabe des Vermögens bei Auswanderung, den Gang ins Ausland finanziell entbehrungsreich. Willige Aufnahmeländer für die dadurch oftmals mittellosen Auswanderer fanden sich selten; nur wenige hundert Juden schafften den Sprung in die USA zwischen 1933 und 1935.[292] Doch dies änderte sich nach 1935 signifikant. Die Auswanderung in alle Erdteile nahm stetig zu: Am Anfang standen Juden, welche durch nationalsozialistische Ein- und Übergriffe besonders früh bzw. schwer geschädigt worden waren. In Guntersblum wanderte z.B. die Familie des Weinhändlers Arthur Seemann aus. Ihn hatten SA-Leute im Oktober 1933 misshandelt, weil er ihnen

---

289 Vgl. Kreuzburg: Die »Weinbetrüger«-Prozesse in Rheinhessen. S. 175f.

290 DDA Mainz, Bestand 52/54, Nr. 20f. (fol. 377f.). Vgl. zu Jakob Bergmann auch Dürsch, Klaus: »Der Pfaffe ist die Ausgeburt der Hölle« – Der Ober-Ingelheimer Kaplan Jakob Bergann«. In: Meyer, Hans-Georg (Hrsg.): Freudige Gefolgschaft und bedingungslose Einordnung …? Der Nationalsozialismus in Ingelheim. Ingelheim 2011. S. 645–647.

291 Vgl. Rohde: Juden in Rheinhessen. S. 46f.

292 Vgl. Brodhaecker: Menschen zwischen Hoffnung und Verzweiflung. S. 109.

Der Ingelheimer Lehrer Ludwig Langstädter (oben, auf einem Klassenfoto um 1930) geriet wegen seines jüdischen Glaubens ins Visier der NSDAP – und des Hetzblattes »Der Stürmer«. Der infame Artikel ist rechts zu sehen.

Quelle: Fotoarchiv Peter Weiland, Ingelheim.

Rabbiner und Kaplan

Nachkommen der Christusmörder und Verkünder des Evangeliums in gleicher Front

Auf dem Bilde sehen wir den Rabbiner der Ingelheimer Judengemeinde Langstädter mit dem Oberingelheimer Kaplan Bergmann auf dem Heimweg vom Bahnhof Ingelheim. In Ingelheim macht man sich seine Gedanken darüber: der Prediger der Nachkommen der Christusmörder in Begleitung eines Priesters, der das Evangelium predigt. Der Herr Kaplan predigt aber auch den Haß gegen das neue Reich und so passen sie gut zusammen. Der Rabbiner und der Kaplan.

sein Auto nicht überlassen wollte.[293] Die Nürnberger Gesetze trafen Emil Rüb und seine nichtjüdische Verlobte aus Guntersblum: Sie war aus Angst vor einer Aufdeckung der Beziehung bereits emigriert, er folgte wenig später.[294] Wie so viele Auswanderer konnte Emil Rüb dank einer Bürgschaft von Verwandten sein Ziel Nordamerika erreichen.[295] Seine Eltern blieben in Guntersblum zurück. Andere Auswanderer mussten kurz vor dem Ziel aufgeben: Sally Blum aus Bodenheim wollte bei der Auswanderung nicht die »Reichsfluchtsteuer« bezahlen, versuchte sich mit Devisen in die Niederlande durchzuschlagen, wurde aber vor der Grenze von einem Taxifahrer denunziert und verhaftet.[296] Noch vor Erhalt der Strafanzeige beging er Suizid.

Diejenigen, die in der Heimat blieben, wurden insbesondere in den beiden Jahren vor den Novemberpogromen verstärkt Opfer von kleinen wie zermürbenden Delikten, die von nicht gerade umtriebigen Gendarmerieposten selten aufgeklärt wurden: Julius Baum aus Undenheim (Juni 1937), Sally Rosenbaum aus Bodenheim (April 1938), Heinrich Wolf aus Partenheim (Juni 1938) und Otto Mann aus Hahnheim (Juli 1938) zeigten allesamt nächtliche Sachbeschädigungen an.[297] Die Vorfälle erinnern an die antisemitischen Umtriebe Ende des 19. Jahrhunderts, doch wurden sie nun in der nationalsozialistischen Diktatur weder juristisch verfolgt noch gesellschaftlich geächtet noch ausführlich in den Zeitungen beschrieben – ein fataler Wandel, der Gewalt gegen Juden förderte.

Beschädigungen an Synagogen konnten an einigen Orten bereits nicht mehr auftreten, da es infolge von Wegzug und Emigration bereits zum Verkauf des religiösen Hauses, dem Mittelpunkt jeder jüdischen Gemeinde, gekommen war. Dieser Trend des Synagogenverkaufs wegen nicht mehr vorhandener Synagogengemeinde hatte

293 Vgl. Kellerhoff: Ein ganz normales Pogrom. S. 86f.

294 Vgl. Michaelis: Die jüdische Gemeinde Guntersblum. S. 206.

295 Vgl. hierzu auch den Schriftwechsel der Familie Rüb im Privatarchiv Dieter Michaelis, Guntersblum.

296 Vgl. Kemp: Die jüdische Gemeinde Bodenheim / Nackenheim. S. 196.

297 Vgl. zu den einzelnen Vorfällen LA Speyer, Bestand H 53, Nr. 307.

Die Aufnahme oben zeigt die Abschiedsfeier bei Sally Rosenbaum (Mitte) in Bodenheim am 12. Januar 1938, vor der Auswanderung der Familie. Ganz rechts sind mit Klara und Salomon Blum zwei Juden zu sehen, welche nicht rechtzeitig auswandern konnten und die Novemberpogrome miterleben mussten. Quelle: Horst Kasper, Bodenheim.

Vor der Atlantiküberquerung: Die Familie Erlanger aus Guntersblum am 11. November 1938. Die Familie hatte ihre Heimat wenige Tage zuvor verlassen. Quelle: Dieter Michaelis, Guntersblum.

bereits in Republikzeiten eingesetzt, u.a. in Schwabenheim und Stadecken.[298] Ab 1935/1936 kam es jedoch zu immer mehr Synagogenverkäufen, auch in vormals größeren Gemeinden wie Essenheim, Bodenheim und Guntersblum.[299]

298 Vgl. Der Israelit vom 28. Oktober 1921 (Schwabenheim); Arnsberg: Die jüdischen Gemeinden in Hessen (Zweiter Band). S. 141 (Stadecken).

299 Vgl. Mossel: Juden in Essenheim. S. 127–129. Vgl. für die beiden weiteren Synagogenverkäufe die Kaufverträge in den Privatarchiven von Horst Kasper, Bodenheim, und Dieter Michaelis, Guntersblum.

3

Hauptteil: Die Novemberpogrome in Rheinhessen

3.1 Der Vorabend der Novemberpogrome – Hintergründe und Auslöser

3.1.1 »GESTANK AUS DER GIFTKÜCHE?« – DER VORABEND DER NOVEMBERPOGROME IN DER INTERNATIONALEN POLITIK

Évian, ein Kurort am Genfer See, entwickelte sich im Juli 1938 zu einem Konferenzort der internationalen Politik. Dort trafen sich Vertreter von 32 Staaten, um die immer stärkere jüdische Emigration aus dem Deutschen Reich in geordnete Bahnen zu lenken.[300] Infolge des verstärkten Emigrationsdrucks seit dem Anschluss Österreichs im März 1938 waren die Bemühungen um eine Lösung intensiviert worden – was die deutsche Propaganda als »Gestank aus der Giftküche« mit »inszenierter Greuelpropaganda [sic]« aus antideutschen Kreisen abtat.[301] Auch wenn die Konferenz von Évian

300 Vgl. Steiner, Zara: The Triumph of the Dark. European International History (1933–1939). Oxford 2011. S. 976f.

301 Mainzer Anzeiger vom 29. Juni 1938.

Hoffnungen auf eine Lösung weckte, endete sie enttäuschend: Die Teilnehmer vermieden außenpolitisch wirkungsvolle Signale. Es ist bezeichnend, dass zu Konferenzbeginn nur das diplomatisch unbedeutende Kolumbien ausführlich Stellung bezog, während der einzige konkrete Hilfsvorschlag von der Dominikanischen Republik kam, welche ihr ramponiertes Image aufpolieren wollte.[302] Das Scheitern der Konferenz von Évian, deren Erfolg von ausbleibenden Zugeständnissen des Auswärtigen Amtes, etwa bei der Vermögensabgabe, abhing, zeigte, dass die Flüchtlingsfrage nicht mehr einvernehmlich gelöst werden konnte. Zudem wollten Staaten wie Frankreich und Großbritannien in ihrem Appeasement-Kurs das Deutsche Reich nicht brüskieren.[303]

Die Sudetenkrise im Spätsommer 1938 sollte als das Paradebeispiel für die Appeasement-Politik in die Geschichte eingehen – spielte jedoch auch vor dem Hintergrund der Novemberpogrome eine wichtige Rolle. Wie Longerich aufzeigt, breitete sich wegen der diplomatischen Dauerkrise rund um das Flüchtlingsproblem und v.a. um das Sudetenland eine »Kriegspsychose« bei der deutschen Bevölkerung aus, sodass »radikale Parteianhänger ›Rache‹ an den Juden nehmen wollten, die für die drohende Kriegsgefahr verantwortlich gemacht wurden.«[304] Entsprechend meldete der »Mainzer Anzeiger«, dass »tschechische und jüdische Elemente« ein Mitglied der Sudetendeutschen Partei in Prag attackiert hätten.[305] Die Absicht der Meldung ist klar: Die Juden wurden hier auf geradezu natürliche Weise mit den Tschechen, den aktuellen außenpolitischen Gegnern, verbunden. Man arbeitete unverhoh-

302 Vgl. Kieffer, Fritz: Judenverfolgung in Deutschland – eine innere Angelegenheit? Internationale Reaktionen auf die Flüchtlingsproblematik 1933–1939 (= Hist. Mitteilungen, Beiheft 44). Stuttgart 2002. S. 254f.

303 Vgl. Caron, Vicki: Prelude to Vichy. France and the Jewish Refugees in the Era of Appeasement. In: Journal of Contemporary History 20.1 (1985). S. 159.

304 Longerich: Davon haben wir nichts gewusst. S. 119. Vgl. zu diesem Denkmuster auch Obst, Dieter: »Reichskristallnacht«. Ursachen und Verlauf des antisemitischen Pogroms vom November 1938. Frankfurt / Main 1991. S. 58; Wildt: Volksgemeinschaft als Selbstermächtigung. S. 313.

305 Mainzer Anzeiger vom 16. Juli 1938.

len an der Theorie einer angeblichen jüdischen Weltverschwörung. Dies legen weitere Überschriften zu internationalen Themen offen, z.B. »Jüdischer Rachepsalm«,[306] »Jüdischer Terror in Palästina«,[307] »Terror jüdischer Gangster in New York«[308] oder »Judenverschwörung in Italien entdeckt«.[309] Die SS und der Sicherheitsdienst (SD) schmiedeten bereits Pläne für die jüdische Bevölkerung im Kriegsfall: Während der SD Verhaftungen und Arbeitslager vorsah, ließ die SS sogar eine »allgemeine Ghettoisierung« prüfen.[310] Allerdings bremste die Sudetenkrise paradoxerweise die antijüdische Gesetzgebung. So wurde das Verbot des Anwaltsberufes für Juden aus diplomatischem Kalkül erst verspätet veröffentlicht.[311]

Nach dem Münchner Abkommen und dem damit verbundenen innenpolitischen Aufwind[312] für Hitler verstärkte sich die antisemitische Presse, die sich parallel zur außenpolitischen Lage seit Jahresbeginn radikalisiert hatte.[313] In Rheinhessen hatte z.B. bereits im August 1938 die »Landskrone« unter der Überschrift »Sie suchen ›das gelobte Land‹« die Auswanderungspläne der Geschäftsleute Erlanger aus Guntersblum gemeldet und erwartungsfroh angedeutet: »Auch die anderen Juden tragen sich mit Auswanderungsabsichten. Es wird ihnen bestimmt kein Arier eine Träne nachweinen.«[314]

An anderen Orten kam es zu regelrechten Vollzugsmeldungen wie in Partenheim, das als »bald judenfrei«[315] angekündigt wurde, oder Nackenheim, das »nunmehr judenfrei« war.[316] Nach der Auswande-

306 Mainzer Anzeiger vom 18. Juli 1938.

307 Mainzer Anzeiger vom 26. Juli 1938.

308 Mainzer Anzeiger vom 19. August 1938.

309 Mainzer Anzeiger vom 18. Oktober 1938.

310 Gruner: Die NS-Judenverfolgung und die Kommunen. S. 102.

311 Vgl. Friedländer: Das Dritte Reich und die Juden (Erster Band). S. 280.

312 Vgl. auch für die außenpolitischen Implikationen Steiner: The Triumph of the Dark. S. 656f.

313 Vgl. Longerich: Davon haben wir nicht gewusst. S. 57.

314 Landskrone Oppenheimer Kreisblatt vom 19. August 1938.

315 Landskrone Oppenheimer Kreisblatt vom 24. Mai 1938

316 Landskrone Oppenheimer Kreisblatt vom 31. Oktober 1938.

rung des Viehhändlers Emil Mann im September 1938 konnte Selzen vermelden: »Nachdem die letzte Judenfamilie von hier ausgewandert ist, um Amerika glücklich zu machen, ist auch Selzen judenfrei.«[317] In einem ähnlich antisemitischen Schreibstil informierte die »Ingelheimer Zeitung« regelmäßig im Jahr 1938 über bevorstehende und vollzogene Arisierungen in den Ingelheimer Gemeinden.[318]

Diese systematische wie flächendeckende Hetze blieb nicht folgenlos, nahm doch die Gewalt durch Übergriffe gegen Juden in einzelnen Regionen im Reich bereits vor dem November 1938 zu. So hatten im Juni SA und HJ ca. 1.000 Berliner Juden festgenommen, dabei Geschäfte verschandelt und Kinos nach jüdischen Zuschauern kontrolliert. Die Fäden für diese Aktionen liefen bei Gauleiter Joseph Goebbels zusammen.[319] In Franken und Württemberg war es im Oktober zu teils heftigen Ausschreitungen gekommen, was der SD so erklärte:

> »[Die] Aktionen gegen die jüdische Bevölkerung [sind] zum Teil auch daraus entstanden, dass die Parteiangehörigen den Augenblick zur endgültigen Liquidierung der Judenfrage gekommen glaubten.«[320]

Jahrelange antijüdische Hetze, die sich nun weiter steigerte, dürfte hierbei ein Anhaltspunkt gewesen sein. Im Rheingau wurden im September 1938 zwei Juden durch Rauenthal getrieben und misshandelt, weil sie angeblich gesagt hätten, dass sie in zwei Jahren wieder an der Macht wären.[321] Die Kriegspsychose beförderte somit antisemitische Gewalt.

---

317 Mainzer Anzeiger vom 12. November 1938. Die Meldung wurde wegen der deutlich früheren Schiffspassage der Eheleute Mann nach New York (16. September 1938) offenbar spät veröffentlicht. Die Auswanderung ist im LA Speyer, Bestand H 53, Nr. 1439, nachzuvollziehen.

318 Vgl. Ingelheimer Zeitung vom 20. August 1938, 3. September 1938, 3. Oktober 1938 und 13. Oktober 1938.

319 Vgl. Siemens: Stormtroopers. S. 193; Obst: »Reichskristallnacht«. S. 25f. Goebbels war nicht nur Minister für Volksaufklärung und Propaganda, sondern auch in Berlin Gauleiter.

320 Zit. nach Longerich: Davon haben wir nichts gewusst. S. 121.

321 Vgl. Wildt: Volksgemeinschaft als Selbstermächtigung. S. 313.

Gleichzeitig blieb das Ausland nach wie vor weitgehend passiv: Die Aufnahmebereitschaft war »weltweit auf einem Tiefpunkt angelangt.«[322] Dies hatte fatale Folgen, als im Deutschen Reich wilde Vertreibungen aus dem Sudetenland sowie eine Abschiebung von polnischen Juden (sog. »Polenaktion«) einsetzten. Zu diesen Vertriebenen gehörte auch die Familie Grynszpan (Grünspan) aus Hannover. Wie mehrere Tausend Juden mussten die Grynszpans im Niemandsland an der Grenze bei Zbąszyń (Bentschen) ausharren, weil sie keine polnischen Verwandten nachweisen konnten und die polnische Regierung sich einer Aufnahme der Flüchtlinge widersetzte.[323] Herschel, der 17-jährige Sohn der Familie, befand sich in einer ähnlich verzweifelten Lage – in Paris, wo er als illegaler Flüchtling lebte. Als er von der Lage seiner Angehörigen in Zbąszyń erfuhr, entschloss er sich zu handeln.[324] Am 7. November, in der deutschen Botschaft im Palais Beauharnais in Paris, schoss Grynszpan daher auf den deutschen Legationsrat Ernst vom Rath, der zunächst schwer verletzt in ein Krankenhaus gebracht wurde.

3.1.2 EINE WILLKOMMENE GELEGENHEIT – DAS ATTENTAT AUF ERNST VOM RATH UND DER 9. NOVEMBER

Das Attentat auf Ernst vom Rath bildete nicht die erste Tat eines Juden gegen einen NS-Funktionär. Wilhelm Gustloff, Leiter der NSDAP-Auslandsorganisation (AO) in der Schweiz, war 1936 von dem Juden David Frankfurter in Davos erschossen worden. Damals verbat sich die Parteiführung Racheakte, »um die Durchführung der

---

322 Kieffer: Judenverfolgung in Deutschland. S. 315.

323 Vgl. Friedländer: Das Dritte Reich und die Juden. S. 289f.; Kellerhoff: Ein ganz normales Pogrom. S. 95f.; Steinweis, Alan E.: The Trials of Herschel Grynszpan. Anti-Jewish Policy and German Propaganda, 1938–1942. In: German Studies Review 31.3 (2008). S. 472.

324 Vgl. Wildt: Volksgemeinschaft als Selbstermächtigung. S. 319.

Olympiade nicht zu gefährden.«[325] Man beschränkte sich auf einen Märtyrerstatus für Gustloff, benannte ein Schiff und Straßen nach ihm. Doch im Jahr 1938 hatten die antisemitische Hetze sowie die außenpolitischen Erfolge einen anderen Rahmen geschaffen. Wie Steiner analysiert, konnte man dazu übergehen, »to stifle the euphoria in Germany created by Munich, and to focus attention on the ever-present internal enemies of the Reich.«[326]

Vertreter des Centralvereins sahen dieses Potenzial und versuchten durch ein Kondolenztelegramm an Hitler Mäßigung zu erreichen – erfolglos.[327] Zwar vermeldeten die Abendzeitungen das Attentat nur knapp am 7. November, aber dies verhinderte nicht ersten lokalen Aktivismus, der sich noch in der Nacht entlud: Im Gau »Kurhessen« fanden erste von der radikalantisemitischen lokalen NS-Führung organisierte Pogrome gegen Juden statt.[328] Das Gemeindehaus in Kassel wurde zerstört und die Synagoge geschändet, während in Bebra Häuser, Geschäfte und die Synagoge demoliert wurden.[329] Etwas weiter nördlich, in der preußischen Provinz Hannover, kam es in Münden zu Übergriffen; eine Brandlegung der Synagoge wurde letztlich verhindert.[330]

Nun fiel dem Propagandaministerium eine Schlüsselrolle zu und damit Joseph Goebbels als Minister. Schließlich konnte er die öffentliche Meinung kontrollieren und somit auch den Takt möglicher Gegenreaktionen regulieren. Goebbels entschied sich

---

325 Hermann, Angela: Hitler und sein Stoßtrupp in der ›Reichskristallnacht‹. In: Vierteljahrshefte für Zeitgeschichte 56.4. (2008). S. 605f.; Kropat: Kristallnacht in Hessen. S. 26.

326 Steiner: The Triumph of the Dark. S. 679.

327 Vgl. Wildt: Volksgemeinschaft als Selbstermächtigung. S. 320.

328 Vgl. Kropat: Kristallnacht in Hessen. S. 21f.

329 Ebd.; Steinweis, Alan E.: Kristallnacht 1938. Cambridge (MA) 2009. S. 23f. Hier wird auch die Frage, warum die ersten Pogrome gerade in Kurhessen stattfanden, diskutiert. Für eine Rezension, siehe Ziegler, Herbert F.: Review. In: The American Historical Review 115.4 (October 2010). S. 1241f. Eine frühe ausländische Pressemeldung aus Luxemburg liefert das Escher Tageblatt vom 9. November 1938.

330 Vgl. Longerich, Peter: Die braunen Bataillone. Geschichte der SA. München 1989. S. 231.

für eine Eskalation – aus verschiedenen Gründen: Einerseits wirkten dabei diese spontanen lokalen Exzesse als Brandbeschleuniger.[331] Diese Wechselwirkung darf man daher nicht unterschätzen. Nicht überschätzen wegen mangelnder Quellenevidenz sollte man andererseits die persönlichen Motive, auch wenn diese kontextual durchaus valide sein könnten. Wie erwähnt, hatte Goebbels bereits im Sommer eine lokale antijüdische Aktion durchgeführt und dürfte sich nun in seinem früheren Aktivismus bestätigt gefühlt haben. Zudem könnte Goebbels eine Chance gewittert haben, seine seit der Sudetenkrise etwas ramponierte Machtposition innerhalb des parteiinternen Führungszirkels zu stärken.[332] Am Morgen des 8. November entlud sich jedenfalls ein antisemitischer Furor in zahlreichen Leitartikeln.[333] So vermutete der »Völkische Beobachter« – wieder einmal – eine jüdische Weltverschwörung und deutete Maßnahmen drohend an:

> »Es ist klar, daß das deutsche Volk aus dieser neuen Tat seine Folgerungen ziehen wird. Es ist ein unmöglicher Zustand, daß in unseren Grenzen hunderttausende von Juden noch ganze Ladenstraßen beherrschen, Vergnügungsstätten bevölkern und als ›ausländische‹ Hausbesitzer das Geld deutscher Mieter einstecken, während ihre Rassegenossen draußen zum Krieg gegen Deutschland auffordern und deutsche Beamte niederschießen.«[334]

Dank der jahrelangen antisemitischen Kampagnen fielen solche Artikel auf fruchtbaren Boden und kamen auch ohne direkte Handlungsanweisungen aus.[335] Goebbels notierte zufrieden in sein Tage-

331 Vgl. Obst: »Reichskristallnacht«. S. 71.

332 Vgl. zu dieser Interpretationslinie insbesondere Dok. 309. In: DDF, Série 2.12 S. 571. Hier wird auch auf Goebbels' Affäre mit Lída Baarová angespielt; diese Verbindungslinie zieht auch Friedländer: Das Dritte Reich und die Juden (Erster Band). S. 294. Allerdings stellt Friedländer zu Recht die schwache Propaganda aus Goebbels' Ministerium während der Sudetenkrise als Hauptproblem dar.

333 Vgl. Kropat: Kristallnacht in Hessen. S. 20f. und 24; Kellerhoff: Ein ganz normales Pogrom. S. 101f.

334 Völkischer Beobachter (Wiener Ausgabe) vom 8. November 1938.

335 Vgl. Obst: »Reichskristallnacht«. S. 65.

buch: »Nun aber schreit die deutsche Presse auf. Jetzt wollen wir Fraktur reden. […] Wenn man jetzt einmal den Volkszorn loslassen könnte!«[336] Dabei hatte er ihn ja bereits losgelassen: Im Tagesverlauf kam es zu weiteren Ausschreitungen in Kurhessen, ebenso in Magdeburg-Anhalt.[337] Im Nachbargau Hessen-Nassau verbat sich Gauleiter Jakob Sprenger durch einen Geheimbefehl eigenmächtige Unternehmungen.[338] Er schien auf höhere Befehle zu warten. Doch Goebbels und Hitler hielten sich am 8. November noch öffentlich zurück. Nach Friedländer wollten sie erst den Tod von vom Rath abwarten und den bereits geplanten »spontanen Volkszorn« durch vorzeitiges Eingreifen nicht demaskieren.[339] Diese Analyse ist aus der Retrospektive nachvollziehbar, müsste aber um den Aspekt der Dynamik erweitert – und damit erklärt werden.

Am 8. November hielten sich Hitler und Goebbels nämlich nicht in Berlin auf, sondern in München.[340] Dort kam das NS-Führungspersonal zur alljährlichen Gedenkstunde anlässlich des Hitlerputsches am 9. November zusammen – und unmittelbar vor dieser Veranstaltung im Münchner Rathaus erhielt Goebbels die Nachricht, dass vom Rath seinen Verletzungen in Paris erlegen war.[341] Die Atmosphäre war ohnehin emotional aufgeheizt; man gedachte den glorifizierten getöteten Putschisten. In diese symbolische Linie rückte nun auch vom Rath, der sich, wie Steinweis schreibt, zum »newest martyr for the Nazi cause – the latest German victim of Jewish terror« entwickelte.[342]

Goebbels überbrachte Hitler die Todesnachricht beim Essen im Münchner Rathaussaal:

---

336 Fröhlich, Elke: Die Tagebücher von Joseph Goebbels, Teil 1, Band 3 (1937–31. Dezember 1939). München 1987. S. 180.

337 Vgl. Kellerhoff: Ein ganz normales Pogrom. S. 102.

338 Vgl. Hoffmann: »… wir sind doch Deutsche«. S. 250.

339 Vgl. Friedländer: Das Dritte Reich und die Juden (Erster Band). S. 293.

340 Vgl. hierzu den Eintrag von Goebbels bei Fröhlich.: Die Tagebücher von Joseph Goebbels. S. 176.

341 Vgl. Hermann: Hitler und sein Stoßtrupp. S. 607.

342 Steinweis: Kristallnacht 1938. S. 40.

»Ich trage dem Führer die Angelegenheit vor. Er bestimmt: Demonstrationen weiterlaufen lassen. Polizei zurückziehen. Die Juden sollen einmal den Volkszorn zu verspüren bekommen. Das ist richtig.«[343]

Hitler verließ nach dieser Unterredung die Veranstaltung, sodass Goebbels als rhetorischer Vollstrecker dieser Anweisungen wirkte. Er hielt eine »wüste antisemitische Hetzrede«, in der er über den Tod vom Raths informierte, auf die bereits erfolgten lokalen Ausschreitungen einging und durch Hitlers Weisungen weitere Ausschreitungen mindestens nahelegte.[344] Mit dem sog. »Stoßtrupp Hitler« aus treu ergebenen »alten Kämpfern« hatte Goebbels die idealen Aktivisten vor Ort: Sie zogen nach seiner Rede los und schändeten die orthodoxe Synagoge, was Hermann als klares Signal von Hitler zum Losschlagen interpretiert.[345] Denn gerade dieser »Stoßtrupp« wirkte wegen seiner Nähe zu Hitler wie eine legitimierende nationalsozialistische Speerspitze. Zudem machte sich außerhalb des »Stoßtrupps« eine hektische Betriebsamkeit breit, die Goebbels metaphorisch ausschmückt: »Alles saust gleich an die Telephone. Nun wird das Volk handeln.«[346] Von München aus entfaltete sich das Pogrom – oder es wurde dort, wo es bereits tobte, z.B. in Kurhessen oder Anhalt, nicht mehr gestoppt. Gliederungen der NSDAP, insbesondere die SA, nutzten ihr Netzwerk und die Gelegenheit, ihren jahrelang praktizierten Antisemitismus vorzuführen.[347]

343 Fröhlich: Die Tagebücher von Joseph Goebbels. S. 180.

344 Obst: »Reichskristallnacht«. S. 74. Wie Obst dort im Fußnotenapparat ausführt, ist der Wortlaut der Rede nicht vollständig, sondern nur in einzelnen Redewendungen durch Augenzeugen, überliefert.

345 Vgl. Hermann: Hitler und sein Stoßtrupp. S. 378.

346 Fröhlich: Die Tagebücher von Joseph Goebbels. S. 180. Vgl. zur metaphorischen Interpretation dieser Situation Kellerhoff: Ein ganz normales Pogrom. S. 106.

347 Vgl. Siemens: Stormtroopers. S. 191.

3.1.3 EIN POGROM MIT GENERALSTABSMÄSSIGER PLANUNG? – DIE ORGANISATION VOR ORT

Am 10. November traf um 1.20 Uhr in der Nacht ein Blitzfernschreiben von Reinhard Heydrich an die Staatspolizeistellen ein, welche sich nun bzgl. der antijüdischen Ausschreitungen – mit den lokalen Behörden absprechen sollten:

> »Es dürfen nur solche Maßnahmen getroffen werden, die keine Gefährdung deutschen Lebens oder Eigentums mit sich bringen (z.B. Synagogenbrände nur, wenn keine Brandgefahr für die Umgebung ist). Geschäfte und Wohnungen von Juden dürfen nur zerstört, nicht geplündert werden. Die Polizei ist angewiesen, die Durchführung dieser Anordnung zu überwachen und Plünderer festzunehmen. In Geschäftsstraßen ist besonders darauf zu achten, daß nichtjüdische Geschäfte unbedingt gegen Schäden gesichert werden. […].«[348]

Außerdem sollte die Polizei, wie von Hitler befohlen, nicht einschreiten und insbesondere wohlhabende Juden festnehmen. Diese Anweisungen stellen die zentrale Handlungsgrundlage der Novemberpogrome dar und definieren für diese Regionalstudie vier Tatmuster, welche in der Folge vorgestellt, verglichen und analysiert werden:

A) Verwüstung der jüdischen Geschäfte und Wohnungen
Dieses Tatmuster ist angesichts der Instruktionen Heydrichs eindeutig. Da gerade auf dem Land das Wohn- und Geschäftshaus identisch war, konnte man effektiv vorgehen – zumal zahlreiche Geschäfte beim Aprilboykott oder ähnlichen, im Kapitel zum historischen Kontext geschilderten, Aktionen attackiert worden waren. Plünderungen sollte die Gendarmerie verhindern. Szenen der Selbstbereicherung sollten die »Demonstrationen« nicht stören und propagandistisch neutralisieren.

348 Zit. nach Döscher, Hans-Jürgen (Hrsg.): »Reichskristallnacht«. Die Novemberpogrome 1938 im Spiegel ausgewählter Quellen. Bonn 1988. S. 21–23.

B) Übergriffe auf einzelne Bürger

Auch wenn Heydrich hierzu nichts Konkretes verlautbaren ließ, so kann man dieses Tatmuster indirekt aus dem Zusatz, dass man nichtjüdische Bürger in Ruhe lassen sollte, ableiten. Außerdem nahm man Übergriffe durch das erwähnte Tatmuster A in Kauf, da die Zerstörungswut nicht vor Personen Halt machen musste. Für die Landgemeinden bedeutet dies, dass vermögende jüdische Ortspersönlichkeiten, u.a. Geschäftsleute oder jüdische Gemeindevorstände, als Exponenten jüdischen Lebens ins Visier gerieten.

C) Angriff auf Synagogen

Relativ deutlich nannte Heydrich Angriffe auf Synagogen, die, sofern noch vorhanden, zerstört werden sollten, während man umliegende nichtjüdische Gebäude schützen sollte. Dieser Zusatz sollte im Untersuchungsraum dieser Arbeit wichtig werden, da einzelne jüdische Häuser, aber eben kein zusammenhängendes Siedlungszentrum existierten.

D) Verhaftungen

Diese deutliche Anweisung bildet zugleich das letzte Tatmuster. Die örtliche Gendarmerie konnte die Verhafteten bei der Gestapo abliefern, z.B. an der Außenstelle Mainz in der Kaiserstraße 31. Von dort aus erfolgten später Transporte in Konzentrationslager.

Für den hiesigen Untersuchungsraum übernahm der Standartenbefehl für die SA-Gruppe »Kurpfalz« Heydrichs Weisungen und ergänzte: »Die Aktion ist in Zivil durchzuführen.«[349] Die Zivilkleidung wurde vorgeschrieben, um die gewünschte propagandistische »Spontaneität« des Pogroms nicht zu konterkarieren.[350] Zunächst ließ die Reaktion in der rheinhessischen Provinz aber auf sich warten, da insbesondere die städtischen Synagogen von den

349 Dok. 137. In: Heim, Susanne (Hrsg.): Die Verfolgung und Ermordung der europäischen Juden durch das nationalsozialistische Deutschland (1933–1945), Teil 2. München 2009. S. 398f.

350 Vgl. Maier, Franz: Die Novemberpogrome von 1938 in Nierstein und Rheinhessen. In: Niersteiner Geschichtsblätter 25 (2019). S. 34–53.

SA-Kommandos in der Nacht zuerst aufgesucht wurden.[351] Dass das hessische Gaupropagandaamt Sprengers Geheimbefehl in den Morgenstunden des 10. November offiziell aufhob,[352] beflügelte dann zusätzlichen lokalen Aktivismus.

Diesen Stadt–Land-Gegensatz erklärt Longerich einleuchtend: Das nationalsozialistische Führungspersonal gab bewusst »eine allgemein gehaltene Aufforderung«, deren Vollstreckung von der »Eigeninitiative der örtlichen SA-Einheiten« abhing.[353] Dadurch entstanden ortsspezifische Besonderheiten, die durch zwischenmenschliche Beziehungen sowie Ortscharakteristika (Einwohnerzahl, Anzahl der Juden, lokaler Fanatismus) verstärkt werden konnten. Dass diese vier Tatmuster nicht einfach wie eine Schablone über jeden Ort gelegt werden können, ist somit nachvollziehbar und erklärt nicht nur den ausführlichen historischen Kontext dieser Arbeit, sondern auch die folgende Kapitelstruktur mit regionalen Schwerpunkten, Gemeinsamkeiten und Unterschieden.

---

351 Vgl. Kropat: Kristallnacht in Hessen. S. 60.

352 Vgl. Hoffmann: »… wir sind doch Deutsche«. S. 250.

353 Longerich: Die braunen Bataillone. S. 233.

3.2 *Die Ingelheimer Gemeinden – Das zweigleisige Pogrom*

Am Vormittag des 10. November ließ sich Goebbels eine Zwischenbilanz über die Pogrome in Berlin geben:

> »Dort ist es ganz toll hergegangen. Brand über Brand. Aber das ist gut so. Ich setze eine Verordnung auf Abschluß der Aktionen auf. Es ist nun gerade genug. Lassen wir das weitergehen, dann besteht die Gefahr, daß der Mob in die Erscheinung tritt. Im ganzen Lande sind Synagogen abgebrannt.«[354]

Goebbels traf Hitler beim Mittagessen in der »Osteria Bavaria«: »Er ist mit allem einverstanden. Seine Ansichten sind ganz radikal und agressiv [sic!]. Die Aktion selbst ist tadellos verlaufen.«[355]

Während man bereits das Ende der Pogrome einläutete, wurde in Rheinhessen und anderen ländlichen Gebieten der beschriebene Stadt-Land-Gegensatz virulent: Die Pogrome wurden am 10. November vielerorts in die Gemeinden hineingetragen – von »auswärtigen Kommandos, mit Unterstützung der Ortsbewohner.«[356] Diese motorisierten Trupps werden in Quellen und Literatur »Rollkommandos« genannt, da sie eine außerordentliche Mobilität an den Tag legten und z.B. SA-Leute in mehrere Landgemeinden transportierten, wo sie mit örtlichen Gefolgsleuten die Novemberpogrome entfachen konnten.[357] Wie Longerich aufzeigt, verschleierten zugleich diese ortsfremden SA-Leute für viele Ortsbürger die durchaus vorhandene Mittäterschaft der eigenen Mitbürger.[358] Ein solches Rollkommando setzte sich auch von Wackernheim aus in

---

354 Fröhlich: Die Tagebücher von Joseph Goebbes. S. 182.

355 Ebd. Wie die folgenden Kapitel an einigen Stellen zeigen werden, ist diese Einschätzung übertrieben.

356 Baumann: Zerstörte Nachbarschaften. S. 238. Baumann nennt hier für Baden z.B. die Freiburger SA.

357 Vgl. Kropat: Kristallnacht in Hessen. S. 60.

358 Vgl. Longerich: Die braunen Bataillone. S. 235. Für die rezeptionsgeschichtlichen Auswirkungen solcher und vergleichbarer auswärtiger Kommandos, vgl. Thomaschke: Abseits der Geschichte. S. 156.

Richtung der Ingelheimer Gemeinden in Bewegung. Dieses Rollkommando war aber reichsweit wahrscheinlich einzigartig, bestand es doch aus österreichischen SA-Leuten.

3.2.1 EXKURS: UNTERWEGS – EIN ROLLKOMMANDO »AUS ÖSTERREICH«

Dieses Rollkommando aus österreichischen SA-Leuten, zeitgenössisch »Legionäre« genannt, spielte eine zentrale Rolle für die Vorfälle im nördlichen Rheinhessen[359] und verdient daher einen entsprechenden Exkurs. Untergebracht waren diese Legionäre in der bislang unerforschten Kaserne in Wackernheim. Dort hatte sich zwischen Herbst 1933 bis mindestens Mitte 1935 ein Lager des Reichsarbeitsdienstes (RAD) befunden,[360] das um 1936 von einem sog. »Hilfswerklager« für österreichische Nationalsozialisten abgelöst worden war.[361] Denn nach dem gescheiterten Juliputsch 1934 waren österreichische Nationalsozialisten ins Deutsche Reich geflüchtet, wo sie in einer SA-Formation, der »Österreichischen Legion«, organisiert wurden.[362] Daraus entwickelte sich das »Hilfswerk Nordwest« (HWNW) mit Lagern am Rhein und in Westfalen.

359 Vgl. hierzu die Nachkriegsprozesse im LA Speyer, Bestand J76, Nr. 3, 10, 23, 59–61, 73–75, 97, 155, 158 und 159. Alle Prozesse benutzen den zeitgenössischen Begriff »österreichische Legionäre«, der zu besseren Lesbarkeit nur bei der ersten Nennung in Anführungszeichen gesetzt wird.

360 Für eine zeitliche Eingrenzung, vgl. LA Speyer, Bestand J44, Nr. 852; Mossel: Alltag in Essenheim. In: Ders. (Hrsg.): Essenheim. Geschichte und Gegenwart. Ingelheim 2013. S. 272.

361 Vgl. Bokisch, Otto / Zirbs, Gustav A.: Der österreichische Legionär. Aus Erinnerungen und Archiv, aus Tagebüchern und Blättern, mit zahlreichen Aufnahmen aus dem Bilderarchiv der Österreichischen Legion. Wien 1940. S. 98 bzw. 151; Schafranek, Hans: Söldner für den Anschluss. Die Österreichische Legion 1933–1938. Wien 2011. S. 172; Holzmann, Michael E.: »… und steht die Legion auf dem ihr zugewies'nen Posten«: Die Österreichische Legion als Instrument früher NS-Aggressionspolitik. Berlin 2018. S. 439; Nachrichtenblatt vom 26. Oktober 1936.

362 Vgl. Siemens: Stormtroopers. S. 205.

Im Mai 1937 wurde die Brigade 1 in Wackernheim unter Alfons Erle aufgestellt.[363]

Allzu viele Schlagzeilen produzierte das Hilfswerklager dort nicht. Zwei Platzkonzerte bildeten das letzte Lebenszeichen im »Nachrichtenblatt«.[364] So entsteht der Eindruck, dass entweder das Interesse an solchen Veranstaltungen ausgeblieben oder das Verhältnis zwischen Legionären und Zivilbevölkerung spannungsgeladen war. Letzteres würde die schlechte Stimmung im Umfeld vieler Lager bestätigen.[365] Vielleicht hat auch der mysteriöse Brandanschlag an der Heidesheimer Pfarrkirche den Ruf des Lagers beeinträchtigt.[366] Der Vorfall war den Behörden peinlich; der Heidesheimer Bürgermeister erwähnte ihn mit knappen Worten nur indirekt.[367] Ob wirklich die Legionäre aus Wackernheim oder die traditionelle Ortsrivalität im Spiel waren, kann nicht vollständig geklärt werden. Dennoch sei darauf hingewiesen, dass die österreichischen SA-Leute bereits andernorts gegen religiöse Einrichtungen vorgegangen waren.[368]

Nach dem Anschluss Österreichs bildete Wackernheim, wo im März 1938 noch 1.700 Legionäre untergebracht waren, einen Knotenpunkt für die Rückkehr in die Heimat.[369] Doch auch wenn die NS-Propaganda den Rücktransport propagandistisch ausschlachte-

363 Vgl. Holzmann: »… und steht die Legion auf dem ihr zugewies'nen Posten«. S. 426. Für Erle ist bei Schafranek irrtümlicherweise das nahe Gonsenheim angegeben (vgl. Söldner für den Anschluss, S. 403).

364 Vgl. Nachrichtenblatt vom 30. April 1937. Zuvor war lediglich über eine Horst-Wessel-Feier und eine sog. Heldengedenkfeier berichtet worden.

365 Vgl. Schafranek: Söldner für den Anschluss. S. 204f. (siehe dort vor allem Fußnote 460 auf S. 205).

366 Über dieses Ortsgerücht, das sich hartnäckig hält, hat mich Willi Geisenhof, Heidesheim, informiert. Demnach seien österreichische Legionäre aus dem Wackernheimer Lager die Urheber gewesen.

367 Vgl. Nachrichtenblatt vom 5. November 1937.

368 Für Fallbeispiele, vgl. Schafranek: Söldner für den Anschluss. S. 196, S. 199 und S. 204f.

369 Vgl. Bokisch / Zirbs: Der österreichische Legionär. S. 248; Neues Wiener Tagblatt vom 18. März 1938.

te,[370] kehrte für die Legionäre in der »Ostmark« schnell Ernüchterung ein, wie Siemens analysiert: »Their popularity in Austria in the following months was fairly limited, to say the least.«[371] Dass die Legionäre ihre Frustration infolge der langen Exilerfahrung mit der »Ausplünderung und Drangsalierung der österreichischen Juden«[372] abbauten, kam erschwerend hinzu. In Österreich entlud sich so der Antisemitismus nach dem Anschluss in kürzester Zeit radikal[373] – und dürfte den Legionären im November 1938 präsent gewesen sein, entweder aus eigener Erfahrung oder durch Erzählungen.

Zunächst aber begann für die ehemaligen österreichischen Legionäre nach dem Anschluss die schwierige Integration ins Zivilleben. Drei ehemalige Mitglieder des Wackernheimer Lagers stehen beispielhaft für diese mitunter dynamischen Lebensläufe: Rudolf Radl ging vom Lagermusikzug zur Polizei, Josef Marte zur Wehrmacht und der Hilfskoch Ferdinand Frühstückl blieb bis zum letzten Tag im Lager und ließ sich in Mainz nieder.[374] Andere Legionäre, als Teil der sog. »ständig Beurlaubten« in der rheinhessischen Landwirtschaft tätig, wollten zurück in ihre Heimat, saßen aber für längere Zeit in Rheinhessen fest, weil die Behörden sie als Arbeitskräfte festhielten.[375]

Währenddessen bildete das Hilfswerklager Wackernheim einen Knotenpunkt für die reichsweite Abwicklung der Legion, die offi-

370 Vgl. Salzburger Volksblatt vom 31. März und 1. April 1938; Freie Stimmen vom 13. April 1938.

371 Siemens: Stormtroopers. S. 207.

372 Schafranek, Hans / Hurton, Andrea: Die Österreichische Legion und der »Anschluss« 1938. »Arisierungen« als Versorgungs- und Karrierestrategien »verdienter Kämpfer« im politischen Abseits. In: Dokumentationsarchiv des österreichischen Widerstandes: Jahrbuch 2008. Wien 2008. S. 202.

373 Vgl. zu diesem Prozess Longerich: Die braunen Bataillone. S. 231; Wünschmann: Cementing the Enemy Category. S. 594; Steiner: The Triumph of the Dark. S. 677.

374 Vgl. LHA Koblenz, Bestand 856, Nr. 135181 (Radl), 137448 (Marte) und 138649 (Frühstückl).

375 Vgl. Schafranek / Hurton: Die Österreichische Legion und der »Anschluss«. S. 193; Nachrichtenblatt vom 18. März 1938.

ziell am 31. Oktober aufgelöst wurde.[376] Die Übergabe des Lagers an die Wehrmacht erfolgte während der Novemberpogrome.[377] Wie aus einem behördlichen Schreiben hervorgeht, hielt sich zu diesem Zweck noch eine Art »Rücklasskommando« aus österreichischen SA-Leuten in Wackernheim auf.[378] Die Personenzahl bleibt aber angesichts fehlender Quellen im Dunkeln. Dennoch hat dieser Exkurs ein toxisches Gemisch offenbart: Die aus Kampf- und Exiljahren niedrige Hemmschwelle zur Gewalt, offenbar verstärkt durch das schwierige Verhältnis zur regionalen Zivilbevölkerung und den bevorstehenden Ortswechsel nach Auflösung der Legion, führten mit dem durch die Exiljahre gefestigten und nach dem Anschluss ausgelebten ideologischen Fanatismus zur Beteiligung an den Novemberpogromen.

3.2.2 VOR ORT – DAS ENDE EINER SELBSTBEWUSSTEN SYNAGOGENGEMEINDE

Der erste Halt des Rollkommandos war Nieder-Ingelheim gegen 10 Uhr. Dies war pragmatisch, da die Landstraße von Wackernheim aus zuerst in diese östlichste der drei[379] Ingelheimer Gemeinden führt. Die Legionäre wurden von örtlichen SA-Leuten am Marktplatz erwartet. Dort instruierte der Ortsgruppenleiter Gottlieb Glässel Zellenleiter Willi Stritter und SA-Truppführer Hermann Laun:

376 Vgl. Bokisch / Zirbs: Der österreichische Legionär. S. 153.

377 Vgl. Tessin, Georg (Hrsg.): Verbände und Truppen der deutschen Wehrmacht und Waffen-SS im Zweiten Weltkrieg 1939–1945, Band 5: Die Landstreitkräfte (31–70). Osnabrück 1972. S. 269. Vgl. auch ders.: Deutsche Verbände und Truppen 1918–1939. Osnabrück 1974. S. 351.

378 Vgl. Schreiben von Bürgermeister Koch an das Kreisamt vom 30. Dezember 1938. In: Privatarchiv Willi Geisenhof, Heidesheim. Vgl. zudem LHA Koblenz, Bestand 856, Nr. 138649. In der Akte F. Frühstückls wird der 15. November 1938 als letzter Arbeitstag genannt, was für einen Übergangszeitraum im Lager spricht.

379 Da in der dritten Gemeinde Frei-Weinheim keine Juden wohnten, wird diese hier ausgespart.

Die Juden sollten »abgeschmiert« werden,[380] während die Nieder-Ingelheimer als Begleitkommando der Österreicher fungieren und dabei Schaulustige im Auge behalten sollten.[381] Vor allem aber sollten die Ortskundigen das ortsfremde Rollkommando zu den einzelnen jüdischen Häusern lotsen. Wie Stritter später aussagte, soll Glässel den Ingelheimern zudem aufgetragen haben, »dafür [zu] sorgen, dass der Jude Otto Mayer mal seine Schläge bekäme.«[382] Persönliche Abneigungen spielten offenbar eine wichtige Rolle bei der Opferwahl.

Deshalb wollte der vereinte Zerstörungstrupp zuerst in das Haus von Otto Mayer in der Mainzer Straße[383] eindringen.[384] Otto Mayer war aber nicht auffindbar, sodass die SA-Leute wenige Häuser weiterzogen. Dort lebte die Metzgerfamilie Strauß, die ihr Geschäft im November 1937 hatte aufgeben müssen.[385] Erneut priorisierten persönliche bzw. alte Abneigungen die Opferwahl, kam es doch hier zu einem paradoxen Déjà-vu: Das Haus war ja bereits bei den wüsten Ausschreitungen im September 1933 von Mitgliedern des Wackernheimer RAD-Lagers heimgesucht worden. Die Möbel sowie das Porzellan »der gut bürgerlichen Familie« wurden zertrümmert und auf die Straße geworfen, während der Hausbesitzer Heinrich

380 Urteil gegen Stritter (u.a.) vom 27. Februar 1947. In: LA Speyer, Bestand J 76, Nr. 3

381 Ebd.; vgl. auch LHA Koblenz, Bestand 856, Nr. 134261 (Stritter) und Nr. 134266 (Laun).

382 Aussage von Willi Jakob Stritter vom 18. Februar 1946. In: LA Speyer, Bestand J 76, Nr. 59.

383 Die alten Straßenbezeichnungen der Mainzer Straße (Obergasse und Untergasse) tauchen in Quellen vereinzelt auf. Zum Zeitpunkt der Novemberpogrome war die Umbenennung aber bereits erfolgt. Für diese Information bin ich Klaus Dürsch, Ingelheim, dankbar.

384 Vgl. Urteil gegen Stritter (u.a.) vom 27. Februar 1947. In: LA Speyer, Bestand J 76, Nr. 3. Die Einlassung des Angeklagten, wonach jüdische Häuser von Frontkämpfern zunächst verschont wurden, kann angesichts des Veteranenstatus von Otto Mayer und Heinrich Strauß als unwahr verworfen werden.

385 Vgl. StA Ingelheim, Rep. III/543/163.

Die Mainzer Straße in Nieder-Ingelheim in nationalsozialistischer Zeit. Quelle: Fotoarchiv Peter Weiland, Ingelheim.

Strauß misshandelt wurde.[386] Plötzlich kam sein Sohn Sally mit dem Fahrrad nach Hause[387] – und als dieser von Truppführer Laun am Betreten seines Elternhauses gehindert wurde, kam es zu einer, in anderen Gemeinden selten dokumentierten, Szene des Widerstandes gegen eine Übermacht an Angreifern: Strauß lieferte sich

386 Vgl. StA Ingelheim, Rep. III/543/163; Urteil gegen Stritter (u. a.) vom 27. Februar 1947. In: LA Speyer, Bestand J 76, Nr. 3; Meyer / Mentgen: Sie sind mitten unter uns. S. 213f.

387 Vgl. Urteil gegen Stritter (u. a.) vom 27. Februar 1947. In: LA Speyer, Bestand J 76, Nr. 3. Die folgenden Informationen zu dem Vorfall im Haus Strauß sind diesem Urteilsspruch entnommen.

mit Laun ein Handgemenge, gelangte ins Haus, zerrte seinen Vater ins Freie und flüchtete mit diesem an Laun und den Schaulustigen vorbei aus dem Ort. So entzogen sich Vater und Sohn zunächst weiteren Angriffen und einer Festnahme.

Währenddessen ging das Zerstörungswerk in Nieder-Ingelheim weiter. Dabei fällt die schnelle zeitliche Abfolge auf, was damit erklärt werden kann, dass gleich sieben jüdische Wohnungen in der Umgebung der Mainzer Straße lagen. Die Vorgänge konnten sich so parallel ereignen, z.B. im Anwesen Koch. Nach dem Tod ihrer Eltern – ihr Vater Heinrich war der erwähnte Düngemittelfabrikant – lebte Lina Koch dort alleinstehend.[388] Die Legionäre drangen in das Haus ein und zertrümmerten die Einrichtung, während sich draußen Schaulustige einfanden, die Koch lauthals beschimpften und von einer Nachbarin aufgestachelt wurden.[389] Dieses Verhalten wurde nach dem Krieg zu Recht geahndet,

> »denn gerade in dieser Situation […] konnte jedes einzelne Wort, das noch aufreizend wirkte, die Menschenmenge zu noch schwereren Ausschreitungen hinreißen.«[390]

Nebenbei zeigte diese Menschenmenge einen Voyeurismus, der die Umherstehenden zu »Komplizen des Pogroms« machte.[391] Lina Koch sei, so die Erinnerung einer Zeitzeugin, verstört zur Familie Strauß geflohen, wo sie von einem SA-Mann geschlagen worden sei.[392]

---

388 Vgl. Meyer: Wer mit Juden handelt, gilt daher als unehrenhaft. S. 449.

389 Vgl. Urteil gegen Specht und Sperl vom 9. April 1948. In: LA Speyer, Bestand J 76, Nr. 23. Die folgenden Informationen zu dem Vorfall am Anwesen Koch sind diesem Urteilsspruch entnommen. Vgl. für die mitunter wechselhaften Reaktionen von Schaulustigen Longerich: Die braunen Bataillone. S. 235.

390 Urteil gegen Specht und Sperl vom 9. April 1948. In: LA Speyer, Bestand J 76, Nr. 23. Eine Misshandlung Lina Kochs wurde zwar von Zeugen angedeutet, jedoch juristisch verworfen.

391 Wildt: Volksgemeinschaft als Selbstermächtigung. S. 344f.

392 Vgl. Meyer / Mentgen: Sie sind mitten unter uns. S. 195. Diese Information beruht auf ein Interview Meyers mit einer Zeitzeugin, das in einem weitaus größeren Abstand zum Tatzeitpunkt erfolgt ist als die Nachkriegsprozesse, die das Schicksal Lina Kochs nach der Flucht aus ihrem Anwesen nicht weiter verfolgt hatten. Es fehlen daher Querverweise, weshalb der Autor hier bewusst vorsichtig formuliert.

Die dumpfe Zerstörung von Eigentum sowie die Übergriffe auf missliebige Bürger wiederholten sich in den meisten jüdischen Häusern Nieder-Ingelheims und auch bei alleinstehenden Frauen wie Frieda Mayer.[393] Ebenfalls in der Mainzer Straße kam es zu einem Übergriff bei Alfred Mayer, in dessen Verlauf auch seine Frau Else verletzt wurde.[394] Nebenbei schädigte die SA unwissentlich den nichtjüdischen Vermieter, dessen Essgeschirr sie zerschlugen.[395] Dagegen blieb die Familie Löwensberg, deren Malzfabrik das Ortsbild prägte, unbehelligt – angeblich, weil sie sehr geachtet war.[396] Dies war kein Einzelfall: Klaus Mayer berichtet von seinem Großvater in Mainz, der als Gemeindevorsitzender »die Synagoge in der Hindenburgstraße erbaut« hatte und ebenfalls wegen seines guten Rufs verschont wurde.[397] Salomon Löwensberg rettete seine deutschnationale Gesinnung, hatte sie doch in Republikzeiten zu Bekanntschaften mit Nationalsozialisten, u.a. mit dem späteren Beigeordneten Kurt Freund, geführt.[398] Nicht zuletzt dürfte auch sein Engagement in Vereinen ohne sozialdemokratischen Einschlag, wie dem im Turnverein oder im Soldatenverein, förderlich gewesen sein.[399]

Zur Mittagszeit griff das Rollkommando dann auf das benachbarte Ober-Ingelheim über. Hier treten Lehrkräfte bzw. Schulpersonal als Förderer und lokale Urheber des Pogroms hervor – was keineswegs außergewöhnlich war, wirkten doch auch in Mainz z.B. »Schüler des Adam-Karillon-Gymnasiums unter der Führung ihres Lehrers Wittig« an der Zerstörung der Mainzer Hauptsynagoge mit.[400] Im Ingelheimer Fall lässt sich aber als ortsspezifische

393 Vgl. Ebd. S. 222.

394 Vgl. StA Ingelheim, Rep. III/543/159/1/2.

395 Vgl. StA Ingelheim, Rep. III/543/064.

396 Vgl. Ebd. S. 200.

397 Mayer, Klaus: Wie ich überlebte. Die Jahre 1933–1945. Würzburg 2007. S. 27.

398 Vgl. StA Ingelheim, A/172/2013/33.

399 Vgl. Meyer / Mentgen: Sie sind mitten unter uns. S. 292, 297 und 334. Löwensberg war auch ein Veteran des Ersten Weltkriegs.

400 Mayer: Wie ich überlebte. S. 27.

Besonderheit die hohe Stellung der Lehrkräfte im Nationalsozialismus festhalten: So hatte Wilhelm Haag, ein ehemaliger Lehrer in Ober-Ingelheim und Schulrat in Mainz, den Rang des Sturmführers sowie später bei der SS des Scharführers bekleidet.[401] Adolf Mathes, der Rektor der weiterführenden höheren Bürgerschule im Zentrum der Ingelheimer Gemeinden, war SA-Sturmbannführer, der bereits erwähnte Willi Stritter Zellenleiter und Schulhausmeister in Nieder-Ingelheim.[402] Mit Gustav Herrmann und Friedrich Geiß waren zwei Ober-Ingelheimer Lehrkräfte zudem SA-Sturmführer bzw. Verwaltungs-Haupttruppführer.[403]

Dementsprechend ging die Befehlskette in den Ingelheimer Gemeinden von Sturmbannführer Mathes als ranghöchstem SA-Mitglied des Kollegiums aus. Praktisch für die weitere Organisation des Pogroms war zudem, dass Mathes sich durch die Lage seiner Schule räumlich zwischen beiden Ortszentren befand, da das Schulhaus von Nieder-Ingelheim in der Nähe des Marktplatzes lag und sich die Parteizentrale direkt neben dem Marktplatz befand.[404] Es spricht daher einiges dafür, dass Mathes das weitere Vorgehen mit Ortsgruppenleiter Glässel koordinierte – auch für Ober-Ingelheim, dessen Ortsgruppenleiter Lammasch nicht zugegen war. Bürgermeister Franz Bambach hielt sich dagegen im Hintergrund und überließ die Weisungen seinen ehemaligen Lehrerkollegen sowie der SA.[405]

---

401 Vgl. StA Ingelheim, A/85/2013/17.

402 Vgl. Fragebogen (posthum) von Adolf Mathes. In: LHA Koblenz, Bestand 856, Nr. 054041; Fragebogen von Willi Stritter. In: LHA Koblenz, Bestand 856, Nr. 134261.

403 Vgl. Aussagen von K. L. und F. Geiß vom 2. August bzw. 19. August 1947. In: LA Speyer, Bestand J 76, Nr. 59. Vgl. für die Reaktion der beiden Lehrer anlässlich eines aufsehenerregenden, antikatholischen Flugblattes an der Volksschule im Jahr 1934 den Bericht von Jakob Bergmann in DDA Mainz, Bestand 52/54, Nr. 20f. sowie den Beitrag von Dürsch, Klaus: Der Ober-Ingelheimer Kaplan Jakob Bergmann. S. 641f.

404 Vgl. http://www.ingelheimer-geschichte.de/index.php?id=312 (zuletzt aufgerufen am 14. April 2021).

405 Bambach bekleidete das Bürgermeisteramt im November 1938 für Nieder-Ingelheim und Ober-Ingelheim. Er soll kurz mit dem Auto vorgefahren sein; diese einzige Aussage zu Bambach ist zweifelhaft, da sie der Angeklagte Wagner unbestätigt formulierte. Vgl. LA Speyer, Bestand J 76, Nr. 59.

Die Schulen im Kreis Bingen wurden um die Mittagszeit geschlossen, was die Lehrer vor Ort verfügbar machte.[406] Dies war kein seltenes Phänomen, übten viele Lehrkräfte doch Ämter in Partei bzw. SA aus, was ihre Präsenz an den Tatorten erforderte.[407] Mit ähnlicher Intention rief auch Mathes seinen Kollegen Geiß in Ober-Ingelheim an.[408] Ebenso wurden Telefonate zu SA-Angehörigen an auswärtigen Arbeitsstätten abgesetzt.[409] Manchmal war dies nicht nötig. Karl Schulz hatte z.B. bei der SA-Brigade in Mainz dienstfrei bekommen.[410] Das Personal wurde vor Ort benötigt. So konnten an einem regulären Werktag viele SA-Leute zusammengezogen werden. Schließlich begab sich Mathes selbst ins Ortszentrum von Ober-Ingelheim.[411]

Dort angekommen informierte Mathes weitere Kollegen, darunter den Lehrer und SA-Angehörigen Wilhelm Immerheiser: Mathes erklärte diesem, dass er

> »von dem Standartenführer Sauer [aus Alzey] den Befehl erhalten hätte, in seinem Sturmbannbereich Plünderungen zu verhindern. Um den Befehl durchführen zu können, erteilte mir Mathes den Befehl mit ihm in seinen Sturmbannbereich zu fahren.«[412]

Dieser Bereich umfasste Teile des zentralen Rheinhessens. Zunächst aber tobte sich das Rollkommando in Ober-Ingelheim aus – vor

---

406 Vgl. Aussage von Georg Ewald, Sprendlingen, vom 20. August 1946. In: LA Speyer, Bestand J 76, Nr. 73.

407 Vgl. Obst: »Reichskristallnacht«. S. 268.

408 Vgl. Aussage von Friedrich Geiß vom 19. August 1947. In: LA Speyer, Bestand J 76, Nr. 59.

409 Vgl. hierzu die Aussage von K. L. vom 2. August 1947. In: LA Speyer, Bestand J 76, Nr. 59.

410 Vgl. Urteil gegen Lorenz Wagner (u.a.) vom 17. Juni 1948. In: LA Speyer, Bestand J 76, Nr. 60.

411 Anders sind der Ortswechsel von Mathes und seine Präsenz bei den österreichischen Legionären nicht zu erklären. Vgl. zudem LA Speyer, Bestand J 76, Nr. 59.

412 Vgl. Aussage von Wilhelm Immerheiser am 25. Juni 1948. In: LA Speyer, Bestand J 76, Nr. 159.

allem an der Synagoge, die seit 1841 das Zentrum der jüdischen Gemeinde in der Stiegelgasse markiert hatte.[413]

Sturmbannführer Mathes befahl den anwesenden SA-Leuten, die Synagoge abzureißen, woraufhin Obertruppführer Lorenz Wagner sich mit einer Axt an dem Gebäude zu schaffen machte.[414] Derweil beauftragte Lehrer Herrmann den umherstehenden ehemaligen Schüler H.W., als Wachposten an der Synagoge zu stehen, ehe er ihm befahl, die Abbrucharbeiten zu unterstützen. Der damalige Jugendliche sagte später aus:

> »Ich bin dort von Kameraden auf das Dach gehoben worden und habe dann mit einer Axt den Speis aus den Fugen geschlagen, damit die großen Steine gelockert und hinunter geworfen werden konnten.«[415]

Zudem begaben sich kurzzeitig SA-Leute in die Innenräume zu den Thorarollen. Erneut fanden sich zahlreiche Schaulustige am Tatort ein, darunter auch die Gendarmerie, die sich passiv verhielt und nur auf Bitten der nichtjüdischen Anwohner Otto Vomend im nahen Amtsgericht über eine mögliche Brandsetzung der Synagoge informierte.[416] Vomend ging daraufhin zu Herrmann und überzeugte ihn von der Brandgefahr für die Nachbargebäude – ganz so, wie es der Standartenbefehl wünschte. Befehlsgemäß wurde ebenfalls die Wohnung des durch den »Stürmer« diffamierten Lehrers Langstädter massiv verwüstet.[417] Langstädter und seine Ehefrau hatten sich bereits nach Mainz abgemeldet, sodass ihre Anwesenheit nicht abschließend geklärt werden kann.[418]

---

413 Vgl. hierzu Der Israelit vom 16. Oktober 1841.

414 Vgl. Urteil gegen Lorenz Wagner (u.a.) vom 17. Juni 1948, bestätigt durch die Aussage von H.W. In: LA Speyer, Bestand J 76, Nr. 60.

415 Aussage von H.W. vom 18. Februar 1948. In: LA Speyer, Bestand J 76, Nr. 60.

416 Vgl. Meyer / Mentgen: Sie sind mitten unter uns. S. 410.

417 Vgl. StA Ingelheim, Rep. III/543/160.

418 Vgl. Meyer: Wer mit Juden handelt, gilt als unehrenhaft. S. 453. Meyer führt hier die Aussage von Ernst Ludwig Kloos an (vgl. LA Speyer, Bestand J 76, Nr. 59 und 60). Leider erwies sich der Zeuge Kloos für das Gericht als unglaubwürdig, da er

Die Synagoge der Ingelheimer Gemeinden befand sich in der Stiegelgasse in Ober-Ingelheim (undatiert). Der Synagogeneingang ist hier auf dem Bild eingekreist. Quelle: Fotoarchiv Peter Weiland, Ingelheim, und DIF Ingelheim.

Unweit des Synagogenplatzes, in der Stiegelgasse 29, dominierte die rohe Gewalt der Axthiebe im Schuhgeschäft Schäfer & Raphael; Rollläden und Schaufenster wurden aufgebrochen, Verkaufstische zertrümmert.[419] Lorenz Wagner ließ die Schuhe in die Volkswohlfahrtstelle bringen – angeblich von Kindern, die nach Schulschluss die Straßen bevölkerten.

---

einen Einschüchterungsvorfall vorgetäuscht hatte (vgl. das Prozessurteil sowie die Ingelheimer Zeitung vom 25. Mai 1948). Entsprechend zweifelhaft sind detailreiche Aussagen, welche auch in Meyers Aufsatz zitiert werden. Nach Einschätzung des Autors dieser Arbeit stimmen die in den Aussagen von Kloos genannten Tatorte mit anderen Zeugenaussagen überein, während die Details leider nicht überprüft werden können und somit in dieser Arbeit nicht aufgeführt werden.

419 Vgl. Urteil gegen Lorenz Wagner (u. a.) vom 17. Juni 1948. In: LA Speyer, Bestand J 76, Nr. 60; vgl. auch die Aussage von Lorenz Wagner, in welcher der Hauptangeklagte auf die hier beschriebenen Vorfälle eingeht (ebendort).

Somit kam es hier zur Plünderung jüdischen Besitzes. Eine Übergabe an eine Parteistelle ließ der Ortsgruppe zudem alle Optionen offen.[420] Die Kolonialwarenhandlung Eisemann in der Stiegelgasse 51 wurde wie das Wohnhaus von einem deutsch-österreichischen SA-Trupp zerstört.[421] Ein österreichischer Legionär »riss auch vorne am Vorgarten den Eisenzaun mit dem Mäuerchen um«.[422] Marius Eisemann, der diese Szene mitbekam, soll laut der Zeugenaussage eines Nachbarn an Selbstmord gedacht haben.[423] In der Nähe wurde das Haus der Witwe von Siegmund Oppenheimer in der Heimesgasse 6 angegriffen, wo auch die Familie ihres Schwiegersohns Josef Wertheim wohnte[424] – und Renate Wertheim, mit drei Jahren das jüngste Pogromopfer.

Diese gezielten und gewalttätigen Tatvorgänge zogen sich bis in den Abend hinein und entsprachen damit in beiden Ingelheimer Gemeinden dem Strategiemuster der SA, wonach jeder brauchbare Gegenstand systematisch zerstört werden sollte, bis die Häuser unbewohnbar waren.[425] Dies zeigt auch das Beispiel der Familie Löb, deren Haus in den Abendstunden verwüstet wurde, während im Amtsgerichtsgefängnis einige der weisungsgemäß verhafteten Juden einsaßen.[426] Von Amtsgerichtsrat Vomend fehlte jede Spur. Einige Straßen weiter, bei der Familie Neumann, flog ein Radioapparat aus dem Fenster.[427] Einige wenige Juden, die an der Peri-

420 Für die vielfältige Verwendung von geplündertem Inventar, vgl. Obst: Reichskristallnacht. S. 274f.

421 Ebd.; vgl. auch die Aussage von Elisabeth Reif vom 27. Februar 1946. In: LA Speyer, Bestand J 76, Nr. 59.

422 Aussage von Ludwig Hessel vom 27. Februar 1946. In: LA Speyer, Bestand J 76, Nr. 59.

423 Ebd.

424 Vgl. Meyer / Mentgen: Sie sind mitten unter uns. S. 246; siehe auch die Aussage von Paul Schneider vom 8. April 1948. In: LA Speyer, Bestand J 76, Nr. 59.

425 Vgl. Longerich: Die braunen Bataillone. S. 234.

426 Vgl. Aussage des damaligen Gefängniswärters Karl Schäfer vom 11. April 1946. In: LA Speyer, Bestand J 76, Nr. 59.

427 Vgl. Aussage von Karl Müller vom 2. August 1947. In: LA Speyer, Bestand J 76, Nr. 59.

Im Amtsgericht wurden die verhafteten Juden festgehalten. Quelle: HStA Darmstadt, Bestand R 4, Nr. 4610.

pherie dieser Tatzentren lebten, schienen Glück gehabt zu haben, da für sie keine Vorfälle dokumentiert sind – auch wenn ein Mangel an Quellen nicht zwangsläufig ein Mangel an Taten bedeutet.

Das Rollkommando zog aber am frühen Nachmittag weiter, um weitere Taten zu verüben – im rheinhessischen Hinterland. Obwohl einige österreichische SA-Leute in der Stiegelgasse zurückblieben, benötigte man für die Ingelheimer SA-Leute einen zusätzlichen Lkw. Diesen holte man sich bei Hermann Berndes, einem Weinhändler aus Ober-Ingelheim und Ratsmitglied.[428] Ursprünglich im deutsch-

428 In Ingelheim ist Hermann Berndes heute eine kontroverse Persönlichkeit, die in unregelmäßigen Abständen in der öffentlichen Debatte auftaucht. Einerseits werden ihm seine NSDAP-Ratsmitgliedschaft sowie die Bereitstellung des Lkws für die Novemberpogrome vorgeworfen. Andererseits schied Berndes 1939 aus der Kommunalpolitik aus und trat erst wieder im März 1945 in Erscheinung, als er die friedliche Übergabe Ingelheims organisieren wollte, dabei aber verhaftet

nationalen Milieu sozialisiert, hatte sich Berndes der NSDAP im Jahr 1933 angeschlossen und war nun angesichts seiner Geschäfts- und Parteitätigkeit eine logische Anlaufstelle für die SA-Leute. Interessanterweise bestimmte Berndes seinen Sohn Hans-Joachim zum Fahrer, obwohl dieser den Lkw zuvor nie gefahren hatte.[429] Dass Hermann Berndes darauf verzichtete, persönlich zu fahren oder seinen Fahrer kommen zu lassen, kann man sich leicht erklären: Berndes ahnte, was die SA-Leute vorhatten; dies dürften sie ihm bei ihrer Anfrage mindestens umschrieben haben.[430] Entsprechend erklärt sich seine »ausdrückliche Anweisung«[431] an den Sohn, stets im Lkw zu bleiben – was dieser auch tat.[432] Seinem Fahrer wollte er aber diese unangenehme Aufgabe nicht übertragen – sei es aus Rücksicht oder mangelndem Vertrauen. Seinem Sohn dürfte Berndes umso mehr vertraut haben, am Fahrtziel keine unüberlegten Handlungen zu begehen.

---

und hingerichtet wurde. Der Beitrag von Hans-Georg Meyer hat die Debatte um Hermann Berndes stark beeinflusst. Vgl. Meyer, Hans-Georg: »Die Revolution frisst ihre Kinder«. Der Volkssturmführer Hermann Berndes. In: Meyer / Klausing: Freudige Gefolgschaft und bedingungslose Einordnung …? Der Nationalsozialismus in Ingelheim. Ingelheim 2011. S. 664–680, insbesondere S. 670f. Eine aktuelle Einordnung zu Berndes liefert Geißler, Hartmut: Hermann Berndes. Neue Erkenntnisse (= Kleine Schriften: Inngelheimer Geschichtsthemen 9). Ingelheim 2015. S. 33. Vgl. auch den in diesen Debatten kaum beachteten und neu analysierten Zivilprozess. In: LA Speyer, Bestand J 10, Nr. 5471. Eine ausgewogene Einordnung zu Berndes liefert Klausing: Ingelheim in der Zeit des Nationalsozialismus und im Zweiten Weltkrieg. S. 201–204. Oppenheim 2019.

429 Vgl. Aussage von Hans-Joachim Berndes vom 26. Juli 1948. In: LA Speyer, Bestand J 76, Nr. 159.

430 Berndes hätte zudem von seinem Haus zum nahen Synagogenplatz herunterblicken und die dortigen Geschehnisse mitbekommen können. Für diese Information bin ich Hartmut Geißler, Ingelheim, dankbar.

431 Aussage von Hans-Joachim Berndes vom 26. Juli 1948. In: LA Speyer, Bestand J 76, Nr. 159.

432 Vgl. LA Speyer, Bestand J 76, Nr. 159. Sämtliche Zeugenaussagen erbrachten keinen Gegenbeweis.

3.2.3 VON ORT ZU ORT – EINE SCHNEISE DER ZERSTÖRUNG DURCH RHEINHESSEN

Der erste Halt dieses Rollkommandos war Sprendlingen. Doch warum entschieden sich die SA-Leute für einen Ort, der mehr als 20 Fahrminuten von Ober-Ingelheim entfernt lag und damit weiter weg als Bingen oder Gau-Algesheim? Die Antwort ist in Sprendlingen selbst zu suchen: Denn dort wütete – parallel zu den Vorgängen in den Ingelheimer Gemeinden – ein Rollkommando aus Welgesheim und Bad Kreuznach, das August Bretz, der Welgesheimer Bürgermeister und Standartenführer, kommandierte.[433] Bretz hatte den Standartenbefehl in den Morgenstunden erhalten – nicht, wie seine rheinhessischen Kollegen, von der SA-Gruppe Kurpfalz, sondern von der SA-Brigade Trier, welche der Kreuznacher Standarte vorstand.[434] Daher vollstreckte Bretz den Befehl anfangs in Bad Kreuznach (Rheinprovinz). Später wurden in Sprendlingen mit Unterstützung von Einheimischen beispielsweise die jüdischen Häuser Koppel, Metzger, Schloß, Stern und Landsberg verwüstet.[435] Die über 113 Jahre alte Synagoge wurde zerstört, obwohl sie nicht mehr genutzt wurde.[436] Von einer Brandlegung sah man – wie in Ober-Ingelheim – aus Rücksicht auf die nichtjüdischen Nachbarhäuser ab.[437]

Ebenso kalkuliert war der nächste Schritt von Standartenführer Bretz: Als in Sprendlingen die Zerstörungen einsetzten, wollte er sich mit seinen Kollegen von der Ingelheimer SA-Standarte tref-

---

433 Vgl. Vernehmung von Friedrich Philipp Bernhardt vom 25. Oktober 1946 sowie Aussagen von Jakob Sitzius und Minna Schloß vom 5. Oktober 1946. In: LA Speyer, Bestand J 76, Nr. 73.

434 Vgl. Urteil gegen Bretz vom 3. August 1949. In: LHA Koblenz, Bestand 860, Nr. 11412.

435 Vgl. für Zeugen zu Sprendlingen, das außerhalb des Untersuchungsraums liegt und daher hier nur kurz erwähnt wird, LA Speyer, Bestand J 76, Nr. 73 und Nr. 75; LHA Koblenz, Bestand 662,005, Nr. 97.

436 Vgl. Mahlerwein: Rheinhessen. S. 296; Fischbach: Synagogen Rheinland-Pfalz–Saarland. S. 356.

437 Vgl. Vernehmung von Georg Schmeck vom 18. Juli 1947. In: LA Speyer, Bestand J 76, Nr. 73.

fen, um das weitere Vorgehen zu besprechen.[438] Dies ist nachvollziehbar, denn die Standartenbefehle aus den unterschiedlichen Regionen machten in dem Grenzraum rund um Sprendlingen eine Koordinierung notwendig. Ob Bretz nach Ober-Ingelheim fuhr oder nur einen Anruf tätigte, ist nicht zu ermitteln. Sicher ist, dass diese Unterredung das österreichisch-deutsche Rollkommando am frühen Nachmittag nach Sprendlingen führte. Dort angekommen beteiligte man sich an der Verwüstung der jüdischen Häuser, ehe sich dieses Rollkommando mit einem weiteren, aus dem Sprendlinger Umland gebildeten Rollkommando vereinigte und weiterzog.[439]

Die Rollkommandos stießen nun tief in die rheinhessische Provinz jenseits des Untersuchungsraumes hinein. Wallertheim, das in früheren Zeiten als »vorbildliche jüdische Gemeinde«[440] hochangesehen war, dürfte wegen jener Bekanntheit die Fahrtroute geprägt haben. Erneut wurden jüdische Häuser und Geschäfte demoliert; dem 94-jährigen Abraham Mann wurde »ein Gemälde mit Rahmen und Glasscheibe auf den Kopf geschlagen.«[441] Zwei Wochen später erlag er seinen schweren Verletzungen.[442] Die Tatmuster (A, B und C) glichen denjenigen in Ingelheim und Sprendlingen.[443] Schließlich wurde die Wallertheimer Synagoge verwüstet und angezündet, brannte aber nicht nieder, weil das Feuer – wieder aus Rücksicht auf die Nebengebäude – schnell gelöscht wurde.[444] In Flonheim beteiligte sich das Sprendlinger Rollkommando zudem an der Zerstörung der jüdischen Anwesen Althoff und Baum sowie des Innen-

---

438 Vgl. Aussage von Friedrich Bernhardt vom 24. Juni 1947. In: LA Speyer, Bestand J 76, Nr. 73.

439 Vgl. Aussage von Johann Strunk VI. vom 30. November 1947. In: LA Speyer, Bestand J 76, Nr. 74.

440 Allgemeine Zeitung des Judentums vom 19. Oktober 1917.

441 Zit. nach Mahlerwein: Rheinhessen. S. 297.

442 Vgl. Hoffmann: »... wir sind doch Deutsche«. S. 263.

443 Vgl. hierzu die Zeugenaussagen aus Wallertheim. In: LA Speyer, Bestand J 76, Nr. 97.

444 Vgl. Fischbach: Synagogen Rheinland-Pfalz–Saarland. S. 378.

raums der Synagoge, die 1936 durch Brandstiftung schon stark beschädigt worden war.[445]

Nach einem Zwischenstopp in Partenheim, wo laut einer Zeugenaussage die österreichischen und Ingelheimer SA-Leute Einrichtungsgegenstände aus dem Anwesen Neis herausgeworfen haben sollen,[446] erreichte das Rollkommando am frühen Abend Jugenheim – und somit wieder den Untersuchungsraum. Jugenheim befand sich im Sturmbannbereich von Mathes und sollte somit en passant auf dem Heimweg heimgesucht werden. Dass mit Friedrich Geiß einer der vier Ingelheimer Lehrer des Rollkommandos aus Jugenheim stammte,[447] könnte die Ortswahl beeinflusst haben oder einfach Zufall gewesen sein. Es ist allerdings interessant, dass man erneut Gau-Algesheim oder Appenheim durch die Wahl der Fahrtroute über Jugenheim umging.

In Jugenheim existierten im November 1938 noch die zwei jüdischen Haushalte der Familie Müller um Bertha Müller und ihren Schwager Salomon sowie die Synagoge, ein Relikt aus besseren Zeiten. Vor Ort als »Judenschule« bekannt, stand sie seit mindestens 1833 in der Hintergasse 5 und diente auch den Partenheimer Juden als Versammlungsraum.[448] Die Jugenheimer Ortsgruppe und SA waren auf das Rollkommando vorbereitet, das zielsicher auf die jüdischen Häuser zusteuerte.[449] Wie bei den vorigen Halten betätigten sich Einheimische als »Lotsen«. Zudem gibt es Hinweise, wonach das Gemeindepersonal die Straßenbeleuchtung mit dem Eintreffen des Rollkommandos ausschaltete – eine auch andernorts

445 Ebd. S. 150f.; Abschrift der Anklageschrift. In: LHA Koblenz, Bestand 856, Nr. 135326.

446 Vgl. Bericht der Gendarmerie Ober-Hilbersheim vom 30. November 1948. In: LA Speyer, Bestand J76, Nr. 159. Durch die nur in unzureichender Weise stattgefundenen Nachkriegsermittlungen für Partenheim bleibt die Quellenlage für diese Ortschaft aber noch heute kompliziert und das Geschehen diffus.

447 Vgl. Vernehmung von Friedrich Geiß vom 19. August 1947. In: LA Speyer, Bestand J76, Nr. 59; Klein: Juden in Jugenheim. S. 57. Vgl. zu Geiß auch den biografischen Nachweis in HStA Darmstadt, Bestand S 1.

448 Vgl. Klein: Juden in Jugenheim. S. 32.

449 Vgl. Aussage von Johann Weber II. vom 6. Oktober 1948. In: LA Speyer, Bestand J76, Nr. 159.

praktizierte Maßnahme zur Verdunkelung der eigenen Taten.[450] Die beiden jüdischen Häuser in Jugenheim wurden derart demoliert, dass sie unbewohnbar wurden.[451] Inwieweit bei dem Viehhändler Salomon Müller frühere Auseinandersetzungen die Zerstörungen beeinflussten, kann nur vermutet werden.

Die Novemberpogrome wurden in Jugenheim zudem »zweckentfremdet«, um missliebigen nichtjüdischen Personen zu schaden. So wurden dem Landwirt Jakob Wilhelm Kappesser, dem Synagogennachbar Philipp Diehl X. sowie Philipp Hottum von Mitgliedern der NSDAP-Ortsgruppe die Fensterscheiben eingeschlagen.[452] Nach Zeugenaussagen soll Ortsgruppenleiter Hermann Schäffer, der mit einigen Parteigenossen durch die Straßen zog, dabei federführend gewesen sein.[453] Entgegen den behördlichen Anweisungen wurde das Zerstörungsmuster für jüdische Häuser somit auf andere Personen übertragen, was man durchaus als Warnung an die übrige Ortsbevölkerung verstehen sollte. Man konnte, wenn man wollte, nicht nur mit »den Juden« abrechnen.

Als Anführer der Ausschreitungen in ihrem Haus nennt Bertha Müller mit Willy Gerhold den Begründer der NSDAP-Ortsgruppe und Sohn des örtlichen Tierarztes.[454] Da aber Willy Gerhold den Krieg nicht überlebte, lässt sich diese Aussage nicht abschließend verifizieren. Allerdings enthält Müllers Aussage ein wichtiges Detail, das auf einen Generationenkonflikt bei Gerholds hinweist:

> »Dr. Gerhold schützte uns vor diesen Leuten und ging mit denselben dann auch aus unserer Wohnung fort. Bei dieser Gelegenheit

450 Vgl. LHA Koblenz; Bestand 856, Nr. 053102; Obst: »Reichskristallnacht«. S. 245.

451 Vgl. Aussage von Bertha Müller vom 7. Januar 1948. In: LA Speyer, Bestand J 76, Nr. 159.

452 Vgl. Aussagen von Adolf Schick vom 13. Februar 1948 sowie von Jakob Wilhelm Kappesser und Dina Weber vom 3. März 1948. In: LA Speyer, Bestand J 76, Nr. 159; vgl. zu diesen Vorfällen auch Klein: Juden in Jugenheim. S. 54.

453 Vgl. Aussagen von Philipp Hottum vom 13. Februar 1948, Adolf Schick vom 12. Oktober 1947, Paul Schick am 13. Februar 1948 und Jakob Wilhelm Kappesser vom 3. März 1948. In: LA Speyer, Bestand J 76, Nr. 159.

454 Vgl. Aussage von Bertha Müller am 7. Januar 1948. In: LA Speyer, Bestand J 76, Nr. 159.

möchte ich erwähnen, dass Dr. Gerhold uns seinen Schutz für spätere Vorfälle anbot […].«[455]

Dadurch ergab sich für Müller die skurrile Situation, dass der Sohn die Lage vor Ort offenbar anheizte, während der Vater mäßigend einwirken wollte.

Derweil wurde die Synagoge zerstört – und der Totenwagen unter Aufsicht des stellvertretenden Ortsgruppenleiters Jakob Jennerich am Bahnhof in Brand gesetzt.[456] Die Botschaft war eindeutig: In dieser Gemeinde sollte nie mehr ein jüdischer Bürger zu Grabe getragen werden. Bei dieser Aktion werden Schulkinder im Gendarmeriebericht als Mittäter erwähnt, was zudem nahelegen könnte, dass auch hier Kinder in das Pogrom hineingezogen worden sein könnten.[457] Da aber Jennerich durch diese Aussage seine Täterschaft zu verschleiern suchte, ist diese Beobachtung mit Vorsicht zu behandeln. Gemeinsamkeiten zu anderen Orten treten in anderen Fällen deutlicher hervor, denn in Jugenheim wurde ebenfalls jüdisches Mobiliar auf die Straße geworfen.[458] Auf dem Synagogendach betätigte sich der SA-Mann August Krichten mit einer Axt;[459] wieder taucht dieses Werkzeug als Hilfsmittel auf. Die Synagoge wurde komplett zerstört.[460]

Für Jugenheim sind auch Diebstähle überliefert: So soll ein Sofa aus der Synagoge sowie Wäsche, Balken, ein Schubkarren und Holz aus den Häusern der Familie Müller entwendet worden sein, während Gendarm Melchior und der als Wache eingeteilte SA-Mann

---

455 Ebd.

456 Vgl. Aussagen von Maria Wolf (geb. Hock) und Maria Laisenheimer vom 6. Februar 1948. In: LA Speyer, Bestand J 76, Nr. 159. Laisenheimer erwähnt auch eine Petroleumflasche als Brandmittel. Wie Klein aufzeigt, veränderte sie ihre Aussage im Prozess zugunsten Jennerichs. Vgl. Juden in Jugenheim. S. 113.

457 Vgl. Bericht der Gendarmerie Ober-Hilbersheim vom 30. November 1948. In: LA Speyer, Bestand J 76, Nr. 159.

458 Vgl. Aussage von Maria Wolf (geb. Hock) vom 6. Februar 1948. In: LA Speyer, Bestand J 76, Nr. 159.

459 Vgl. Anklageschrift vom 12. April 1949. In: LA Speyer, Bestand J 76, Nr. 159. Die vage Verteidigung von Krichten vom 10. Oktober 1948 wurde angesichts gegensätzlicher Zeugenaussagen hier verworfen.

460 Vgl. Fischbach: Synagogen Rheinland-Pfalz–Saarland. S. 196.

Franz tatenlos zusahen.[461] Eigentlich strikt verboten, wurden die Plünderungen mit dem Tatmuster der Wohn- und Geschäftszerstörung verknüpft.[462] Der Familie Müller kam ausgerechnet ein Nachbar mit SA-Vergangenheit verspätet zur Hilfe: Georg Jennerich VII. nahm Vorräte an sich, lieferte sie aber einige Tage später der nach Mainz geflüchteten Familie, die nie mehr nach Jugenheim zurückkehrte.[463]

Zurückkehren sollte das Rollkommando am Abend zu seinem Ausgangspunkt in den Ingelheimer Gemeinden. In Nieder-Ingelheim wurden die Anwesen Strauß und Koch erneut aufgesucht.[464] Der damals minderjährige J. K. R. erinnert sich:

> »Dort war bereits alles kurz und klein geschlagen, es stand nur noch eine leere Bettstelle in einem Zimmer. Diese haben wir ausgehängt und haben sie zum Fenster hinausgeworfen. In dem ganzen Strauss'schen Hause war noch ein Kommen und Gehen von allen möglichen Personen, die teils aus Neugierde, teils auch wohl noch nach etwas Brauchbarem suchten, das Haus betraten.«[465]

Der Feldschütz Ernst Schröder räumte die Trümmer an die Straßenseite.[466] Nebenbei erfolgte die »Sicherstellung« – de facto Beschlagnahmung – jüdischen Vermögens: Bei Gustav Nußbaum zog man

---

461 Vgl. Aussagen von Maria Wolf (geb. Hock) vom 6. Februar 1948, Dina Weber vom 3. März 1948 und Heinrich Westenberger sowie Georg Franz vom 8. Oktober 1948. In: LA Speyer, Bestand J 76, Nr. 159.

462 Vgl. Brodhaecker: Menschen zwischen Hoffnung und Verzweiflung. S. 338f.

463 Vgl. Aussagen von Bertha Müller vom 7. Februar 1946 und 30. Oktober 1946. In: LHA Koblenz, Bestand 856, Nr. 132086. Zum weiteren Schicksal der Familie Müller, vgl. Klein: Juden in Jugenheim. S. 57 und S. 78. Vgl. auch allgemein für vereinzelte Unterstützungsaktionen Obst: »Reichskristallnacht«. S. 328f.

464 Vgl. Aussagen von H. G. S. vom 27. August 1948, von Georg Nehrbass vom 30. August 1949 und 28. Januar 1949 sowie von Adam Bender vom 26. Januar 1948. In: LA Speyer, Bestand J 76, Nr. 131; Aussage von Ernst Michel vom 11. Mai 1949. In: LA Speyer, Bestand J 76, Nr. 159.

465 Aussage von J. K. R. vom 18. Februar 1948. In: LA Speyer, Bestand J 76, Nr. 59.

466 Vgl. Aussagen von Ernst Michel und Ernst Schröder vom 11. Mai 1949 bzw. 23. Juli 1949. In: LA Speyer, Bestand J 76, Nr. 159.

3620 RM ein.[467] Wertgegenstände wurden ebenfalls eingezogen, u.a. ein Goldring mit Brillanten bei Irma Strauß.[468] An einigen jüdischen Häusern stellte die SA Posten auf, um Plünderungen zu verhindern, was aber wegen der »Sicherstellungen« ein zynisches Vorhaben war. Zu diesem Zweck wurden die Lehrer Mathes, Geiß und Herrmann sowie weitere SA-Leute angeblich am späten Abend nach Bingen abkommandiert.[469] Tatsächlich beteiligten sie sich dort an den Plünderungen in der Wohnung von Max Roos und wurden dabei von der Gendarmerie und SS aufgegriffen.[470] Dies hatte zwei Gründe: Einerseits liefen die Plünderungen den reichsweiten Pogrombefehlen zuwider, andererseits hatte Goebbels seine Ankündigung aus seiner Unterredung mit Hitler wahrgemacht und via Rundfunk das Pogromende verkündet. Die Ingelheimer Störenfriede – Sturmbannführer Mathes schien sich vehement den Weisungen zu widersetzen – kamen nach einem klärenden Gespräch mit Bürgermeister Nachtigall auf freien Fuß und begaben sich wieder in die Ingelheimer Gemeinden.

Dort waren die Tatmuster A, B und C vollstreckt worden, sodass es am Abend zum vierten Tatmuster, den Verhaftungen, kam: Heinrich und Sally Strauß wurden aus ihrem Fluchtort Bingen zurückgebracht.[471] Inwieweit hierfür Mathes‘ Aufenthalt in Bingen verantwortlich war, ist spekulativ. Am Folgetag wurden z.B. Josef Hirsch, Alfred Mayer, Otto Friedrich Mayer, Karl Neumann, Hans Neumann und Sally Strauß ins KZ Buchenwald transportiert.[472]

---

467 Vgl. StA Ingelheim, Rep. III/543/060; Meyer / Mentgen: Sie sind mitten unter uns. S. 250.

468 Vgl. StA Ingelheim, Rep. III/543/043.

469 Vgl. Vernehmung von Friedrich Geiß vom 7. Juni 1949. In: LA Speyer, Bestand J76, Nr. 159.

470 Vgl. Bernard, Birgit: »... alles war beschmutzt und besudelt«. Das Judenpogrom in Bingen und die Zerstörung der Binger Synagogen am 10. November 1938. In: Schmandt, Matthias (Hrsg.): Bingen im Nationalsozialismus: Quellen und Studien (= Binger Geschichtsblätter 28). Bad Kreuznach 2018. S. 333f. Die folgenden Informationen zu den Vorgängen in Bingen sind dieser Textstelle entnommen.

471 Vgl. Urteil gegen Stritter (u.a.). In: LA Speyer, Bestand J76, Nr. 3.

472 Vgl. StA Ingelheim, Rep. III/543/052 sowie Rep. III/543/160. Vgl. Meyer / Mentgen: Sie sind mitten unter uns. S. 208 bzw. S. 481. Vgl. für den damals 18-jährigen Hans Neumann folgendes Zeitzeugeninterview über die Pogromfolgen: http://www.dif-

Heinrich Strauß wurde dagegen aus unbekannten Gründen freigelassen. Anders verhielt es sich bei Salomon Löwensberg: Obwohl sein Haus unzerstört blieb, kam er nach Buchenwald[473] – wegen seiner Religion, die nicht einmal seine nationalkonservative Vita ausgleichen konnte. Die österreichischen Legionäre kehrten derweil nach Wackernheim zurück und verließen Rheinhessen für immer.

ingelheim.de/wp-content/uploads/2013/11/Neumann-Hans-Pogromnacht-Ingelheim.WAV.mp3 (zuletzt aufgerufen am 14. April 2021).

473 Vgl. StA Ingelheim, Rep. III/543/145; Mayer / Mentgen: Sie sind mitten unter uns. S. 200.

3.3 Nierstein – Das Pogrom mit einem zeitgenössischen Nachspiel

3.3.1 NIERSTEIN AM TAG – EIN POGROM AUF ANRUF

Noch im Jahr 1928 hatte der Niersteiner Chronist und Rektor Jakob Dörrschuck über die Juden im Ort berichtet:

> »Heute haben die Juden dieselben staatsbürgerlichen Rechte und Pflichten wie die Angehörigen der christlichen Konfessionen. In Nierstein wohnen jetzt 14 Judenfamilien. Sie besuchen die Synagoge zu Oppenheim und finden auf dem Judenfriedhof dortselbst ihre Ruhestätte.«[474]

Zehn Jahre später hatte sich die Situation dramatisch verändert: Jakob Dörrschuck war im September 1933 »durch eine Horde Nationalsozialisten misshandelt und von seinem Haus vertrieben worden,«[475] während die verbliebenen Juden ein kümmerliches Dasein fristeten. Im Oktober 1938 meldete die »Landskrone«:

> »Abgereist ist gestern wieder eine jüdische Familie, und zwar der Zigarrenhändler Weiler [...]. Der Kreis der Hebräer wird immer enger gezogen; hoffen wir, daß auch die wenigen noch anwesenden Juden recht bald das Feld räumen!«[476]

Die Novemberpogrome boten dazu die erhoffte Gelegenheit und sind eng mit der benachbarten Stadt Oppenheim verbunden, die sich ja mit Nierstein die jüdische Gemeinde teilte.[477] In den Morgenstunden des 10. November kam ein unbekanntes SS-Kommando an

---

474 Dörrschuck, Jakob: Nierstein (= Rheinhessen in seiner Vergangenheit, Band 7). Mainz 1928. S. 112.

475 Vgl. zu diesem Vorfall LHA Koblenz, Bestand 856, Nr. 135624.

476 Landskrone Oppenheimer Kreisblatt vom 27. Oktober 1938.

477 Vgl. Kemp: Dokumentation. S. 37. Dort finden sich auch ausführliche Kapitel zu den Oppenheimer Juden.

die Niersteiner Tankstelle und fragte, »ob es hier oder in Oppenheim keine Juden gäbe« und »ob die Synagoge schon abgebrannt sei.«[478] Nachdem dies überrascht verneint worden war, gaben die SS-Männer telefonisch entsprechende Anweisungen an die Ortsgruppenleitung in Nierstein und Oppenheim durch – ein typisches Beispiel dafür, dass solche Kontrollgänge örtliche Pogrome einleiten konnten.[479] Priorität genoss zunächst die Stadt Oppenheim, wo SA- und SS-Leute die jüdischen Wohnungen verwüsteten und Verhaftungen durchführten.[480] Die Synagoge ging gegen 11.30 Uhr in Flammen auf;[481] die Anweisungen der SS-Leute konnten so in Oppenheim noch bis zum Mittag vollstreckt werden. Dass Nierstein nun in den Fokus rückte, ist durch die enge Nachbarschaft sowie die Kontakte der Ortsgruppen zu erklären. Von Oppenheim aus setzte sich ein kleines Rollkommando aus SS-Männern um Georg Klemmer nach Nierstein in Bewegung.[482] Es ist möglich, dass sich weitere Auswärtige auch unabhängig von diesem Kommando in Nierstein aufhielten, darunter der SS-Scharführer August Bauer.[483] Bauer hatte

478 Aussage von Peter Hartmann vom 9. Dezember 1945. In: LA Speyer, Bestand J 76, Nr. 16. Die folgenden Informationen zu diesem Vorfall beziehen sich auf diese Aussage, die auch Maier in seinem Beitrag übernommen hat (vgl. Die Novemberpogrome in Nierstein und Rheinhessen, S. 40).

479 Vgl. Obst: »Reichskristallnacht«. S. 193.

480 Vgl. Aussage von Jakob Hirsch vom 18. April 1947. In: LA Speyer, Bestand J 76, Nr. 34; Spruchkammerverfahren von August Bauer. In: LHA Koblenz, Bestand 856, Nr. 135397.

481 Vgl. Maier: Die Novemberpogrome in Nierstein und Rheinhessen. S. 40.

482 Vgl. Aussage von Katharina Hildebrandt vom 8. Mai 1947. In: LHA Koblenz, Bestand 856, Nr. 132749. Für die Zusammensetzung dieses Rollkommandos, vgl. den Urteilsspruch (Durchschlag) des Strafprozesses in LHA Koblenz, Bestand 856, Nr. 135397. Dass die Mitglieder des Rollkommandos teilweise unabhängig voneinander in Nierstein operierten, deutet sich an in LA Speyer, Bestand J 76, Nr. 34.

483 Vgl. Aussage von Katharina Hildebrandt vom 8. Mai 1947. In: LHA Koblenz, Bestand 856, Nr. 132749. Sie nennt Bauer explizit. Hinweise auf Aktivitäten Bauers finden sich im Urteilsspruch des Strafprozesses in LHA Koblenz, Bestand 856, Nr. 135397. Bei der ursprünglichen Fahrt nach Nierstein wird er nicht erwähnt und dürfte auch im Auto keinen Platz gefunden haben. Vgl. LA Speyer, Bestand J 76, Nr. 34.

Erfahrungen mit Regimegegnern aus dem Umland gesammelt, als er 1933 Transporte ins KZ Osthofen mitorganisiert und dabei Kontaktpersonen in Nierstein kennengelernt hatte.[484]

In Nierstein hatte die Gendarmerie befehlsgemäß bereits am Vormittag die jüdischen Bürger Adolf Feiner und Willy Wolf verhaftet und nach Oppenheim gebracht. Nach Angaben seiner Haushälterin durfte Wolf noch Brote für unterwegs mitnehmen.[485] Als das Rollkommando in den Mittagsstunden in Nierstein eintraf, verschaffte es sich gewaltsam Zutritt zu Wolfs Manufakturengeschäft. Wie Wolfs Verkäuferin aussagte, hätten die Eindringlinge »sämtliche vorhandene Waren aus den Gefächern gerissen [und] die Regale und Theken umgestürtzt [sic!].«[486] Als »die Banditen« in das Obergeschoss kamen, wo sich die Haushälterin aufhielt, »schlugen sie Stühle entzwei, und mit den Stuhlbeinen demolierten sie dann die Fenster, Lampen und sonstige Gegenstände.«[487] Die Parallelen zu den systematisch-dumpfen Zerstörungen in den Ingelheimer Gemeinden sind unverkennbar. Gleichzeitig konnte auch dieses Rollkommando dank einheimischer SA-Lotsen, u.a. Ludwig Lerch und Adolf in der Beck, erneut schnell von einem zentral gelegenen Haus zum anderen ziehen und Verwüstungen vornehmen.[488] So geschah es auch in der Metzgerei Koch-Hirsch, die nur wenige Meter entfernt in der Rheinstraße 12 lag.[489] Etwas weiter, Richtung Rathaus in der Rheinstraße 38, wohnte die Familie Kaufmann, deren Haus, nach Informationen von Kemp, ebenfalls verwüstet

484 Vgl. für weitere Informationen, vgl. den Nachkriegsprozess in LA Speyer, Bestand J 76, Nr. 16.

485 Vgl. Aussage von Katharina Bernhardt vom 26. Juli 1947. In: LHA Koblenz, Bestand 856, Nr. 134310.

486 Aussagen von Gertrude Wemmer vom 24. Juni 1945 und Katharina Hildebrandt vom 8. Mai 1947. In: LHA Koblenz, Bestand 856, Nr. 137403 (Wemmer) und Nr. 132749 (Hildebrandt).

487 Aussage von Katharina Bernhardt vom 26. Juli 1947. In: LHA Koblenz, Bestand 856, Nr. 134310.

488 Vgl. Maier: Die Novemberpogrome in Nierstein und Rheinhessen. S. 41.

489 Vgl. Kemp: Dokumentation. S. 169.

wurde, auch wenn sich darüber das kreisweite Schadensverzeichnis ausschweigt.[490]

Eindeutig überliefert sind die Vorgänge beim Viehhändler Goldschmidt in der Neugasse: Hier begingen die örtliche SA und die auswärtige SS jedoch den Fehler, ein Haus zu verwüsten, das bereits an einen Nichtjuden verkauft worden war.[491] So ergab sich, wie Maier bemerkt, die »erste Panne aus Sicht der NSDAP«,[492] denn der neue Besitzer sollte die Schäden später anzeigen.[493] Die letzte Station markierte das Kaufhaus Feiner in der Oberdorfstraße 21. Zwei Nachbarn beobachteten den Trupp: »Der Kleiderschrank, sonstige Möbel, Ware aus dem Geschäft des Feiner wurde auf den Hof geworfen, sogar die Blumentöpfe zerschmettert.«[494] Dummerweise – für die Täter – gehörte dieses Haus aber ebenfalls nicht mehr einer jüdischen Familie, sondern einem nichtjüdischen Niersteiner.[495] Damit hatte man sich in zwei Häusern irrtümlicherweise ausgetobt, was zeigt, dass man entweder wegen der vielen Besitzwechsel vor Ort den Überblick verloren oder einfach blindlings von Juden bewohnte Häuser aufgesucht hatte.

Es ist bemerkenswert, dass das lokale Führungspersonal sich dabei offensichtlich im Hintergrund hielt. Die Quellen erwähnen weder Bürgermeister Strub noch Ortsgruppenleiter Bittel noch Hauptsturmführer Dietewich. Während Strub die Befehlsgewalt – angeblich wegen Krankheit – an den Beigeordneten Karl Hock abgetreten

490 Ebd. S. 52. Vgl. für das kreisweite Schadensverzeichnis StA Mainz, Bestand ZGS/E3/15.

491 Vgl. LA Speyer, Bestand H 53, Nr. 1772; Kemp: Dokumentation. S. 164.

492 Maier: Die Novemberpogrome in Nierstein und Rheinhessen. S. 42.

493 Ebd. S. 44f.

494 Aussage von Katharina Wilhelm vom 13. Mai 1947. In: LA Speyer, Bestand J 76, Nr. 54.

495 Vgl. LA Speyer, Bestand H 53, Nr. 1772. In Nierstein bemerkte man diesen Fehler schnell und meldete, um diesen peinlichen Zusatzschaden zu unterschlagen, nur eine zerstörte Wohnung (Wolf) und zwei zerstörte Läden (Wolf und Koch-Hirsch) an das Kreisamt, obwohl mindestens drei Wohnungen und drei Läden zerstört worden waren. Diese Diskrepanz umfasst genau die irrtümlich zerstörten Immobilien.

Die Niersteiner Rheinstraße beherbergte Anfang des 20. Jahrhunderts einige jüdische Geschäfte und Betriebe (Aufnahme um 1900). Quelle: Hans-Peter Hexemer, Nierstein.

hatte, übertrug Bittel die Verantwortung an den Geschäftsträger der Ortsgruppe, Ludwig Lerch, der schon die »Weinbetrügerprozesse« zur Profilierung genutzt hatte.[496] Dietewichs Alibi, er sei auf seinem Feld gewesen,[497] lässt sich mangels Zeugen nicht überprüfen und stellt eher eine klassische Schutzbehauptung dar. Es drängt sich der Eindruck auf, dass man lieber dem Rollkommando die Initiative und »Drecksarbeit« überließ. Maier vermutet deshalb zu Recht bei den Niersteiner Funktionsträgern »eine gewisse Unsicherheit, wie man mit dieser ungewohnten und ungewöhnlichen Situation [des Pogroms] umgehen sollte.«[498] Die auswärtigen »Gäste« der SS

---

496 Vgl. Maier: Die Novemberpogrome in Nierstein und Rheinhessen. S. 41. Für Lerchs Verstrickung in die Weinprozesse, vgl. seine Spruchkammerakte. In: LHA Koblenz, Bestand 856, Nr. 132749.

497 Vgl. Aussage von Heinrich Dietewich vom 21. Juni 1949. In: LHA Koblenz, Bestand 856, Nr. 133911.

498 Maier: Die Novemberpogrome in Nierstein und Rheinhessen. S. 51.

hatten für solche Überlegungen aber keine Zeit. Nierstein war für sie nur eine Etappe – und so reorganisierte sich das Rollkommando, um ins südliche Rheinhessen zu fahren. Dort sollten Parallelen zum vorgestellten, parallel umherstreifenden Rollkommando im nördlichen Rheinhessen entstehen.

3.3.2 ÜBER HAHNHEIM INS SÜDLICHE RHEINHESSEN – EIN WEITERES »ROLLKOMMANDO« AUS OPPENHEIM / NIERSTEIN

Die erste Station des von SS-Mann Bauer angeführten Rollkommandos war Hahnheim. Diese Route war logisch, berücksichtigt man die vielfältigen Kontakte der SA aus der »Kampfzeit« vor 1933.[499] Zudem kannte das Kommando die Weinhändlerfamilie Trum durch frühere Erpressungen.[500] Bernhard Trum, dessen Weinhandel durch die antijüdischen Maßnahmen niederlag, war im Oktober verstorben.[501] Neben den Trums lebten im November 1938 noch die zwei jüdischen Familien Mann und Haas in Hahnheim.[502]

Das Rollkommando erreichte einen Ort, wo es am Morgen zu einer paradoxen Szene gekommen war: Da die Gendarmerie Undenheim, wie andere Gendarmerien im Kreis, die Verhaftung der männlichen Juden Hahnheims angeordnet hatte, musste der Polizeidiener Karl Dexheimer seinen Stiefvater Isaak Haas sowie seine Stiefbrüder zur Bürgermeisterei bringen.[503] Verwüstungen hatten aber noch nicht stattgefunden. Das Rollkommando wurde in Hahnheim von einem Ortsbürger erwartet und zu den jüdischen

---

499 Vgl. Aussage von Heinrich Kalbfuss vom [28.]10.1948. In: LHA Koblenz, Bestand 856, Nr. 132310.

500 Vgl. LA Speyer, Bestand J 10, Nr. 1108.

501 Vgl. HHStA Wiesbaden, Bestand 685, Nr. 818. Trum litt an Diabetes.

502 Vgl. Zurowski: Hahnheim. S. 197f. Für weitere Informationen zu Juden in Hahnheim, vgl. auch LA Speyer, Bestand U 185, Nr. 1.

503 Vgl. Aussage von Karl Dexheimer vom 23. Februar 1947. In: LHA Koblenz, Bestand 856, Nr. 135321.

Häusern geführt.[504] In allen vier jüdischen Haushalten kam es zu größeren Zerstörungen; bei der Familie Trum wurde zudem der gut bestückte Weinkeller teilweise zerstört.[505] Unzählige Scherben von Weinflaschen lagen auf dem Boden.

Derweil wurde die Synagoge angezündet und brannte aus. Inwieweit das Rollkommando hierbei tätig war, bleibt im Dunkeln.[506] Die zeitliche Koinzidenz ist jedoch auffällig. Einige Hahnheimer Bürger und eventuell auch das Rollkommando warfen zudem Gegenstände aus den jüdischen Häusern ins Feuer.[507] Als die männlichen Juden in den Abendstunden wieder entlassen wurden, mussten sie dies entgeistert zur Kenntnis nehmen und in ihre zerstörten Häuser zurückkehren.[508] Für den noch in Teilen intakten Weinkeller der Weinhändlerfamilie Trum hatte man besondere Pläne: In Abwesenheit der Geschäftsinhaber verkaufte die Hahnheimer Ortsgruppe die unzerstörten Reste des Trumschen Weinkellers an regionale Weinhändler zu Spottpreisen.[509]

Die Reste der Hahnheimer Synagoge wurden bis zum Keller »etwa einen Meter über dem Boden« abgetragen, sodass die erhöhte Kellerdecke der NSDAP-Ortsgruppe als Festpodium dienen konn-

504 Vgl. Aussagen von Georg Plattner und Walter Heinz vom 18. Februar 1947. In: LHA Koblenz, Bestand 856, Nr. 135240; siehe zudem LA Speyer, Bestand H 53, Nr. 1893. Zur Identität des Ortsbürgers gibt es widersprüchliche Aussagen. Vgl. zudem die Aussage von Änne Heinz, die den SS-Mann August Bauer erkannte. In: LHA Koblenz, Bestand 856, Nr. 135240. Die Erklärung des Hahnheimer Pfarrers Semmler kann so als »Persilschein« verworfen werden. Vgl. hierzu: HHStA Wiesbaden, Bestand 520/05, Nr. 29771.

505 Vgl. Aussagen von Georg Plattner, Änne Heinz und Gerda Landua vom 18. Februar bzw. 23. Februar 1947. In: LHA Koblenz, Bestand 856, Nr. 135240.

506 Vgl. das Prozessurteil für Bauer vom 31. Oktober 1950. In: LHA Koblenz, Bestand 856, Nr. 135397. Das Gericht folgte hier den Ausreden der Angeklagten, weil es auf Hahnheimer Zeugen verzichtet hatte.

507 Vgl. Zurowski: Hahnheim S. 199.

508 Vgl. Aussage von Heinrich Haas vom 25. Februar 1947. In: LHA Koblenz, Bestand 856, Nr. 135397.

509 Vgl. Aussage von Änne Heinz vom 14. Juli 1949. In: LHA Koblenz, Bestand 856, Nr. 140636.

Die vielfältigen Bekanntschaften der SA – hier die Brigade Rheinhessen auf einem Feld um 1933 – spielten für das Ausgreifen der Pogrome ins Umland eine wichtige Rolle. Quelle: HStA Darmstadt, Bestand R 4, Nr. 5108.

te.[510] Die jüdischen Bürger kämpften dagegen um ihr Überleben: Am Folgetag nahm die Bürgermeisterei alle vier männlichen Hahnheimer Juden erneut fest und überstellte sie nach Mainz, von wo aus sie nach Buchenwald verschleppt wurden. Erst im Februar 1939 kehrte der letzte von ihnen nach Hahnheim zurück.[511]

Das Rollkommando verließ am Spätnachmittag des 10. November Hahnheim und fuhr weiter nach Undenheim. Dort ging man zielstrebig auf das einzige jüdische Anwesen zu, in dem die Familie des Kaufmanns Julius Baum wohnte.[512] Dass Baum bei der Ankunft des Rollkommandos schon festgenommen war, ist wahrscheinlich; schließlich hatte die Undenheimer Gendarmerie die Verhaftungen

510 Zurowski: Hahnheim. S. 202.

511 Vgl. Aussage von Heinrich Haas vom 25. Februar 1947. In: LHA Koblenz, Bestand 856, Nr. 135240.

512 Vgl. Schwamb: Die jüdischen Bewohner der Selztalgemeinden. S. 43.

in der Umgebung koordiniert.[513] Gesichert ist, dass die Gendarmerie das Rollkommando nicht aufhielt: Denn für die SS-Leute fungierte Johann Schickert, der Gründer der Ortsgruppe, als Kontaktperson.[514] In Baums Anwesen wurden die Fensterscheiben eingeschlagen und Inventar demoliert; federführend war hier der SS-Mann Klemmer.[515] Als der Nachbar Emil Will durch den Lärm angelockt aus dem Fenster schaute, soll Schickert gerufen haben: »Mach das Fenster zu!«[516] Dass Täter unerwünschte Zeugen vermeiden wollten, kommt hier deutlich zum Ausdruck und könnte, wie Obst aufzeigt, auf ein »Unrechtsbewusstsein« der örtlichen Aktivisten hindeuten.[517] Lange hielt sich das Rollkommando aber ohnehin in Undenheim nicht auf, denn es fuhr weiter über Köngernheim, Friesenheim und Weinolsheim – Gemeinden ohne jüdische Bürger – nach Dolgesheim und Hillesheim. Somit stieß das Rollkommando an die äußerste Grenze des Landkreises vor. Hier hielten sich die SS-Leute am frühen Abend auf und demolierten in Dolgesheim erneut Fenster und Möbel, diesmal bei der Familie von Markus Michel in der Gaustraße.[518] Die Familie Michel war nach der Auswanderung der anderen Juden um 1937/1938 als einzige jüdische Familie in Dolgesheim verblieben.[519] Außerdem beteiligte sich das Kommando an den umfangreichen Zerstörungen in Hillesheim, wo

513 Vgl. zur Gendarmerie Undenheim die Aussage von Karl Dexheimer vom 23. Februar 1947. In: LHA Koblenz, Bestand 856, Nr. 135321. Baum muss später freigelassen worden sein, da sich sein Name nicht auf der Liste für die Gestapo findet (vgl. StA Mainz, Bestand ZGS/E3/15).

514 Vgl. Sitzungsprotokoll vom 21. Mai 1949. In: LHA Koblenz, Bestand 856, Nr. 133413.

515 Ebd.; vgl. auch das kreisweite Schadensverzeichnis (StA Mainz, Bestand ZGS/E3/15). Da der Schaden am Haus 1.000 RM betrug, musste mehr als nur die Fensterscheiben zerstört worden sein.

516 Sitzungsprotokoll vom 21. Mai 1949. In: LHA Koblenz, Bestand 856, Nr. 133413. Will wurde später vernommen und entlastete Schickert, zog aber später seine Entlastung als Gefälligkeitsschreiben zurück.

517 Obst: »Reichskristallnacht«. S. 242f.

518 Vgl. Aussage von Jakob Eifler vom 2. Februar 1947. In: LA Speyer, Bestand J 76, Nr. 31.

519 Vgl. Seibert: Dolgesheimer Mord. S. 103 (Fußnoten 1 und 4).

drei jüdische Wohnungen massiv verwüstet wurden.[520] Die Synagoge von Dolgesheim, im Jahr 1852 in der Schollergasse erbaut, war Anfang der 1930er-Jahre aufgegeben worden und entging so der Brandstiftung, während die Hillesheimer Synagoge in der Brunnenstraße beschädigt wurde.[521]

Um 21 Uhr näherte sich das Rollkommando wieder dem Rhein und damit auch seinem Herkunftsort Oppenheim. Doch kurz vor Oppenheim hielten Bauer und seine Begleiter im kleinen Ort Dienheim erneut an. Dort befand sich mit Berthold Hirsch ein einziger Jude, der im Weltkrieg ein Bein verloren hatte und mit seiner christlichen Ehefrau Katharina in einer interreligiösen Ehe lebte.[522] Am Morgen des 10. November war Berthold Hirsch verhaftet und nach Oppenheim abtransportiert worden; im Anschluss durchsuchten Ortsgendarm Platz und Bürgermeister Steinfurth das Haus, ohne es dabei zu verwüsten.[523] Dies zeigt, dass nicht immer alle Tatmuster konsequent ausgeführt wurden – man denke hierbei auch an Hahnheim.

In der Zwischenzeit hatte Katharina Hirsch nichtjüdische Verwandte zu sich geholt, da sie nun alleine im Haus war. Doch gegen das einfallende Rollkommando konnten auch die Verwandten nichts ausrichten: Die SS-Leute drängten sie aus dem Anwesen und schlossen die Haustür von innen ab.[524] Im Erdgeschoss zerstörten die SS-Männer Klemmer und Bottmann die Wohnungseinrichtung, während Bauer mit Wolf und Katharina Hirsch in das Obergeschoss ging, wo sich Geschäftsbüro und Schlafzimmer befanden. Dort

520 Vgl. das kreisweite Schadensverzeichnis. In: StA Mainz, Bestand ZGS/E3/15.

521 Vgl. Fischbach: Synagogen Rheinland-Pfalz–Saarland. S. 140 (Dolgesheim) und S. 186 (Hillesheim).

522 Vgl. FS 1250 Jahre Weinbaugemeinde Dienheim am Rhein. Nierstein 2004. S. 271.

523 Vgl. Aussage von Katharina Hirsch vom 20. Juni 1945. In: LHA Koblenz, Bestand 856, Nr.135397.

524 Vgl. Sitzungsprotokoll vom 20. Februar 1951. In: LHA Koblenz, Bestand 856, Nr.135397. Die folgenden Informationen stammen aus dem Säuberungsspruch, der die Aussagen von Hirsch und ihrer Verwandten bekräftigt. Die Dialoge sind übereinstimmend von Katharina Hirsch und den Angeklagten im Laufe des Verfahrens bestätigt worden.

angekommen, schickte Bauer Wolf vor die Tür und sagte: »Du weißt Bescheid.« Dies spricht dafür, dass das weitere Vorgehen geplant war und nicht, wie Bauer behauptete, eine zufällige Hausdurchsuchung war. Bauer kannte Hirsch, denn er fragte: »Wie kommst du dazu, einen Juden zu heiraten?« Als Bauer sie ins Schlafzimmer stieß, grob anfasste und weiter bedrängte, sprang Hirsch aus Angst vor einer Vergewaltigung aus etwa zweieinhalb Metern Höhe aus dem Fenster. Den Sprung überstand sie nahezu unverletzt, rannte weg und versteckte sich am Pfarrhaus. Das Kommando zerstörte indessen auch den ersten Stock, während Katharina Hirschs Verwandte Bürgermeister Steinfurth zu Hilfe holten. Als sie mit diesem zum Tatort zurückkehrten, hatte sich das Rollkommando bereits aus dem Staub gemacht. Zurück ließ es ein verwüstetes Haus – und Katharina Hirsch, die von ihren Verwandten »in vollständig aufgelöstem und verstörtem Zustande«[525] unweit des Pfarrhauses angetroffen wurde.

Während sich in Dienheim die Ereignisse geradezu überschlugen, blieb es im nahen Dalheim am 10. November ruhig. Die kleine Gemeinde Dalheim lag im toten Winkel des Rollkommandos, bildete keinen Verkehrsknotenpunkt und verfügte nur noch über eine ältere jüdische Bürgerin: Die fast 70-jährige Therese (»Théres«) Lion lebte alleinstehend in der Bornstraße 172 und verdiente sich etwas Geld mit dem Austragen von Waren für einen Uelversheimer Metzger.[526] Eine Synagoge existierte in Dalheim nicht mehr.

Dass die in bescheidenen Verhältnissen unauffällig lebende Therese Lion während der Novemberpogrome verschont wurde, betrachtet Seibert als gesichert: »Die arme Frau wäre auch für diese von oben gesteuerte Aktion das falsche Opfer gewesen.«[527] Auch wenn die Novemberpogrome durchaus ärmere Juden getroffen haben, schließt sich der Autor Seiberts Einschätzung an – aus

525 Aussagen von G. Lerch und E. Kamp vom 25. Februar 1947. In: LHA Koblenz, Bestand 856, Nr. 135397.

526 Vgl. LA Speyer, Bestand H 53, Nr. 2007; FS 1250 Jahre Dalheim. Dalheim 2018. S. 55.

527 Seibert, Winfried: Der jüdische Friedhof und Schicksale der Dalheimer Juden. Köln ²2017. S. 28.

verschiedenen Gründen: Neben den fehlenden materiellen Begehrlichkeiten war Lion einfach kein lohnenswertes Ziel antisemitischer Agitation, die gerade in kleineren Orten oftmals mit einem Neid- und Konkurrenzdenken zusammenhing, das bei Lion fehlte. Ebenso sucht man Dalheim im kreisweiten Schadensverzeichnis vergeblich.[528] Dagegen offerierten andere Gemeinden lohnenswertere Ziele: So rückte ein interreligiöses Ehepaar wie die Hirschs aus Dienheim alleine aus rassengesetzlicher Perspektive ins Visier der Täter. Im Gegensatz dazu war die »arme alte Jüdin«[529] – so nannte sie der Dalheimer Ortsgruppenleiter Georg Beutel[530] – zu unscheinbar. Therese Lion blieb bis 1940 in Dalheim, ehe sie im »überfüllten Mainzer jüdischen Altersheim« untergebracht und im KZ Theresienstadt ermordet wurde.[531] Das Beispiel Dalheim mit Therese Lion zeigt, wie der Zufall vor Ort die Dynamik der Novemberpogrome bestimmen konnte.

Neben Dalheim gibt es im Untersuchungsraum in Harxheim mit Moritz Mayer einen ähnlichen Fall. Ebenfalls im toten Winkel der Rollkommandos in einer kleinen Ortschaft gelegen, sind auch für den fast 70-jährigen jüdischen Kriegsveteran keine Nachweise oder juristische Verfahren bzgl. der Novemberpogrome überliefert.[532] Der Nachkriegsbürgermeister von Harxheim schloss in seiner Aussage jegliche Vorkommnisse aus[533] – was aber natürlich Übergriffe nicht hundertprozentig ausschließt.

---

528 Vgl. StA Mainz, Bestand ZGS/E3/15.

529 Sitzungsprotokoll vom 18. Dezember 1948. In: LHA Koblenz, Bestand 856, Nr. 132192.

530 Ebd.

531 FS 1250 Jahre Dalheim. S. 55.

532 Vgl. die FS 1250 Jahre Harxheim. Harxheim 2017. S. 88. Hier ist kein Vorfall überliefert.

533 Sitzungsprotokoll vom 16. Oktober 1948. In: LHA Koblenz, Bestand 856, Nr. 132042.

3.3.3 NIERSTEIN IN DER NACHT – WEINPROBE UND MACHTPROBE

In Nierstein waren seit der Abfahrt des Rollkommandos die Zerstörungen in den jüdischen Häusern weitergegangen. Der reichsweite Befehl zur Einstellung der Aktionen erreichte den Ort in den frühen Abendstunden. Als ranghöchster SA-Führer bestellte Hauptsturmführer Heinrich Dietewich Nachtwachen an die zerstörten Häuser, um Plünderungen und weitere Zerstörungen zu verhindern.[534] Das Prinzip der Nachtwachen funktionierte hier aber nicht. Oder wie Maier es pointiert ausdrückt: »Die Ereignisse liefen vollkommen aus dem Ruder.«[535] Diese Dynamik führte zu Plünderungen, die zwar wie vielerorts »spontan«[536] waren, aber eben auf einem Sozialneid fußten, der sich über Jahre angestaut hatte. Man wusste, wo etwas zu holen war. Dies erklären die bereits geschilderten Vorgänge bei Schäfer & Raphael in Ober-Ingelheim, Müller in Jugenheim oder Trum in Hahnheim – und so auch die folgenden Vorgänge in Nierstein.

Bei Adolf Feiner nahmen Nachbarn Waren an sich und stahlen Wäsche und Möbel.[537] Ins verwaiste Haus von Willy Wolf drangen Plünderer über den Bahndamm durch die Rückseite ein und liefen »mit Stearinkerzen herum, wühlten in Bettfedern und Stoffen, das [sic] alles auf dem Boden durcheinander lag […].«[538] Die Gendarmerie wurde gerufen, berief sich aber auf die Vorgabe, nicht einschreiten zu dürfen.[539]

534 Vgl. Säuberungsspruch vom 7. Oktober 1949. In: LHA Koblenz, Bestand 856, Nr. 133911.

535 Maier: Die Novemberpogrome von 1938 in Nierstein und Rheinhessen. S. 41.

536 Steinweis: Kristallnacht 1938. S. 79.

537 Vgl. Aussagen von Katharina Wilhelm und Jakob Hirsch vom 13. Mai bzw. 18. April 1947. In: LA Speyer, Bestand J 76, Nr. 34.

538 Vernehmung von Fritz Funk vom 22. Januar 1948; bestätigt durch die Aussage von Apollonia Müller vom 4. Juni 1947. In: LHA Koblenz, Bestand 856, Nr. 138010. Vgl. für die Plünderungen auch die Aussage von Gertrude Wemmer vom 9. August 1949. In: LHA Koblenz, Bestand 856, Nr. 133911.

539 Vgl. Maier: Die Novemberpogrome von 1938 in Nierstein und Rheinhessen. S. 47. Vgl. die Aussagen Fritz Funks (LHA Koblenz, Bestand 856, Nr. 138010) sowie all-

Inmitten dieser Szenerie stand der Beigeordnete Karl Hock, der nicht für Ordnung sorgte, sondern die Plünderer unterstützte.[540] Die wachhabenden SA-Leute schritten nicht entscheidend ein, im Gegenteil: Sie stahlen selbst.[541] Eine Wache am Hauseingang verlegte sich auf halbherzige Leibesvisitationen,[542] was wegen des rückwärtigen Hauszugangs eine organisatorische Farce darstellte. Dass dann noch Ortsgruppenleiter Bittel auftauchte und bemerkte, »der Zweck sei hier nicht zu stehlen, sondern es müsse alles hier zertreten und zerschnitten werden,«[543] zeigt, wie die Situation entgleist war. Bittel machte Hock wegen der Plünderungen Vorwürfe und befahl, die Straße zu räumen und die kaputten Fenster und Türen zu vernageln.[544] Man beachte hier den für Nierstein gescheiterten Versuch, wie in den Ingelheimer Gemeinden Aufräumarbeiten einzuleiten.

Doch das Geschehen verlagerte sich ins Hausinnere, wo eine »Weinprobe« stattfand – zugleich ein krasser Gegensatz zu den wüsten Zerstörungen bei dem Weinhändler Trum in Hahnheim. Fritz Funk ging mit Hock und SA-Leuten in Willy Wolfs Weinkeller, wobei Hock sagte: »Wir wollen mal probieren, was Wolf für Wein trinkt.«[545] Aus der Probe wurde ein handfestes Besäufnis, das auch Cognac beinhaltete.[546] Selbst August Bauer, der mit seinem Oppen-

---

gemein Obst: »Reichskristallnacht«. S. 311.

540 Vgl. Aussage von Gertrude Wemmer vom 9. August 1949. In: LHA Koblenz, Bestand 856, Nr. 137403.

541 Vgl. Aussage von Loni Müller vom 23. Juni 1945. In: LHA Koblenz, Bestand 856, Nr. 134310; Aussage von Johann Vowinkel vom 26. Juli 1947. In: LHA Koblenz, Bestand 856, Nr. 138414.

542 Vgl. Aussage von Karl Schneider vom 24. Juni 1945. In: LHA Koblenz, Bestand 856, Nr. 137403.

543 Aussage von Fritz Funk vom 11. Juli 1945. In: LHA Koblenz, Bestand 856, Nr. 134310.

544 Vgl. Maier: Die Novemberpogrome von 1938 in Nierstein und Rheinhessen. S. 48.

545 Vernehmung von Fritz Funk vom 22. Januar 1948. In: LHA Koblenz, Bestand 856, Nr. 134310.

546 Vgl. Polizeibericht vom 4. Februar 1948 sowie Sitzungsprotokoll vom 11. November 1949. In: LHA Koblenz, Bestand 856, Nr. 134310; Maier: Die Novemberpogrome in Nierstein und Rheinhessen. S. 47.

heimer Rollkommando eintraf, »um Juden abzuholen«, packte drei Flaschen Wein ein.[547] Die Anwesenden waren sichtlich betrunken.

Diese Entwicklungen fielen zwangsläufig auf Hauptsturmführer Dietewich zurück, dessen Aufgabe es ja gewesen war, Ordnung wiederherzustellen. Deshalb erschien er endlich am Anwesen Wolf, um ein Machtwort zu sprechen: »Wenn ich den Juden bekämpfe, dann aus Prinzip, aber ich bereichere mich nicht an ihm.«[548] Dietewich hatte einige SA-Leute im Schlepptau und löste so die nächtliche Zusammenkunft auf.[549]

Doch damit waren diese Vorgänge nicht erledigt. In Nierstein kam es zu einer nachträglichen Reaktion des NS-Führungszirkels – gegen alte Gegner und die eigenen Leute. Zwei Wochen nach den Novemberpogromen wurden Ortsbürger, die bei Juden eingekauft hatten, ins »Rheinhotel« zitiert und dort von Ortsgruppenleiter Bittel und SA-Leuten übel beschimpft.[550] Dies blieb nicht die einzige Standpauke in Nierstein. Wegen der »Weinprobe« und den Plünderungen kam Bewegung in die Ortsgruppe. Dass zudem zwei nichtjüdische Niersteiner die Zerstörungen an ihren neuerworbenen Häusern anzeigten, muss das Fass zum Überlaufen gebracht haben. Die Abwesenheit des Bürgermeisters erwies sich nun als vorteilhaft, konnte doch Strub die Schuld auf seinen Beigeordneten Hock abwälzen – eine Strategie, der sich v.a. diejenigen Bürgermeister bedienten, in deren Gemeinden das Pogrom außer Kontrolle geraten war.[551]

Strub und sein Ortsgruppenleiter Bittel gingen exakt diesen Schritt und ließen 18 Personen festnehmen, denen Plünderungen

547 Kemp: Dokumentation. S. 168. Bauer wusste offenbar nicht von den Verhaftungen am Vormittag.

548 Aussage von Gertrude Wemmer vom 9. August 1949. In: LHA Koblenz, Bestand 856, Nr. 133911. Diese Aussage wurde in fast identischem Wortlaut von Apollonia Müller bestätigt (s.o.).

549 Vgl. Aussage von Karl Schneider vom 24. Juni 1945. In: LHA Koblenz, Bestand 856, Nr. 137403.

550 Vgl. diverse Äußerungen zu diesem Vorfall in LHA Koblenz, Bestand 856, Nr. 133911.

551 Vgl. Kropat: Kristallnacht in Hessen. S. 25.

und die »Weinprobe« vorgeworfen wurden.[552] Ihr Kronzeuge dürfte Hauptsturmführer Dietewich gewesen sein, der nicht zu den Verhafteten gehörte – anders als einige seiner untergebenen SA-Leute und der Beigeordnete Hock. Dieses Vorgehen von Strub und Bittel speiste sich keinesfalls aus Sympathie den betroffenen Juden gegenüber. Stattdessen erkennt man das Bemühen, die gegen offizielle Weisungen erfolgten Plünderungen zu ahnden, die eigene Position zu stärken und nebenbei parteiinterne Konkurrenten kaltzustellen.[553] Diese Strategie war von Erfolg gekrönt und wurde dadurch untermauert, dass der Beigeordnete Hock im Dezember 1938 – noch vor der Verhandlung vor dem Parteigericht – zum Rücktritt gezwungen wurde.[554] Dieses zeitgenössische Nachspiel kann für den hiesigen Untersuchungsraum als Sonderfall betrachtet und am ehesten mit Framersheim im Nachbarlandkreis Alzey verglichen werden: Dort bestrafte die Ortsgruppe auf ähnliche Weise massive Plünderungen sowie Weingenuss aus jüdischen Beständen.[555]

Die Niersteiner Juden hatten andere Sorgen. Zwar blieb ihnen die entwürdigende KZ-Haft erspart[556] – ein weiterer Sonderfall, der mit dem Verhaftungsort zusammenhängt: In Oppenheim überstellte man nur ausgewählte Juden nach Mainz und bevorzugte dabei Juden mit Wohnsitz in Oppenheim, sei es aus persönlichen Abneigungen oder bürokratischen bzw. befehlstechnischen Erwägungen.[557] Dieser Umstand scheint die Niersteiner Juden gerettet zu haben; ihre Häuser und ihre Würde waren aber durch das Novemberpogrom zerstört worden. Sie hatten in Nierstein keine Zukunft mehr.

---

552 Vgl. Sitzungsprotokoll vom 4. Februar 1949. In: LHA Koblenz, Bestand 856, Nr. 132458.

553 Vgl. Maier: Die Novemberpogrome von 1938 in Nierstein und Rheinhessen. S. 48.

554 Vgl. LA Speyer, Bestand U 278, Nr. 1978. Für eine konzise Zusammenfassung und Einordnung des Parteigerichtsverfahrens, vgl. Kemp: Dokumentation. S. 168.

555 Vgl. Hoffmann: »… wir sind doch Deutsche«. S. 260f; vgl. auch Die Freiheit vom 10. Juli 1948.

556 Vgl. Maier: Die Novemberpogrome in Nierstein und Rheinhessen. S. 45.

557 Vgl. die Verhaftungsliste in StA Mainz, ZGS/E3/15.

3.4 Guntersblum – Das Pogrom als antisemitisches Schauspiel

Das Novemberpogrom in Guntersblum fand am 10. November statt – unmittelbar vor dem Guntersblumer Markt, einem Highlight des lokalen Jahreskalenders. Der Markt, im Vorjahr wegen der Maul- und Klauenseuche ausgefallen,[558] wurde mit Spannung erwartet. Die »Landskrone« berichtete erwartungsfroh:

> »Große Ereignisse werfen ihre Schatten voraus. […] Auf dem Marktplatz wird wieder eine umfangreiche Budenstadt entstehen und in den Lokalen außer Tanzmusik die verschiedensten Veranstaltungen steigen.«[559]

Doch zunächst warfen am 9. November andere Großereignisse ihre Schatten voraus: Im Parteilokal Schmunk fand die Gedenkfeier für den Hitlerputsch statt, das ernste politische Vorspiel zum feuchtfröhlichen Markt einige Tage später. Bürgermeister Carl Rösch hielt eine Ansprache,[560] deren Inhalt nicht überliefert ist. Kellerhoff macht aber darauf aufmerksam, dass »öffentliche Aufrufe zu Handgreiflichkeiten« gegen Juden bei solchen Feiern selten waren, »denn das hätte den angeblichen ›Volkszorn‹ als Fiktion entlarvt.«[561] Dennoch muss man diese Interpretation mit Vorsicht behandeln, da eben für Guntersblum entsprechende Quellen zur Verifizierung fehlen. Es ist aber zu bemerken, dass der Besitzer des Parteilokals, Heinrich Schmunk, als Ortspropagandaleiter und SA-Scharführer aktiv war sowie zur sog. »alten Garde« der Guntersblumer SA zählte.[562] Da Bürgermeister Rösch das Amt des Ortsgruppenleiters in

---

558 Vgl. Landskrone Oppenheimer Kreisblatt vom 5. November 1937.

559 Landskrone Oppenheimer Kreisblatt vom 3. November 1938.

560 Vgl. Landskrone Oppenheimer Kreisblatt vom 8. November 1938.

561 Kellerhoff: Ein ganz normales Pogrom. S. 112.

562 Vgl. Säuberungsspruch vom 13. Dezember 1949. In: LHA Koblenz, Bestand 856, Nr. 134153; Landskrone Oppenheimer Kreisblatt vom 15. Februar 1936.

Personalunion bekleidete,[563] gehörte Schmunk zur Führungsspitze der örtlichen Parteifunktionäre.

Am folgenden Morgen zog ebenjene Führungsspitze die Fäden bei den Novemberpogromen. An der Planung beteiligt waren die Bürgermeisterei, die örtliche SA sowie Gemeindemitarbeiter und Gendarmerie, was nahelegt, dass die Abstimmung gut funktionierte.[564] Der Hilfsarbeiter der Gemeindekasse, Johann Heymach, war z.B. zugleich SA-Rottenführer, Karl Oswald Gemeindemitarbeiter und SA-Mitglied. Das Gemeindepersonal traf sich um 7 Uhr zu einer Besprechung in der Bürgermeisterei im Leininger Schloss, bei der mit dem Regierungsrat Helmut Wenz auch ein Mitglied der Kreisverwaltung zugegen war.[565] Wenz war zudem als SA-Mitglied[566] mit der regionalen SA-Struktur vertraut und gab die Instruktionen des Kreisamtes weiter, u.a. »den weiteren Dingen, die da folgen würden, freien Lauf zu lassen und nicht einzuschreiten.«[567]

Entsprechend frühzeitig vollstreckten die Gendarmen Knopp, Hunnenmörder und Rothaug ihre wichtigste Aufgabe und verhafteten zunächst drei Guntersblumer Juden (Ludwig Liebmann, Eugen Wolf und Leo Fränkel), später auch David Rüb, David Monat und Adolf Grünewald; alle wurden in einem Saal der Bürgermeisterei im Schloss eingesperrt.[568] Am Schlossplatz versammelte sich eine Menschenmenge, die wüste Beschimpfungen gegen die inhaftier-

563 Vgl. Klageschrift vom 20. September 1948. In: LHA Koblenz, Bestand 856, Nr. 132025.

564 Vgl. Aussagen von Johann Heymach und Liesel Vatter. In: LA Speyer, Bestand J 76, Nr. 33.

565 Vgl. Bericht des Gendarms Georg Knopp vom 25. August 1946. In: LA Speyer, Bestand J 76, Nr. 33.

566 Vgl. Für die SA-Mitgliedschaft, vgl. HStA Darmstadt, Bestand N 1 in Nr. 421.

567 Bericht der Gendarmerie Guntersblum vom 25. August 1946. In: LA Speyer, Bestand J 76, Nr. 33.

568 Vgl. Vernehmung von Johann Oswald vom 19. Juli 1947. In: LA Speyer, Bestand J 76, Nr. 31; Affidavit und Brief von Leo Fränkel sowie Aussage von Johann Heymach. In: LA Speyer, Bestand J 76, Nr. 33.

ten Juden ausstieß; ob auch Schulkinder der nahen Volksschule freigestellt wurden, um die Juden zu beschimpfen, ist umstritten.[569]

Während der Schlossplatz anfangs in den Fokus des Geschehens rückte, hatte das Gemeindepersonal freie Hand im Ort: Der Gemeindediener Hans Scheffel verlud mit einigen SA-Leuten den Warenbestand des jüdischen Kaufhauses Erlanger auf einen Lieferwagen, um das Inventar »sicherzustellen« bzw. beiseitezuschaffen.[570] Auf Befehl von Bürgermeister Rösch und Gendarm Rothaug transportierte der Steuersekretär Jakob Janß die Textilwaren und Schaufensterpuppen in einen Rathaussaal.[571] Diese Aktion steht im Zusammenhang mit der Arisierung der Firma Erlanger im Oktober 1938: Leo Fränkel wollte, nachdem der örtliche Kaufmann Heenen eine Inventarübernahme abgelehnt hatte, die Waren in Eigenregie veräußern und hatte sie daher zu sich nach Hause genommen.[572] Nun vollzog man eine Kehrtwende, indem man die Waren doch einzog und somit »rearisierte«. Man verkaufte sie später zu einem Spottpreis – ein Vorgang, der Parallelen zu den Weinbeständen der Familie Trum in Hahnheim aufweist.

Derweil bemerkte ein jugendlicher Helfer auswärtige Personen: Eine »hatte einen Motorradüberanzug an und war stark unter der Kleidung ausgepackt. Ich sah sogar, daß er Gegenstände aus dem Büfett herausnahm und sie in die Hosentasche steckte.«[573] Dieses erneute Topos der »Auswärtigen« – dieses Mal im Geschäftshaus Erlanger – bestätigte Schmunk, der ja die Aktion beaufsichtigte.

569 Vgl. Affidavit von Ludwig Liebmann. In: LA Speyer, Bestand J 76, Nr. 33; Rummel, Walter: Bilder des Unrechts. In: Unsere Archive. Mitteilungen aus den rheinland-pfälzischen und saarländischen Archiven 54 (2009), S. 28.

570 Vgl. Aussagen von Valentin Koch und W. R. vom 26. November 1938. In: LA Speyer, Bestand H 53, Nr. 1772. Vgl. auch die Aussage von Scheffel im Strafprozess. In: LA Speyer, Bestand J 76, Nr. 33. Liebmann erwähnt in seinem Affidavit an die Gendarmeriestation irrtümlich Samuel Erlanger, der aber nach Kellerhoff vor dem Pogrom ausreisen konnte. Vgl. Kellerhoff: Ein ganz normales Pogrom. S. 224 (Anm. 11).

571 Vgl. Aussage von Jakob Janß III. vom 12. September 1947. In: LA Speyer, Bestand J 76, Nr. 31.

572 Vgl. Aussage von Karl Heenen. In: LA Speyer, Bestand J 76, Nr. 33.

573 Aussage von W. R. vom 26. November 1938. In: LA Speyer, Bestand H 53, Nr. 1772.

Er nannte mit den Osthofener SA-Leuten Luckas und Bauer zwei Namen.[574] Diese Beobachtungen stellt Kellerhoff aber infrage:

> »Es ist zweifelhaft, ob es die angebliche Plünderungsexkursion der Osthofener Nationalsozialisten nach Guntersblum wirklich gab. Denn gleichzeitig ›räumten‹ sie in ihrem eigenen Ort ›auf‹.«[575]

Taucht man jedoch tiefer in die Vorgänge in Osthofen selbst ein, sprechen die Quellen eine andere Sprache: Wie aus der Akte des Eicher Truppführers Heinrich Widder hervorgeht, fuhr Widder auf Befehl von Standartenführer Luckas mit einem SA-Kollegen per Motorrad durch einige Orte rund um Osthofen – vorgeblich, um den Verlauf der Novemberpogrome zu kontrollieren.[576] So kam er in den Mittagsstunden auch in Guntersblum vorbei, wo er angeblich nichts zerstört habe. Dennoch kann die Präsenz von Auswärtigen in Guntersblum am 10. November als gesichert betrachtet werden. Dass sich Widder, sein Beifahrer oder evtl. auch die genannten Luckas und Bauer nur aufs Zuschauen verlegten, darf angesichts vergleichbarer gewalttätiger »Kontrollfahrten« im nördlichen Rheinhessen bezweifelt werden.

Stattdessen haben sie sich wahrscheinlich punktuell an dem Zerstörungstrupp beteiligt, der von der Guntersblumer SA gebildet wurde und durch den Ort zog. Eine Station war das Haus Wolf in der Viehgasse. Die Mutter und Tante von Eugen Wolf wurden in einen Holzstall gesperrt, während im Haus Schmunk, ein Auswärtiger und Schulkinder Gegenstände aus dem Fenster in den Hof schmissen.[577] Außerdem wurde der Kassenschrank aus der Wand

---

574 Vgl. Aussage von Heinrich Schmunk vom 25. November 1938. In: LA Speyer, Bestand H 53, Nr. 1772. Daneben will der Postarbeiter Johann Rauschkolb Luckas erkannt haben (Aussage vom 26. November 1938, ebendort).

575 Kellerhoff: Ein ganz normales Pogrom. S. 125.

576 Vgl. Vernehmung von Heinrich Widder vom 5. August 1945. In: LHA Koblenz, Bestand 856, Nr. 134640.

577 Vgl. Aussage von Florentine Odermatt. In: LA Speyer, Bestand J 76, Nr. 33; Aussage Friedrich Zuleeg vom 28. November 1938. In: LA Speyer, Bestand H 53, Nr. 1772.

gerissen.[578] Wie andernorts erkennt man das Zusammenspiel zwischen Erwachsenen und Minderjährigen, die dank jahrelanger antisemitischer Indoktrination in diese Aktionen hineinzogen wurden.[579] Bürgermeister Rösch soll die Schulkinder aus dem Anwesen verscheucht haben – aber erfolglos, wurden sie doch durch »anfeuernde Zurufe« eines Schaulustigen wieder angelockt.[580]

Im Hof des Hauses wurde ein Feuer entzündet, in dem möglicherweise die Geschäftsbücher von Eugen Wolf später verbrannt wurden.[581] Dass hierbei, wie Michaelis vermutet, Einträge über Schulden von Ortsbürgern vernichtet wurden, würde diesen für Guntersblum einzigartigen Vorgang erklären.[582] Nach einer Zeugenaussage hatte zudem der Gründer der Guntersblumer Ortsgruppe, Adolf Zimmer, Schulden bei Eugen Wolf.[583] Diese offenen Rechnungen, die bereits vor 1938 bei der Ausschaltung jüdischer Geschäftsinhaber eine Rolle gespielt hatten, beeinflussten auch die Novemberpogrome. Zugleich wohnte Zimmer in Reichweite des jüdischen Siedlungskerns in der Viehgasse – was zeigt, dass Nachbarn die Situation auch verschlimmern konnten.

Im Anwesen von Ludwig Liebmann in der Hauptstraße 60 sperrte die örtliche SA unter Führung von Schmunk, Fießer und Scheffel wieder Jüdinnen in einen Stall ein, dieses Mal die Stiefmutter Liebmann sowie zwei Frauen aus Alsheim; im Inneren erfolgten Zerstörungen.[584] Valentin Koch, der wie Schmunk zur »alten

578 Vgl. Aussage von Johann Schwarz. In: LA Speyer, Bestand J 76, Nr. 33.

579 Vgl. Steinweis: Kristallnacht 1938. S. 87.

580 Aussage von C. K. vom 28. November 1938. In: LA Speyer, Bestand H 53, Nr. 1772; vgl. auch Urteil gegen Johann Oswald (u. a.). In: LA Speyer, Bestand J 76, Nr. 31.

581 Vgl. Aussagen von Florentine Odermatt und Johann Schwarz. In: LA Speyer, Bestand J 76, Nr. 33.

582 Vgl. Michaelis: Die jüdische Gemeinde Guntersblum. S. 124.

583 Vgl. Aussage von Agathe Kohlmann vom 14. August 1945. In: LA Speyer, Bestand J 76, Nr. 33.

584 Vgl. Erklärung von Ludwig Liebmann am 16. September 1946 sowie Aussagen der Nachbarn Lieselotte Schmidt und Erwin Schmidt. In: LA Speyer, Bestand J 76, Nr. 33.

Garde« der SA zählte, aber relativ jung war, gab beiläufig zu Protokoll: »Nachdem wir hier aufgeräumt hatten, begaben wir uns in die Wohnung des Juden Rüb«[585] – allerdings nicht ohne zuvor einen bereits gepackten Koffer sowie ein Schmuckkästchen[586] in die Gastwirtschaft Schmunk wegzutragen.[587] Zudem soll eine Schreibmaschine entwendet worden sein.[588] Spätestens hier fällt das zur Verteidigung errichtete Kartenhaus der Täter zusammen, wonach man, wie bei Erlanger, alles ordnungsgemäß verladen habe und nur von auswärtigen Gestalten gestört worden sei. Tatsächlich war man an Vermögenswerten interessiert. So grassierte in Guntersblum wie in Nierstein oder den Ingelheimer Gemeinden eine Zerstörungswut, die gelegentlich hinter Selbstbereicherung zurücktrat.

Vergleichbar ging man im Haus Rüb vor, wo sich nach der Auswanderung ihres Sohnes Emil und der Verhaftung ihres Mannes David nur Berta Rüb aufhielt, die in die Waschküche gesperrt wurde.[589] Wieder folgten Schulkinder den SA-Leuten ins Haus, wo die Verwüstungen weitergingen und auch vor Fotoapparaten nicht Halt machten.[590] Ein Mitglied der HJ trug eine Schreibmaschine in Schmunks Wohnung.[591] Wieder ließ man einen Luxusgegen-

585 Aussage von Valentin Koch vom 26. November 1938, bestätigt durch die Aussage von A. F. und vom 26. November 1938. In: LA Speyer, Bestand H 53, Nr. 1772.

586 Hierbei dürfte es sich um den Brillantring gehandelt haben, den Ludwig Liebmann nie zurückerhielt. Vgl. hierzu Affidavit von Ludwig Liebmann. In: LA Speyer, Bestand J 76, Nr. 33.

587 Vgl. Aussagen von A. F. und Valentin Koch vom 26. November 1938. In: LA Speyer, Bestand H 53, Nr. 1772.

588 Vgl. Urteil gegen Johann Oswald (u.a.). In: LA Speyer, Bestand J 76, Nr. 31. Der genaue Tathergang konnte in diesem Fall nicht ermittelt werden, da die Einzelheiten vor Gericht widerrufen wurden.

589 Vgl. Aussage von Otto Martin Clauss. In: LA Speyer, Bestand J 76, Nr. 33.

590 Vgl. Aussagen von Hans Heymach, Hans Scheffel und Valentin Koch vom 26. November 1938 sowie von Georg Laubenheimer vom 28. November 1938. In: LA Speyer, Bestand H 53, Nr. 1772; Schriftverkehr der Familie Rüb. In: Privatarchiv Dieter Michaelis, Guntersblum. Der Brief enthält verschlüsselte Wörter, die Michaelis auflöst (vgl. Die jüdische Gemeinde von Guntersblum, S. 123).

591 Vgl. Aussage von H. D. vom 28. November 1938. In: LA Speyer, Bestand H 53, Nr. 1772.

stand intakt, möglicherweise für eine spätere eigene Verwendung. Zugleich zeigen die beiden Botengänge zu Schmunk, bei wem die Fäden zusammenliefen. Indessen soll Bürgermeister Rösch erneut Schulkinder verscheucht haben – erneut erfolglos.[592] Allein diese wiederkehrende Szene mit Rösch, der offenbar nicht einmal in seiner Gemeinde ein Machtwort sprechen konnte, zeigt entweder die Halbherzigkeit des Einschreitens oder sogar die Unwahrheit beider Episoden.

Darüber hinaus rückten weitere Häuser ins Visier der SA-Leute: In den Weinbaubetrieb der Familie Vogel, die in Mainz wohnte, drangen fünf Personen ein und »schlugen, was ganz war, alles klein.«[593] Ebenso wurde das Haus von Johanna Grünewald in der Bleichstraße 8 aufgesucht – und das Haus Erlanger in der Viehgasse.[594] Die Angreifer, darunter wieder Schmunk, Scheffel und Schulkinder, waren nach dem Warenabtransport zurückgekehrt. Scheffel sperrte Frau Erlanger unter wüsten Beschimpfungen in der Waschküche ein.[595] Die Zerstörung erfolgte stets systematisch: Was nicht mitgenommen wurde, lag später unbrauchbar im Haus herum. Diese Tatmuster könnten auch auf das Ehepaar Monat zutreffen, für das keine Quellennachweise erhalten sind, dessen Haus aber in der Viehgasse und somit im Fokus des Zerstörungstrupps lag.

Parallel wurde die Synagoge verwüstet.[596] Religiöse Gegenstände wie die Thorarollen und Gewänder zerstörte man aber nicht, sondern brachte sie zum Rathaus. Man plante nämlich etwas »Besonderes« – einen Schandmarsch der männlichen Juden durch die Ortsstraßen. Die Verantwortung hierfür lag eigentlich bei Bürger-

592 Vgl. Aussage von Otto Martin Claus. In: LA Speyer, Bestand J 76, Nr. 33.

593 Aussage von Philipp Capito vom 28. November 1938. In: LA Speyer, Bestand H 53, Nr. 1772; Michaelis: Die jüdische Gemeinde von Guntersblum. S. 123.

594 Vgl. Aussage von Hans Scheffel vom 26. November 1938. In: LA Speyer, Bestand H 53, Nr. 1772; Aussage von Dina Heenen vom 15. November 1946 und Johann Schwarz. In: LA Speyer, Bestand J 76, Nr. 33.

595 Vgl. Brief von Leo Fränkel. In: LA Speyer, Bestand J 76, Nr. 33.

596 Vgl. Aussage von Otto Zimmer vom 28. November 1938. In: LA Speyer, Bestand H 53, Nr. 1772.

meister Rösch als politischem Leiter.[597] Da aber Rösch in den Mittagsstunden, abgesehen von seinen Kontrollgängen, offensichtlich von niemandem wahrgenommen wurde, rückt automatisch die SA für den Schandmarsch in den Vordergrund, führte sie doch mit ihren Sturmführern Fießer und Oswald die »Prozession« an. Oswald bemerkte dazu: »Wir haben die Juden durch sämtliche Straßen des Dorfes durchgeführt, damit sich die Bevölkerung darüber lustig machen konnte.«[598] Oder wie ein Urteil empört feststellte: Man gab die Juden »dem Gespött des Pöbels« preis.[599] Diese verhöhnende wie entwürdigende Komponente ging über die Gewaltspirale andernorts hinaus. Es stellt sich daher die Frage, ob diese Komponente die beschriebenen Vorfälle im rheinhessischen Guntersblum zu einem einzigartigen Ereignis macht.

Im reichsweiten Kontext muss man diese Frage verneinen. Wildt und Steinweis stellen einige Schandmärsche vor, u.a. in Saarbrücken, Meppen, Gütersloh, Düsseldorf und Wien.[600] Im Untersuchungsraum ist Guntersblum dennoch ein Einzelfall, ebenso für die angrenzenden Landgemeinden. Schaut man aber in die nahe Stadt Oppenheim, so sieht die Lage bereits anders aus, obwohl bei der Analyse des Oppenheimer Beispiels Unterschiede deutlich werden: So ereignete sich der als »Bittgang für Paris« deklarierte Oppenheimer Schandmarsch in den Morgenstunden des 11. Novembers, als im Oppenheimer Gefängnis inhaftierte Juden – wo auch Juden aus Nierstein untergebracht waren – barfuß durch die Straßen und Felder zum Rhein getrieben und misshandelt wurden.[601] Somit

597 Vgl. Kellerhoff: Ein ganz normales Pogrom. S. 115.

598 Vernehmung von Johann Oswald vom 19. Juli 1947 sowie Urteil. In: LA Speyer, Bestand J 76, Nr. 31.

599 Urteil gegen Johann Oswald (u.a.) sowie Affidavit Leo Fränkels. In: LA Speyer, Bestand J 76, Nr. 33.

600 Vgl. Wildt: Volksgemeinschaft als Selbstermächtigung. S. 345f.; Steinweis: Kristallnacht 1938. S. 77f.

601 Vgl. Urteil gegen Klemmer (u.a.) vom 31. Oktober 1950. In: LHA Koblenz, Bestand 856, Nr. 135397. Siehe auch Kemp: Dokumentation. S. 231f. Die Angabe »10. November« in der Literatur muss wegen der abweichenden Chronologie im zitierten Urteil gegen Klemmer (u.a.) auf den 11. November korrigiert werden.

muss man einen anderen Tatkontext bzw. Tatzeitpunkt berücksichtigen. Dennoch ist die demütigende Komponente in Verbindung mit Gewalt vergleichbar. Zudem darf man nicht unterschätzen, dass die Oppenheimer Organisatoren dieses Marsches durch lokale Netzwerke von den Ereignissen im nahen Guntersblum gewusst haben könnten. Dies ist jedoch angesichts fehlender Quellenzusammenhänge nur eine Vermutung.

Bei dem Guntersblumer Schandmarsch ging Leo Fränkel an der Zugspitze und schwang die Ortsschelle; seine Leidensgenossen folgten – Thorarollen tragend, behängt mit Gebetsschals und eingekleidet in lange Umhänge.[602] Daneben gingen SA-Leute, u.a. Gemeindepersonal wie Johann Heymach, Hans Scheffel und Karl Oswald, oder Adolf Zimmer, der Ortsgruppengründer.[603] Allesamt gehörten sie zur »alten Garde« der SA.[604] Oswald trug eine Axt, die wie in Ober-Ingelheim und Jugenheim bei Zerstörungen zum Einsatz kam.[605] Unterwegs wurden die Juden »von der Dorfjugend mit Sand und Stein geworfen [sic] und angespien, ohne dass jemand dagegen einschritt.«[606] Adolf Zimmer soll einen Juden mit einem Holzstock auf den Kopf geschlagen haben.[607] Leo Fränkel berichtet in seinen Nachkriegserinnerungen: »While thus ›parading‹ we were abused, struck by fists, sticks and clubs. Our entire bodies felt the

602 Vgl. Brief von Leo Fränkel und Aussage von Johann Heymach. In: LA Speyer, Bestand J 76, Nr. 33; Kellerhoff: Ein ganz normales Pogrom. S. 114. Hier werden auch die Personen den Bildern zugeordnet.

603 Vgl. Affidavit von Leo Fränkel und Aussagen von Johann Heymach, Georg Laubenheimer, Rudolf Muth, Peter Fiesser, Liesel Vatter, H. K.W. und Heinrich Weinerth II. In: LA Speyer, Bestand J 76, Nr. 33.

604 Vgl. Landskrone Oppenheimer Kreisblatt vom 15. Februar 1936.

605 Vgl. Aussagen von Maria Schalus und Hermann Marquardt vom 14. August 1945 (bestätigt im Urteil). In: LA Speyer, Bestand J 76, Nr. 31.

606 Urteil gegen Johann Oswald (u.a.). In: LA Speyer, Bestand J 76, Nr. 31; Vernehmung von Johann Oswald vom 2. Oktober 1946, Aussage von Johann Schwarz und Affidavit von Leo Fränkel. In: LA Speyer, Bestand J 76, Nr. 33. In dieser Akte befindet sich auch die Aussage eines damals minderjährigen Begleiters, dem dieser Tatbestand vorgeworfen wird. Seine vagen Aussagen sind widersprüchlich.

607 Vgl. Aussage von Jakob Helwig vom 15. Oktober 1946. In: LA Speyer, Bestand J 76, Nr. 33.

impacts of the blows.«[608] Ludwig Liebmann, ein weiterer Überlebender des Marsches, führt aus:

> »Ein jeder von uns Juden musste in diesen schmalen Gässchen abwechselnd ans Ende dieser schändlichen Prozession und auf uns wurde dann mit allen möglichen Gegenständen und Instrumente [sic] eingehauen. Ich zum Beispiel wurde im Bienengässchen ans Ende der Prozession geholt und so verhauen und getreten, dass es mir nur mit äußerster Kraft möglich war, mich aufrecht zu erhalten. Ich hatte alle Farben am ganzen Körper, mein Kopf war hoch angeschwollen, meine Kopfhaut angespalten, meine Kleidung zerrissen.«[609]

Diese Berichte decken sich mit Zeugenaussagen von Guntersblumern, von denen einige hinter Fenstern hervorlugten oder an Hoftoren standen.[610] Darüber hinaus wurde der Schandmarsch fotografiert, von einem Lehrer sowie dem Inhaber eines Fotogeschäfts – der die Bilder später ausstellte.[611] Diese Bilder sind geradezu lebendige Zeugen des Schandmarsches und damit eindrückliche wie seltene Quellen. Denn vielerorts unterbanden die Behörden das Fotografieren durch Schaulustige, u.a. im hessischen Friedberg, wo ein Schweizer Student dafür sogar festgesetzt wurde.[612] Um den Schein einer disziplinierten wie spontanen »Kundgebung« gegen die Juden zu wahren, durften Tageszeitungen Pogromberichte nicht als Aufmacher verwenden und keine Bilder veröffentlichen.[613] Für Gunters-

608 Affidavit von Leo Fänkel. In: LA Speyer, Bestand J 76, Nr. 33.

609 Affidavit von Ludwig Liebmann; vgl. den Brief von Leo Fränkel. In: LA Speyer, Bestand J 76, Nr. 33.

610 Vgl. Aussagen von Hermann Marquardt und Agathe Kohlmann vom 14. August 1945. In: LA Speyer, Bestand J 76, Nr. 31. Vgl. zur Passivität der Ortsbevölkerung das Affidavit von Ludwig Liebmann. In: LA Speyer, Bestand J 76, Nr. 33, sowie die Fotos (LA Speyer, Bestand X 3, Nr. 110–116).

611 Vgl. Rummel: Bilder des Unrechts. S. 26; vgl. hierzu auch das Affidavit von Ludwig Liebmann und den Brief von Leo Fränkel. In: LA Speyer, Bestand J 76, Nr. 33.

612 Dok. 444. In: DDS, Band 12 (1937–1938). Zürich 1994. S. 1017.

613 Vgl. Wildt: Volksgemeinschaft als Selbstermächtigung. S. 342. Vgl. die relativ vagen und geschönten Meldungen in der rheinhessischen Tagespresse, z. B. in der Ingelheimer Zeitung vom 11. November 1938.

blum können die Bilder die Berichte der jüdischen Überlebenden verifizieren. Gleichzeitig müssen diese Berichte abgeschwächt werden, weil sie durch die Emotionalität dieses entwürdigenden Ereignisses posthum einzelne Details überhöhen, z.B. die Zahl der Zuschauer und Marschbegleiter. Die Menge der Schaulustigen umfasste vor allem Kinder und SA-Leute, während einige Ortsbürger erstaunt an den Hoftoren oder hinter den Fenstern standen.[614] In diesem Punkt sind die Fotos eine wertvolle Quelle. Aber man sollte nicht automatisch Gewalt gegen Juden in Abrede stellen, nur weil sie nicht auf den Fotos zu sehen ist. Fotografie ist stets eine Frage nach dem Zeitpunkt der Aufnahme und der Intention des Fotografen. Für eine annähernde Rekonstruktion müssen daher die Zeugenaussagen, Affidavits und Vernehmungen sorgfältig abgewogen werden.

Wann der Schandmarsch genau aufhörte, bleibt im Dunkeln. Er musste, wie Kellerhoff zu Recht betont, »den jüdischen Männern jedenfalls schier endlos erscheinen.«[615] Nicht umsonst sprachen Liebmann und Fränkel von »stundenlang[en]« Erniedrigungen.[616] Im Anschluss wurde vor der Bürgermeisterei ein Scheiterhaufen entzündet, auf den die Thorarollen und Gewänder geworfen wurden.[617] Dazu nochmals Leo Fränkel: »We were forced to watch this spectacle, stir up the fire until the last piece of jewish [sic] religious implements were gone.«[618] Dass Juden die Vernichtung ihres religiösen Erbes mitansehen mussten, war im reichsweiten Vergleich häufiger anzutreffen.[619] Der Scheiterhaufen diente als Ersatz für den Synagogenbrand, der aus Rücksicht auf die angrenzenden Gebäude und den bevorstehenden Grundstückskauf durch einen Nachbarn ausbleiben

---

614 Vgl. Rummel: Bilder des Unrechts. S. 28f.; vgl. auch allgemein Obst: »Reichskristallnacht«. S. 352.

615 Kellerhoff: Ein ganz normales Pogrom. S. 119.

616 Affidavit und Brief von Fränkel; Affidavit von Liebmann. In: LA Speyer, Bestand J 76, Nr. 33.

617 Vgl. Vernehmung von Johann Oswald vom 2. Oktober 1946 sowie Aussagen von Hans Scheffel, Georg Laubenheimer und Heinrich Abstein. In: LA Speyer, Bestand J 76, Nr. 33.

618 Affidavit von Leo Fränkel. In: LA Speyer, Bestand J 76, Nr. 33.

619 Vgl. Steinweis: Kristallnacht 1938. S. 78.

musste.[620] Hier sind die Parallelen zu anderen Orten des Untersuchungsraums unverkennbar. Die verhöhnten jüdischen Männer wurden wieder in die Bürgermeisterei gebracht, ehe sie zum Amtsgerichtsgefängnis Oppenheim transportiert wurden[621] – das wie sein Ingelheimer Pendant als provisorisches Gefängnis fungierte.

In den frühen Abendstunden erreichten dann auch Guntersblum die reichsweiten Anweisungen über die Einstellung der Pogrome.[622] Bürgermeister Rösch schwang sich auf ein Moped, klapperte die Häuser der Guntersblumer Juden ab und befahl: »Durchs Radio kam – alles muss aufhören.«[623] Doch dies genügte nicht, um Ruhe und Ordnung herzustellen. Denn es hatte sich vor Ort spätestens seit dem Schandmarsch eine Eigendynamik entwickelt, die auch der Bürgermeister nicht vollends überblicken konnte oder wollte. Dass Rösch dem Schandmarsch ferngeblieben war und stattdessen halbherzige Kontrollgänge unternahm – anders ist sein wiederkehrendes Erscheinen an jüdischen Häusern im Ortszentrum nicht zu erklären – ist vielsagend. Er überließ wie seine Niersteiner und Ingelheimer Kollegen die schmutzigen Handlungen der SA. Doch mit dem offiziellen Ende der Ausschreitungen und der bereits eingesetzten Dunkelheit musste Rösch eingreifen, um die Kontrolle zu behalten – insbesondere gegenüber der umherziehenden SA.[624]

Wie z.B. in Nierstein wurden daher Posten vor den jüdischen Häusern aufgestellt, um weitere Einbrüche und Plünderungen zu verhindern. In Guntersblum fiel diese Aufgabe nicht automatisch der SA zu, sondern zunächst der Sanitätskolonne und HJ sowie später der Feuerwehr.[625] Dennoch entglitt die Situation an den

620 Michaelis: Die jüdische Gemeinde Guntersblum. S. 115; Kellerhoff: Ein ganz normales Pogrom. S. 120.

621 Vgl. Aussage von Johann Schwarz. In: LA Speyer, Bestand J 76, Nr. 33.

622 Vgl. Aussage von Hans Scheffel. In: LA Speyer, Bestand J 76, Nr. 33.

623 Zit. nach Kellerhoff: Ein ganz normales Pogrom. S. 120.

624 Ebd.

625 Vgl. Aussagen von Konrad Wildner vom 25. November 1938, von Jakob Mann und Jakob Oswald vom 28. November 1938 sowie von K. O. vom 29. November 1938. In: LA Speyer, Bestand H 53, Nr. 1772.

Häusern von Eugen Wolf und David Rüb.[626] Brandmeister Hermann Strub beklagte sich später: »Diese SA-Männer haben sich den Anordnungen der Posten nicht bekümmert [sic].«[627] Bereits am frühen Abend hatte der Ortspropagandaleiter und Gastwirt Heinrich Schmunk mit Blick auf Eugen Wolfs Weinvorräte ausgerufen: »Ihr Männer, dort unten ist noch Wein, wenn meiner nicht reicht am Markt, so kommen wir her und holen ihn.«[628] In der Nacht wurden aber Schmunks Pläne durchkreuzt, als es in Guntersblum wie im Nachbarweinort Nierstein zu einer unangemeldeten Weinprobe von SA-Leuten bei Juden kam;[629] einige diensthabende Feuerwehrleute leisteten ihnen bei Eugen Wolf Gesellschaft.

Im Nachbarhaus hatte es der Weinkeller von David Rüb einigen Leuten angetan: Dass einige von ihnen als SA-Streifendienst für Ordnung sorgen sollten, kümmerte sie nicht.[630] Um Mitternacht lagen »viele leere Weinflaschen umher«;[631] die Weintrinker blieben mehrere Stunden in Rübs Anwesen.[632] Auf der Straße gaben sich Feuerwehrleute dem Alkohol aus Rübs Beständen hin.[633] Dieser

626 Vgl. Meldung über Postenrevision am 10. November 1938. LA Speyer, Bestand H 53, Nr. 1772. Siehe zudem ebendort die Aussage von Wilhelm Schenk vom 25. November 1938.

627 Aussage von Hermann Strub vom 25. November 1938. In: LA Speyer, Bestand H 53, Nr. 1772. Vgl. ebendort auch die Aussagen von Hans Höblich und von Heinrich Daubermann vom 28. November bzw. 29. November 1938.

628 Aussage von C. K. vom 28. November 1938. In: LA Speyer, Bestand H 53, Nr. 1772.

629 Vgl. Aussagen von Heinrich Schröder II. vom 25. November 1938 sowie von Johann Wedel IV. und Ernst Schätzel vom 28. November 1938. In: LA Speyer, Bestand H 53, Nr. 1772.

630 Vgl. Aussage vom Karl Koch vom 28. November 1938. In: LA Speyer, Bestand H 53, Nr. 1772.

631 Aussage von Friedrich Wilhelm Beck vom 28. November 1938. In: LA Speyer, Bestand H 53, Nr. 1772.

632 Vgl. Aussagen von Valentin Zimmer III. vom 28. November 1938. In: LA Speyer, Bestand H 53, Nr. 1772; Aussagen von Otto Hahn und Jakob Peter Diehl vom 28. November bzw. 29. November 1938. In: LA Speyer, Bestand H 53, Nr. 1772. Vgl. auch Kellerhoff: Ein ganz normales Pogrom. S. 135f.

633 Vgl. Aussage von Wilhelm Loos vom 29. November 1938. In: LA Speyer, Bestand H 53, Nr. 1772.

Alkoholkonsum führte zu gesteigertem Appetit, sodass man sich spontan in der Alsheimer Straße verabredete, wo 70 Eier – möglicherweise aus Eugen Wolfs Vorräten – gebacken wurden.[634] Schließlich kehrte Ruhe ein. Im Tagesverlauf versiegelte man Haustüren und Fenster notdürftig.[635] Aufräumarbeiten begannen, die Vorbereitungen für den lang ersehnten Guntersblumer Markt liefen. Auch wenn die nächtlichen Vorgänge wenig später von den Behörden untersucht wurden, kam es nicht zu einem Nachspiel wie in Nierstein, weil die Beteiligten zusammenhielten und in ihren Aussagen vage blieben.[636]

Dennoch war die Schadensbilanz beachtlich. Obwohl die Bürgermeisterei nur vier der sieben nachweislich verwüsteten Häuser an das Kreisamt meldete, betrug der Gesamtschaden 20.000 RM.[637] Diese hohe Zahl dürfte auf das zerstörte Geschäftsinventar sowie auf die langen Aufenthalte der Zerstörungstrupps, die in den Mittagsstunden sowie nach dem Schandmarsch aktiv waren, zurückzuführen sein. Es gab Verhaftungen; Eugen Wolf findet sich zudem auf der Liste der Staatspolizeidienststelle Mainz. Eine KZ-Haft ist somit nicht ausgeschlossen. Alle anderen Guntersblumer Juden kehrten wie ihre Niersteiner Leidensgenossen am 11. November aus Oppenheim zurück.[638]

Wenig später löste sich die jüdische Gemeinde Guntersblum auf: David Rüb verkaufte als letzter Gemeindevorstand die Synagoge im Dezember 1938.[639] Beim gleichen Notartermin veräußerte Rüb

---

634 Vgl. Aussagen von Otto Teschinger und Georg Ackermann vom 26. November bzw. 28. November 1938. In: LA Speyer, Bestand H 53, Nr. 1772; vgl. auch die Aussage von Philipp Capito. In: LA Speyer, Bestand J 76, Nr. 33.

635 Vgl. Aussage von Johann Schwarz. In: LA Speyer, Bestand J 76, Nr. 33. Michaelis: Die jüdische Gemeinde von Guntersblum. S. 123f. Hier wird der ungenügende Schutz der Häuser vor Kälte erwähnt.

636 Vgl. LA Speyer, H 53, Nr. 1772; Brodhaecker: Menschen zwischen Hoffnung und Verzweiflung. S. 341f.

637 Vgl. StA Mainz, ZGS/E3/15; Kellerhoff: Ein ganz normales Pogrom. S. 132f.

638 Vgl. Rummel: Bilder des Unrechts. S. 28.

639 Vgl. Kaufvertrag der Synagoge Guntersblum (Kopie). In: Privatarchiv Dieter Michaelis, Guntersblum.

als Treuhänder das Haus von Ludwig Liebmann an Bürgermeister Rösch.[640] Liebmann flüchtete in die USA, das Ehepaar Rüb nach Höchst zu ihrer Tochter.[641] Einige Guntersblumer Juden, darunter das Ehepaar Rüb, wurden im Holocaust ermordet. Andere überlebten und übermittelten ihre Erinnerungen an die Nachkriegsbehörden. Die Novemberpogrome bildeten dabei die einschneidende Erinnerung, die Wildt für den überregionalen Kontext treffend beschreibt:

> »Mit dem Novemberpogrom waren die Ermächtigung zur Gewalt auf der einen und die Erfahrung absoluter Ohnmacht auf der Seite der jüdischen Opfer unhintergehbar geworden.«[642]

Die beiden Zeitzeugenberichte von Leo Fränkel und Ludwig Liebmann drücken anklagend und erschüttert diese Doppelerfahrung aus. Auch wenn ihre Affidavits nicht vor Gericht verwendet wurden, deckten »sie sich im Kern aber mit Zeugenaussagen«[643] und erfüllten zudem einen wichtigeren Zweck: Verbunden mit weiteren Zeugenaussagen sowie den Fotos halfen sie bei der Rekonstruktion der Vorgänge in Guntersblum, einem im Untersuchungsraum ereignis- und quellengeschichtlichen Sonderfall.

---

640 Vgl. Kellerhoff: Ein ganz normales Pogrom. S. 158; Landskrone Oppenheimer Kreisblatt vom 6. Januar 1939; für die Auswanderung Ludwig Liebmanns, vgl. Leo Baeck Institute NY, The Bella and Ludwig Liebmann Collection, AR 11967 (folders 1 and 3).

641 Vgl. Schriftverkehr der Familie Rüb. In: Privatarchiv Dieter Michaelis, Guntersblum.

642 Wildt: Volksgemeinschaft als Selbstermächtigung. S. 347.

643 Rummel: Bilder des Unrechts. S. 27.

Diese beiden oberen Bilder legen die Vorbereitung des Schandmarsches offen. Man zwang Leo Fränkel, eine Mütze aufzusetzen, während Eugen Wolf eine Thorarolle tragen musste. Das untere Bild zeigt die Marschordnung, mit Leo Fränkel an der Spitze. Quelle: LA Speyer, Bestand X 3, Nr. 113, 112 und 110.

Diese beiden Fotos entstanden während des Schandmarsches. Das obere Foto zeigt erneut Eugen Wolf (vorne links) sowie weitere männliche Juden der Gemeinde. Mit ihnen gehen SA-Leute und Gemeindepersonal, darunter Johann Oswald (vorne rechts; mit Mütze) und Heinrich Schmunk (hinten rechts; in SA-Uniform). Quelle: LA Speyer, Bestand X 3, Nr. 111 und 116.

Im Hof des Geschäfts- und Wohnhauses von Eugen Wolf werden einige Geschäftsunterlagen verbrannt, während sich am Anwesen zahlreiche Schaulustige einfinden. LA Speyer, Bestand X 3, Nr. 114 und 115.

3.5 *Nieder-Olm und Ebersheim – Das mysteriöse Pogrom*

Die Ereignisse in Nieder-Olm und Ebersheim bilden für diese Arbeit einen Sonderfall aus unterschiedlichen Gründen. Da wäre zunächst die Kontroverse um den Tatzeitpunkt: Während andernorts die Geschehnisse minutiös eingegrenzt werden können, ist der Tatzeitpunkt für diese beiden Gemeinden nicht eindeutig in Quellen und Literatur überliefert. Eine erste Interpretationslinie taxiert das Pogrom auf den 8. November – was vergleichsweise früh und innerhalb des Untersuchungsraumes ein absoluter Einzelfall wäre. Schließlich läge der Tatzeitpunkt vor dem offiziellen Pogrombeginn und somit innerhalb der lokalen und spontanen Pogrome, z. B. in Hessen-Nassau. Für diese frühe Terminierung sprechen Zeitzeugeninterviews aus den 1980er-Jahren.[644] Zudem nannte der Nieder-Olmer Nachkriegsbürgermeister Jakob Sieben im Februar 1947 dieses Datum in seiner Aussage, die eine Prozessgrundlage bildete, da Sieben als erster Zeuge auftrat.[645] Ob aber alle nachfolgenden Zeugen das Datum eigenständig angaben, ist fraglich. Es kann nicht ausgeschlossen werden, dass die Vernehmungsbeamten den 8. November in ihrer Einstiegsfrage vorgaben (z. B.: »Wo waren Sie am 8. November?«). Außerdem ist interessant, dass dieses Datum in den Vernehmungen vom Februar 1947 mehrfach auftauchte, im Sommer 1947 jedoch nicht mehr verwendet wurde.[646] Das Prozessurteil vom April 1948 nennt gar den 9. November.[647] Dieses Datum bestätigt Irmtrud Möller von der Interessengemeinschaft Geschichte (IG) Nieder-Olm, und auch der Ebersheimer Kultur- und Geschichtsverein nannte dieses Datum auf seiner, bis zum Jahr 2020 aktiven, Website.[648]

---

644 Vgl. Weisrock / Rettinger / Weisrock: Die jüdische Gemeinde von Nieder-Olm. S. 113.

645 Vgl. Aussage von Jakob Sieben vom 17. Februar 1947. In: LA Speyer, Bestand J 76, Nr. 35; Tapp: Die israelitische Gemeinde Ebersheim. S. 101f.

646 Vgl. Heinrich Dang vom 14. Februar 1947, Peter Klos vom 15. Februar 1947, Adam Eigenbrodt vom 17. Februar 1947, Katharina Mück vom 18. Februar 1947 und Alfred Fahr vom 19. Februar 1947. In: LA Speyer, Bestand J 76, Nr. 35.

647 Vgl. Prozessurteil vom 26. April 1948. In: LA Speyer, Bestand J 76, Nr. 53.

648 Vgl. zur IG Nieder-Olm das Telefongespräch mit Irmtrud Möller vom 24. Juni 2020; vgl. zu Ebersheim http://www.ebersheimer-geschichte.de/inhalt_ereignisse_

Völlig unübersichtlich wird diese Datumskontroverse, wenn man Karl Ludwig Simon und Ludwig Johann Weil hinzuzieht. Die beiden Angeklagten nannten in Nachkriegsprozessen den 10. November als Pogromtermin, auch wenn man quellenkritisch bemerken muss, dass beide nach Alibis suchten. So will Simon am Tag des Nieder-Olmer Pogroms in Finthen gewesen sein und dort die Pogrome mitbekommen haben.[649] In der Tat ereigneten sich die Vorfälle in Finthen am 10. November.[650] Der Finther Weil, der am 10. November ein Rollkommando nach Nieder-Saulheim geführt hatte, sagte im Nachkriegsprozess aus, dass er in Nieder-Olm anhalten wollte, wo aber »in den Straßen Unruhe herrschte.«[651] Später fügte Weil hinzu, dass in Nieder-Olm »die Judenaktion offenbar bereits in vollem Gang war.«[652]

Dieser Nachtrag wurde aber maschinenschriftlich fast unkenntlich gemacht und durch »Menschenzusammenrottungen« ersetzt. Das Gericht ignorierte dennoch in seiner Urteilsbegründung diese Korrektur und übernahm Weils ursprünglichen Zusatz.[653] Diese Diskrepanz wirft Fragen auf: Hatte Weil seine Aussage nachträglich korrigiert und nahm das Gericht dann fälschlicherweise die »alte« Aussage in den Urteilsspruch auf? Hatten die Vernehmer die Aussage gestrichen, weil ihre Kollegen im Parallelverfahren zu Nieder-Olm durch Jakob Siebens Aussage die Vorfälle auf den 8. November datiert hatten? Oder verwarfen die Ermittler einfach diese vage Verbindung zu einem anderen Vorfall in der Region?

Ein Schreiben aus dem Frühjahr 1939 könnte die Antwort liefern. Demnach erhielt der Nieder-Olmer Schreiner Nikolaus Faust

---

ebersheimer_juden.html (zuletzt aufgerufen am 24. Juni 2020).

649 Vgl. Aussage von Karl Ludwig Simon vom 29. November 1947. In: LA Speyer, Bestand J 76, Nr. 35.

650 Vgl. hierzu die Nachkriegsprozesse zu Finthen im LA Speyer, Bestand J 76, Nr. 10 und 155–158.

651 Aussage von Ludwig Johann Weil vom 20. August 1947. In: LA Speyer, Bestand J 76, Nr. 155.

652 Aussage von Ludwig Johann Weil vom 1. Oktober 1947. In: LA Speyer, Bestand J 76, Nr. 155.

653 Vgl. Prozessurteil vom 23. Februar 1950. In: LA Speyer, Bestand J 76, Nr. 158.

am 11. November, »einen Tag nach der volksdeutschen Empörungskundgebung gegenüber dem Judentum«, einen Reparaturauftrag für die beschädigten jüdischen Häuser.[654] Wie bereits gezeigt, gab es vergleichbare Aufträge in anderen Gemeinden – und dort fanden die Pogrome am 10. November statt. Der Tatkontext wäre gegeben. Insgesamt lässt sich somit festhalten, dass die nach dem Krieg eingetrübten Erinnerungen zu einer terminlichen Ungenauigkeit führten, die den Quellengehalt in diesem Punkt verwässert. Angesichts des regionalen Kontextes, der übergeordneten Befehlsstruktur – siehe den Geheimbefehl des Gauleiters oder den Standartenbefehl – sowie des zeitgenössischen Schreibens von Faust hält der Autor daher den 10. November für den wahrscheinlichsten Pogromtermin.

Trotz dieser terminlichen Kontroverse lässt sich der Tatbeginn der Novemberpogrome in Nieder-Olm rekonstruieren. Wahrscheinlich am Nachmittag des 10. November starteten die Pogrome mit der Zerstörung der Inneneinrichtung von drei jüdischen Häusern in der Pariser Straße, einer Hauptstraße, die den Ort noch heute durchzieht. Die Vorfälle begannen am Haus von Leopold Kramer: Nach Zeitzeugenberichten sind von der Volksschule heimkommende Schulkinder zum Steinewerfen ermuntert worden – von unbekannten, mit einem Auto vorgefahrenen Erwachsenen, gekleidet in schwarzen Stiefeln und Hosen sowie mit Schlapphüten.[655] Erneut finden sich Anzeichen darauf, dass Erwachsene Kinder in die Pogrome hineingezogen haben könnten. Allerdings tauchen hier wieder unbekannte Erwachsene auf, die sich nicht durch die eingesehenen Quellen bestätigen lassen – anders als in Guntersblum. Die Schlapphüte sind aber ein interessantes Detail, finden sie sich doch häufiger in Pogromberichten, wann immer die Täter sich vermummten.[656] Da das Ehepaar Kramer die Steinewerfer lauthals beschimpfte, wurden Ortspolizisten angelockt, die sich aber – wie

654 Schreiben von Nikolaus Faust vom 18. April 1939. In: LA Speyer, Bestand H 53, Nr. 1772.

655 Vgl. Aussagen von Katharina Binz und Wilhelm Sieben vom 7. August 1947. In: LA Speyer, Bestand J 76, Nr. 35.

656 Vgl. Obst: »Reichskristallnacht«. S. 247.

andernorts – wieder zurückzogen, sodass das Zerstörungswerk fortgesetzt wurde. Verängstigt zog sich Frau Kramer in ihre Scheune zurück.[657]

Einige Häuser weiter, bei Albert (»Marx«) Kramer, wurde der Verkaufsladen zerstört, während Kramer hinter der Theke in Deckung ging.[658] Hier waren ebenfalls einem Nachbarn Steine werfende Erwachsene aufgefallen, die wahrscheinlich mit dem erwähnten Auto vorgefahren waren.[659] Bei Otto Mayer wurden »ein Schuh, ein Vorhang und eine [sic!] Glasvasen, die auf der Straße zersplitterten,« aus dem Haus geworfen.[660] Dieser Vorgang führte aber zu kurzem Unmut: Sturmführer Ludwig Horn beklagte sich über das sichtbare Hinauswerfen von Gegenständen.[661] Derweil sollen die Schülerinnen H. das Klavier von Otto Mayer mit einem Hammer bespielt haben.[662] Nach Informationen von Anton Weisrock teilten sich die jugendlichen Täter in dem Haus auf: »Im oberen Stockwerk wütete weibliche, im Erdgeschoß männliche Jugend.«[663]

Die rege Tatbeteiligung von Jugendlichen in Nieder-Olm ist verblüffend, denn auch beim Ehepaar Schlösser in der Gärtnergasse sollen sie federführend gewesen sein. Die Nachbarin Anna Petry

---

657 Vgl. Aussage von Katharina Binz vom 7. August 1947. In: LA Speyer, Bestand J 76, Nr. 35.

658 Vgl. Weisrock / Rettinger / Weisrock: Die jüdische Gemeinde von Nieder-Olm. S. 113.

659 Vgl. Aussage von Fritz Schwarz vom 7. August 1947. In: LA Speyer, Bestand J 76, Nr. 35.

660 Aussage von Elisabeth Stauder vom 20. Februar 1947. In: LA Speyer, Bestand J 76, Nr. 35.

661 Ebd. Stauder verwechselte Horn irrtümlicherweise mit einem Polizisten. Dies klärt die Aussage von M. H. vom 11. August 1947 auf. In: LA Speyer, Bestand J 76, Nr. 35.

662 Vgl. Aussage von Jakob Sieben vom 25. Februar 1947; Aussage von Elisabeth Stauder vom 20. Februar 1947; Aussage von Fritz Schwarz vom 7. August 1947. In: LA Speyer, Bestand J 76, Nr. 35. Hier ist auch die Aussage der Tatverdächtigen M. H. vom 14. Februar 1947 enthalten, deren Verteidigung, sie sei »aus Neugierde« kurz ins Haus gegangen, in ihrer Vagheit und durch die gegensätzlichen Zeugenaussagen als nicht überzeugend zu werten ist.

663 Weisrock / Rettinger / Weisrock: Die jüdische Gemeinde von Nieder-Olm. S. 113.

erinnert sich: »Einige Zeit später hörte ich einen höllischen Lärm und sah die Wäsche, das Geschirr und Silberzeug auf der Straße liegen.«[664] Ein weiterer Nachbar hörte »splitternde Fensterscheiben« und zog sich zurück, als Ortsgruppenleiter Hugo Eckes auftauchte, »weil ich von ihm nichts Gutes erwartete.«[665] Wie Anton Weisrock schreibt, ist das Ehepaar Schlösser schließlich im Keller eingesperrt worden, aus dem es in der Nacht fliehen konnte.[666] Das Einsperren von Personen erinnert frappierend an die Vorgänge in Guntersblum.

In Nieder-Olm befand sich die Synagoge in der Mittelgasse; sie war aber bereits verkauft worden und konnte nicht mehr zerstört werden.[667] Allerdings gab es im nahen Ebersheim eine intakte Synagoge, die für die Nieder-Olmer Nationalsozialisten nun zum Ziel wurde. Wenn auch bereits das Pogromende im Rundfunk gemeldet worden war, so erreichte diese Nachricht Nieder-Olm zu spät oder eben zu früh, da man noch ins bislang unzerstörte Ebersheim aufbrechen wollte. Entsprechend ging die Rundfunkmeldung bei lokalen Aktivisten oftmals unter, wie Obst analysiert:

> »Einmal aktiviert, ließen sie sich das Heft nicht eher aus der Hand nehmen, bis die Aktion in einem möglichst radikalen Sinne erledigt worden war.«[668]

Es entwickelte sich so eine Eigendynamik, die durch den Feierabend begünstigt wurde. Der Dienstschluss machte zahlreiche SA-Leute verfügbar, was dem Nieder-Olmer SA-Anführer Karl Ludwig

664 Aussage von Anna Petry vom 13. Februar 1947; vgl. auch eine ähnliche Aussage zu den Zerstörungen des Zeugen Peter Neeb vom 16. Februar 1947. In: LA Speyer, Bestand J 76, Nr. 35.

665 Aussage von Heinrich Dang vom 13. Februar 1947. In: LA Speyer, Bestand J 76, Nr. 35.

666 Vgl. Weisrock / Rettinger / Weisrock: Die jüdische Gemeinde von Nieder-Olm. S. 114; vgl. auch die Aussage von Anna Petry vom 13. Februar 1947. In: LA Speyer, Bestand J 76, Nr. 35.

667 Vgl. Arnsberg: Die jüdischen Gemeinden in Hessen (Zweiter Band). S. 141.

668 Obst: »Reichskristallnacht«. S. 191.

Simon als lokalem Organisator in die Karten spielte.[669] Wie Tapp aufzeigt, kam es früh zu einer ortsübergreifenden Zusammenarbeit zwischen der größeren Nieder-Olmer und der kleineren Ebersheimer SA: Durch Telefonanrufe waren der Ebersheimer Bürgermeister Heinrich Herdt und Ortsgruppenleiter Heinrich Stuppert in die Planungen eingeweiht.[670] Die beiden Ortsgruppen kannten sich seit der sog. »Kampfzeit«; die Ortsgruppe Nieder-Olm betreute Ebersheim sogar als Zelle.[671] Erste Beratungen über das weitere Vorgehen fanden im zentralen Gasthaus »Pfälzer Hof« statt,[672] der auch als Sitz der Nieder-Olmer SA diente. Simon rekrutierte im Ortszentrum Minderjährige aus der HJ, die zu einer Brücke liefen, wo ein Lkw wartete.[673] Der Gärtner Peter Klos, zuvor bereits am Haus Schlösser mindestens anwesend, hatte sich diesen Lkw bei dem Spediteur Georg für die Fahrt nach Ebersheim geliehen[674] – eine Parallele zu Berndes in Ober-Ingelheim.

Vor dem Ebersheimer Ortseingang sprangen die meisten mitfahrenden Nieder-Olmer Nationalsozialisten von dem Lkw ab und legten die restlichen Meter zu Fuß zurück.[675] Ortsgruppenleiter Stuppert begrüßte am Ortsschild die Unterstützung aus dem Nachbarort.[676] Zeugen zufolge begaben sich die ortskundigen Nieder-Olmer direkt zu den jüdischen Häusern, darunter auch Klos, der

669 Vgl. diverse Aussagen, z. B. von A. F., aus LA Speyer, Bestand J 76, Nr. 35. Simons höchster Rang bis 1945 war der des Oberscharführers. Der Autor hat sich für die etwas unsaubere Bezeichnung »Anführer« entschieden, da aus den Quellen nicht hervorgeht, wann genau Simon Oberscharführer wurde.

670 Vgl. Tapp: Die israelitische Gemeinde Ebersheim. S. 72.

671 Vgl. hierzu LA Speyer, Bestand H 53, Nr. 1184.

672 Vgl. Vernehmung von Karl Ludwig Simon vom 27. September 1947. In: LA Speyer, Bestand J 76, Nr. 35.

673 Vgl. Aussagen von R. F. und A. F. vom 24. August bzw. 29. August 1947 sowie von Josef Klepper vom 28. Dezember 1947. In: LA Speyer, Bestand J 76, Nr. 35.

674 Vgl. Aussage von Peter Klos vom 15. Februar 1947. In: LA Speyer, Bestand J 76, Nr. 35. Nach Anna Petrys Aussage wurde Klos im Ortsgespräch als Täter bei Schlösser genannt, was nicht bewiesen werden konnte.

675 Vgl. Aussage von R. F. vom 24. August 1947. In: LA Speyer, Bestand J 76, Nr. 35.

676 Vgl. Vernehmung von Karl Ludwig Simon vom 29. November 1947. In: LA Speyer, Bestand J 76, Nr. 35.

Im oberen Bild (Ausschnitt einer Postkarte um 1946/1947) erkennt man links vor der Kirche St. Laurentius am damaligen Ortseingang das kleine Haus von Sophie Berney. Im unteren Bild (Postkarte von 1913) ist die Ebersheimer Synagoge zu sehen (Pfeil). Quelle: StA Mainz, BPSF.

Die Ebersheimer SA – hier eine Aufnahme aus dem Jahr 1936 – arbeitete bei dem Pogrom mit der einfallenden Nieder-Olmer SA zusammen. StA Mainz, BPSF, Nr. 8790a

eine Axt über der Schulter trug.[677] Wenig später flogen bei Sophie Berney in der Römerstraße Fensterläden und Türen auseinander. Die 77-Jährige führte ein kleines Manufakturengeschäft,[678] das wegen seiner Lage das erste jüdische Haus war, das die einfallenden Nationalsozialisten erreichten.

Die Axt war nicht das einzige Zerstörungswerkzeug; mit Anton Ambach benutzte ein weiterer Nieder-Olmer SA-Mann einen Hammer, um eine Haustür zu öffnen.[679] Um welches Haus es

---

677 Vgl. Aussage von Adam Eigenbrodt vom 17. Februar 1947. In: LA Speyer, Bestand J 76, Nr. 35. Vgl. auch zu der Ankunft in Ebersheim die Aussage von Anton Ambach vom 12. September 1947 (ebd.).

678 Vgl. Eckert, Friedrich (Hrsg.): Juden in Mainz-Ebersheim. Mainz 1992. S. 48.

679 Vgl. Aussage von A. F. vom 19. Februar 1947. In: LA Speyer, Bestand J 76, Nr. 35.

sich dabei handelte, ist unklar. Neben den Nieder-Olmer SA-Leuten dürften sich Einheimische an den Übergriffen beteiligt haben, da wie andernorts Schaulustige vor die Häuser liefen.[680] Erneut wurden Möbelstücke auf die Straße geworfen.[681] Inwieweit sich daran Ortsgruppenleiter Stuppert beteiligte, liegt völlig im Dunkeln, da nach seinem Empfang der Nieder-Olmer SA-Leute jegliche Quellennachweise über seine Aktivitäten fehlen. Ebenso im Dunkeln bleiben in den Quellen die Vorfälle an den weiteren Häusern. Sicher ist nur, dass die jüdischen Häuser mit 13.000 RM einen relativ hohen Sachschaden verzeichneten.[682] Da die fünf jüdischen Anwesen von Berney sowie von Nathan, Leopold, Bernhard und Rosel Goldschmitt im Ortskern lagen, ist davon auszugehen, dass die SA-Männer wie andernorts von Haus zu Haus zogen.

Die Nieder-Olmer SA kannte Ebersheim bestens, wie auch folgendes Beispiel zeigt: Als der Trupp das Haus von Rosel Goldschmitt erreichte, soll Simon Drohungen gegenüber Balthasar Becker ausgestoßen haben, der im Nachbarhaus wohnte.[683] Becker war zwischen 1929 und 1936 als unabhängiger Kandidat Bürgermeister gewesen und hatte sich anfangs mit den neuen Machthabern arrangiert, bevor er abgesetzt wurde – möglicherweise wegen privater Verfehlungen, welche der Ebersheimer Ortsgruppe eine Anhörung bei dem Mainzer Kreisleiter Robert Barth beschert hatten.[684] Dies zeigt, wie bereits für Jugenheim analysiert, dass Nachbarn jüdischer Bürger während der Novemberpogrome in die Auseinandersetzungen hineingezogen werden konnten. Becker verhielt sich aber an diesem Abend ruhig, sodass es bei den Drohungen blieb.

680 Vgl. Tapp: Die israelitische Gemeinde Ebersheim mit Harxheim. S. 102; Aussage von Franz Dietrich vom 19. Februar 1947. In: LA Speyer, Bestand J 76, Nr. 35.

681 Vgl. Aussage von R. F. vom 24. August 1947. In: LA Speyer, Bestand J 76, Nr. 35.

682 Vgl. das kreisweite Schadensverzeichnis. In: StA Mainz, Bestand ZGS/E3/15.

683 Vgl. Aussagen von Balthasar Wohn und Johann Josef Gabel vom 18. Februar 1947 bzw. 1. August 1947. In: LA Speyer, Bestand J 76, Nr. 35. Das Gericht bezweifelte Wohns Darstellung, da seine erste Aussage diese nicht enthalten habe. Dies stimmt aber nicht. Der Vorfall war von Wohn bereits so geschildert worden.

684 Vgl. zu diesem Vorgang LA Speyer, Bestand H 53, Nr. 1184.

Ruhe war rund um die Ebersheimer Synagoge, einem im Jahr 1850 errichteten eingeschossigen Gebäude, ein Fremdwort.[685] Einige SA-Leute holten Stroh, um die Synagoge in Brand zu stecken.[686] Nach eigener Aussage erhielt der Elektriker Klepper den Auftrag, am Tatort den Strom abzustellen, um die Ortsleitung zu schützen.[687] Wie Tapp aufzeigt, verwendete man dann einen Brandbeschleuniger, damit die Synagoge lichterloh brennen konnte.[688] Das Feuer griff durch die freistehende Lage des Gebäudes nicht auf Nachbarhäuser über, sodass der Brand toleriert wurde.

Indessen postierte die Ebersheimer SA vor den verwüsteten Häusern Wachen.[689] Hier sieht man eine Parallele zu den Ingelheimer Gemeinden, Nierstein oder Guntersblum am 10. November, was dieses Datum für Ebersheim zusätzlich bestätigt. Anders als in Nierstein und Guntersblum sind aber keine nächtlichen Aktivitäten überliefert. Stattdessen herrschte nur in der Gastwirtschaft Gabel »reger Betrieb«; Simon führte das Wort.[690] Der Inhalt des Gesprächs ist nicht überliefert, aber es ist möglich, dass Simon die Geschehnisse diskutierte. Der Nieder-Olmer Ortsgruppenleiter Georg Schäfer zeigte sich wenige Tage später jedenfalls zufrieden über den Pogromverlauf und warnte zugleich politische Gegner:

> »Mit deutscher Großzügigkeit und Gutmütigkeit ist nun endgültig einmal Schluß gemacht worden. Es ist bedauerlich feststellen zu müssen, daß es immer noch einzelne Menschen gibt, die die Judenfrage noch nicht verstanden haben und auch nie begreifen werden [...]. Ich kann diesen Volksgenossen nur das eine mit auf den Weg

---

685 Vgl. Fischbach: Synagogen Rheinland-Pfalz–Saarland. S. 258.

686 Vgl. Aussage von Adam Eigenbrodt vom 14. Februar 1947. In: LA Speyer, Bestand J 76, Nr. 35.

687 Vgl. Aussage von Joseph Klepper vom 1. Februar 1946. In: LA Speyer, Bestand H 53, Nr. 1894.

688 Vgl. Tapp: Die israelitische Gemeinde Ebersheim mit Harxheim. S. 102.

689 Vgl. Aussage von Jakob Becker II. vom 1. August 1947. In: LA Speyer, Bestand J 76, Nr. 35.

690 Vgl. Aussage des Gastwirtes Johann Josef Gabel vom 1. August 1947. In: LA Speyer, Bestand J 76, Nr. 35.

geben, sich möglichst rasch in ihrer schmutzigen Gesinnung umzustellen, damit solchen Menschen für die Zukunft Unannehmlichkeiten erspart bleiben. Diejenigen, welche heute noch im nationalsozialistischen Staat die Juden in Schutz nehmen, sind Verräter am deutschen Volk und gehören nicht mehr in unsere Reihen. Heil Hitler!«[691]

Dass die Zerstörungswut während der Novemberpogrome nicht nur Regimegegnern, sondern auch Regimeunterstützern missfiel, verdeutlicht das Spannungsfeld zwischen Aktivismus, Voyeurismus und Ablehnung, das auch Wildt aufzeigt.[692] Verschwundene jüdische Sachwerte, die es auch in Nieder-Olm, z.B. eine goldene Uhr mit Kette von Alfred Schlösser, gab,[693] waren ein weiteres peinliches Ergebnis der Pogrome. Doch auch wenn es diese kritischen Stimmen gab, führten sie, wie Altgeld und Kißener aufzeigen,

»regelmäßig zu keiner grundsätzlichen Infragestellung der nationalsozialistischen Judenpolitik, schon gar nicht zu einer systemkritischen Reorientierung.«[694]

Die Nieder-Olmer und Ebersheimer Juden mussten sich anderweitig reorientieren. Ihre Häuser waren zerstört worden, sodass die meisten schnell in nahe Städte zu Verwandten oder Bekannten flüchteten.[695] Kurz vor seinem Wegzug zwang man noch Leopold Kramer dazu, die zerstörten Fensterscheiben an seinem ehemaligen Haus, das vor den Novemberpogromen verkauft worden war, zu bezahlen.[696] Somit ersparte sich die Gemeinde in diesem Fall

691 Amtliche Nachrichten von Nieder-Olm vom 19. November 1938. In: Weisrock / Rettinger / Weisrock: Die jüdische Gemeinde von Nieder-Olm. S. 87.

692 Vgl. Wildt: Volksgemeinschaft als Selbstermächtigung. S. 342f.

693 Vgl. Aussage von Heinrich Dang vom 13. Februar 1947. In: LA Speyer, Bestand J 76, Nr. 35.

694 Altgeld, Wolfgang / Kißener, Michael: Judenverfolgung und Widerstand. Zur Einführung. In: Kißener, Michael (Hrsg.): Widerstand gegen die Judenverfolgung (= Porträts des Widerstands 5). Konstanz 1996. S. 14f. Vgl. hierzu auch Siemens: Stormtroopers. S. 197.

695 Vgl. Tapp: Die israelitische Gemeinde Ebersheim. S. 73.

696 Vgl. LA Speyer, Bestand J 10, Nr. 1057.

elegant eine Schadensersatzklage des Hauskäufers wie in Nierstein. Es muss bemerkt werden, dass Verhaftungen nicht überliefert sind; dieses Tatmuster wurde in Nieder-Olm offenbar kurz oder nicht vollstreckt – was darauf hindeuten könnte, dass die am Kapitelanfang erwähnten auswärtigen Männer in den Mittagsstunden die Pogrome in Nieder-Olm anheizten, nachdem es dort für ihren Geschmack zu ruhig geblieben war. Zudem fehlen die Nieder-Olmer Juden auf der kreisweiten Verhaftungsliste.

3.5.1 EXKURS: DER MISSGLÜCKTE NACHKRIEGSPROZESS

> »Die Führenden [der NS-Zeit] sind noch vereinigt und warten scheinbar den günstigen Moment ab, wo sie wieder ihre diktatorische Macht antreten können! Ich wünschte, diese würden streng bestraft, für alle Verbrechen die sie gegen die Menschlichkeit begangen haben.«[697]

Dieser Wunsch des Nieder-Olmer Nachkriegsbürgermeisters Jakob Sieben ging nicht in Erfüllung. Der Prozess zu den Novemberpogromen in Nieder-Olm und Ebersheim endete mit Freisprüchen, sodass »die Führenden« juristisch siegten. Mit dem vorsitzenden Richter Gassner hatte ein ehemaliges NSDAP-Mitglied die Prozessleitung inne, obwohl Gassner hierzu selbst Bedenken angemeldet hatte.[698] Dies blieb nicht die einzige juristische Panne, die nicht nur den Prozess, verglichen mit anderen regionalen Strafverfahren zu den Pogromen, zu einer Farce degradierte, sondern auch heute die Rekonstruktion der Ereignisse zu einem schwierigem Unterfangen macht.

Zunächst fehlen für Nieder-Olm und Ebersheim Nachkriegsberichte jüdischer Überlebender – anders als in den Ingelheimer Gemeinden, Jugenheim, Nierstein, Hahnheim und Guntersblum.

---

697 Aussage von Jakob Sieben vom 25. Februar 1947. In: LA Speyer, Bestand J 76, Nr. 35.

698 Vgl. Schreiben vom 30. April 1948. In: LA Speyer, Bestand J 76, Nr. 35.

In Guntersblum bat Leo Fränkel sogar explizit um nichtjüdische Zeugen, um seine Beobachtungen zu stützen:

> »Schließlich ist Guntersblum nicht nur von Feiglingen und Gesindel bevölkert; sie haben Gott sei Dank sehr viele gute und anständige Menschen […].«[699]

Nieder-Olmer Nichtjuden wie Sieben waren dagegen Einzelkämpfer. Abgesehen von Sieben sagte kein Vertreter der Ortspolitik aus – eine vertane Chance, politisch Verfolgte und Unbeteiligte zu hören, deren ortspolitische Expertise interessant gewesen wäre.

Zudem entstanden ermittlungstaktische Fehler: Dazu gehört die fehlende Befragung zentraler NS-Ortspersönlichkeiten nach dem Krieg. Ortsbauernführer Horn sagte lediglich: »An der Judenaktion im Jahre 1938 habe ich nicht teilgenommen […].«[700] Dies genügte den Ermittlern bereits, ebenso die Ausflüchte von Bürgermeister Balthasar Horn, Propagandaleiter Seibert, Mitgliedern der Ortspolizei und Ortsgruppenleiter Schäfer. Darüber hinaus begingen die Ermittler den großen Fehler, auf eine Vernehmung des ehemaligen Bürgermeisters Jakob Eckes II. zu verzichten. Dieser hatte zwar sein Amt 1936 niedergelegt,[701] sodass bei seinem Nachkriegsverfahren die Novemberpogrome keine Rolle spielten. Es ist aber angesichts parallel laufender wie intensiv geführter Spruchkammerverfahren[702] sonderbar, dass man darauf verzichtete, Jakob Eckes zum Innenleben der NSDAP-Ortsgruppe oder zu einzelnen Angeklagten zu befragen – nicht zuletzt, da der Hauptangeklagte Simon bei Eckes zur Miete wohnte.[703] Ebenso sah man bei dem Ebersheimer

699 Brief von Leo Fränkel. In: LA Speyer, Bestand J 76, Nr. 33.

700 Aussage von Georg Adam Horn vom 11. August 1947. In: LA Speyer, Bestand J 76, Nr. 35.

701 Vgl. den entsprechenden Meldebogen und Säuberungsvorschlag vom 15. Januar 1949. In: LHA Koblenz, Bestand 856, Nr. 134748.

702 Vgl. zu Jakob Eckes II. LHA Koblenz, Bestand 856, Nr. 134748, 137798 und 130666.

703 Vgl. Aussage von Jakob Sieben vom 25. Februar 1947. In: LA Speyer, Bestand J 76, Nr. 35.

Ortsgruppenleiter Stuppert von einer Vorladung ab. In Stupperts Spruchkammerverfahren finden sich ebenfalls keine Hinweise.[704]

Darüber hinaus fällt die Schlampigkeit der ortsinternen Ermittlungen auf: Schulkinder wurden kaum befragt, Lehrer nicht vernommen; der Lehrer Funk sowie der Postmeister Flott, von Sieben als NS-Aktivisten belastet, wurden nicht vorgeladen, obwohl sie in der amerikanischen Besatzungszone lebten, wo der Angeklagte Simon befragt wurde.[705] Außerdem verzichtete man vielfach auf Gegenüberstellungen und trennte die Aussagen von belasteten und unbelasteten Zeugen in ungenügender Weise: So hatten sich einige, ursprünglich als Zeugen befragte SA-Leute als mögliche Tatbeteiligte herausgestellt. Ihre Aussagen wurden nicht sorgfältig von den Aussagen unbeteiligter Zeugen getrennt, sodass die richterliche Begründung, wonach »die Belastungszeugen sich in erhebliche Widersprüche verwickelten«,[706] nicht nur als vorgeschoben, sondern auch als inkorrekt bezeichnet werden muss. Ironischerweise wurden hierbei die Widersprüche in den Aussagen der Angeklagten und möglichen Tatbeteiligten großzügig ausgeblendet. Der Verfasser dieser Arbeit entdeckte in nahezu jeder dieser Aussagen einen Widerspruch, Diskrepanzen oder offene Fragen. Warum man z.B. nicht einfach versucht hatte, die Zerstörungsroute des Nieder-Olmer Rollkommandos in Ebersheim durch detaillierte Befragungen ansatzweise zu rekonstruieren, ist geradezu unbegreiflich.

Diese Problematik ist keinesfalls exklusiv für Nieder-Olm und Ebersheim anzutreffen. Nachkriegsprozesse zeichneten sich vielfach durch eine laxe Strafverfolgung aus, sei es in Spruchkammerverfahren – man denke an Ingelheimer NS-Funktionäre[707] – oder in Strafprozessen zu den Novemberpogromen. Für Letzteres lohnt ein Blick nach Jugenheim. Auch wenn die Gendarmerie dort sicht-

704 Vgl. LHA Koblenz, Bestand 856, Nr. 132484.

705 Vgl. Aussage von Jakob Sieben vom 7. August 1947. In: LA Speyer, Bestand J 76, Nr. 35.

706 Schreiben des zuständigen Richters vom 30. April 1948. In: LA Speyer, Bestand J 76, Nr. 35.

707 Vgl. LHA Koblenz, Bestand 856, Nr. 052514, 053018, 054041 und 054340.

bar um Aufklärung bemüht war, verblüfft die Gerichtsverhandlung: Das Gericht sprach die Funktionsträger frei, verwies auf angeblich voreingenommene Zeugen, stellte selbst Vermutungen an und ignorierte übereinstimmende Zeugenaussagen.[708] Dennoch lassen sich die Ereignisse in Jugenheim dank der guten Vorermittlungen rekonstruieren. Anders in Nieder-Olm und Ebersheim: Dort entstanden Hindernisse, welche eine juristische Aufarbeitung erschwerten und eine geschichtswissenschaftliche Aufarbeitung verkomplizieren, wie ereignisgeschichtliche Lücken, ermittlungstaktische bzw. juristische Pannen, fehlende Aussagen von Geschädigten sowie eine erfolgreich – ja geradezu dreist – praktizierte Vertuschungsstrategie von Beschuldigten. Alle diese Faktoren fanden sich auch andernorts, jedoch nie in diesem Ausmaß, sodass Nieder-Olm und Ebersheim heute zu Recht als mysteriöses Pogrom mit vielen offenen und nicht zu klärenden Fragen bezeichnet werden kann.

708 Vgl. Urteil gegen Friedrich Geiß (u.a.) vom 21. November 1949. In: LA Speyer, Bestand J76, Nr. 159. Für eine klare wie konzise Einordnung dieses Urteils, vgl. Klein: Juden in Jugenheim, S. 112–114.

3.6 *Das Pogrom in der Region – Weitere Vorfälle im Untersuchungsraum*

Dieses Unterkapitel analysiert abschließend Vorfälle in weiteren Ortschaften mit wenigen jüdischen Einwohnern. Neben bekannten Vorgehensweisen kam es auch zu signifikanten Einzelfällen. Diese »isolierten« Pogrome wurden von den Ortsgruppen selbst organsiert. Es kam kaum zu einer Unterstützung durch auswärtige Personen.

3.6.1 OBER-OLM UND KLEIN-WINTERNHEIM – POGROM NACH VORSCHRIFT?

Wenn die Quellenlage zu den Novemberpogromen in Nieder-Olm und Ebersheim überschaubar ist, so kann man die Überlieferung zu Ober-Olm und Klein-Winternheim angesichts fehlender Strafprozesse, lasch geführter Spruchkammerverfahren sowie kaum aufschlussreicher Zivilprozesse als nahezu unsichtbar bezeichnen. Eine Rekonstruktion ist entsprechend schwierig und hinterlässt immer noch viele Lücken.

Betrachtet man dennoch die Ereignisse für Ober-Olm und Klein-Winternheim, so stellt man schnell fest, dass die Novemberpogrome in beiden Gemeinden geradezu schematisch verliefen und zusammenhingen. Das verbindende Element zwischen Ober-Olm und Klein-Winternheim ist die jüdische Familie Abraham, welche ursprünglich aus Ober-Olm stammte, deren noch nicht ausgewanderte Mitglieder um Alexander Abraham aber in Klein-Winternheim wohnten und dort eine Düngemittelfabrik betrieben.[709]

Nach Informationen von Hilde Wolf, die als Tochter von Alexander Abraham damals in Klein-Winternheim lebte, warf die SA am 10. November zunächst die Scheiben des Wohn- und Geschäftshauses ein, bevor SA-Leute in das Haus eindrangen und Inventar auf die Straße warfen.[710] In den Geschäftsräumen kam es zu mas-

709 Für Hintergrundinformationen hierzu, vgl. Hoffmann: Geächtet, geplündert, geflohen. S. 6–8.

710 Ebd. S. 13.

siven Zerstörungen.[711] Ähnlich wie in Guntersblum wechselten »angeblich« Schreibmaschinen den Besitzer.[712] Nebenbei wurden wahrscheinlich auch weitere Gegenstände aus den Privaträumen geplündert. Nach Aussagen von Hilde Wolf und dem SA-Mann Johann Limberger hätten auswärtige SA-Leute die Zerstörungen initiiert; Limberger verweist auf ein angebliches Rollkommando aus Finthen.[713] Das einzige Finther Rollkommando befand sich allerdings an jenem Tag in Nieder-Saulheim.[714] Das Geschäft der Abrahams am Klein-Winternheimer Bahnhof lag zwar auf seiner Fahrtroute, doch fehlen Hinweise auf einen Zwischenstopp. Selbst wenn es diesen gegeben hätte, konnte er wegen des Pogromverlaufs in Finthen und Nieder-Saulheim nur kurz ausgefallen sein. Einheimische mussten demnach tatbeteiligt gewesen sein. Nicht zuletzt wurde Alexander Abraham am 10. November, wahrscheinlich wie andernorts durch die Gendarmerie, verhaftet, auch wenn er durch eine skurrile Namensverwechslung später freigelassen wurde.[715]

Die Novemberpogrome im nahen Ober-Olm spielten sich aus Organisationssicht geradezu nach Vorschrift ab, auch wenn angesichts des dünnen wie schwierig nachzuprüfenden Quellenmaterials Restzweifel bleiben: Demnach sei bei den Pogromen der Lehrer Wilhelm Büttel, zugleich SA-Mitglied, mit Jugendlichen zu den vier jüdischen Häusern der Familien Koch, Lang, Goldschmitt und Stern gezogen, wo Fenster eingeschlagen und Inventar zerschlagen wurden.[716] Die Ober-Olmer Synagoge in der Oberen Bitzer Gasse verwüstete man ebenfalls, konnte sie jedoch nicht anzünden. Dabei

711 Vgl. das kreisweite Schadensverzeichnis in StA Mainz, Bestand ZGS/E3/15.

712 LA Speyer, Bestand H 53, Nr. 1776.

713 Vgl. für die Erwähnung von Auswärtigen Hoffmann: Geächtet, geplündert, geflohen. S. 13; Gesuch von Johann Limberger vom 21. September 1945. In: LHA Koblenz, Bestand 856, Nr. 134540.

714 Vgl. hierzu den ausführlich überlieferten Strafprozess. In: LA Speyer, Bestand J 76, Nr. 155–158.

715 Vgl. Hoffmann: Geächtet, geplündert, geflohen. S. 19.

716 Vortrag von Heribert Schmitt vom 16. November 2018 (Manuskript). In: Privatarchiv Heribert Schmitt, Ober-Olm.

Ein seltenes Bilddokument der Verhaftungen entstand im November 1938 im pfälzischen Landau, wo die SA einige Juden in einem Bus zu ihrem Verhaftungsort abführte. Quelle: LA Speyer, Bestand X 3, Nr. 2929.

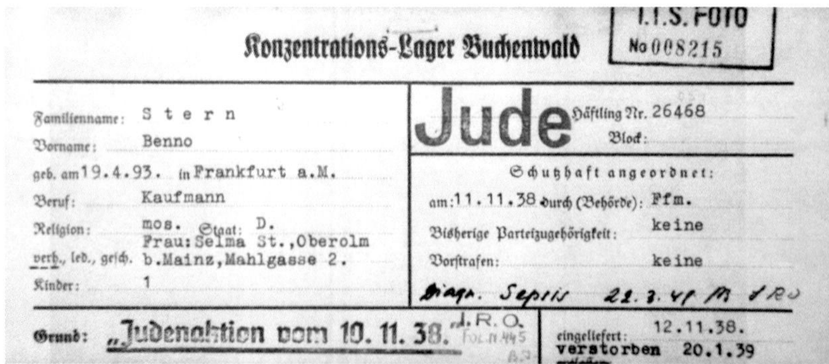

Konzentrations-Lager Buchenwald

I.T.S. FOTO No 008215

Familienname: Stern
Vorname: Benno
geb. am 19.4.93. in Frankfurt a.M.
Beruf: Kaufmann
Religion: mos. Staat: D.
verh., led., gesch. Frau: Selma St., Oberolm b.Mainz, Mahlgasse 2.
Kinder: 1

Jude Häftling Nr. 26468
Block:
Schutzhaft angeordnet:
am: 11.11.38 durch (Behörde): Ffm.
Bisherige Parteizugehörigkeit: keine
Vorstrafen: keine
Diagn. Sepsis

Grund: „Judenaktion vom 10. 11. 38." J.R.O.
eingeliefert: 12.11.38.
verstorben 20.1.39

Reproduktion der Häftlingskarte von Benno Stern mit Todesnotiz. Das Original ist im Archiv der Gedenkstätte Buchenwald erhalten. Quelle: Heribert Schmitt, Ober-Olm (Repro).

berücksichtigte man wie andernorts die mögliche Brandgefahr für die Nachbargebäude.[717]

In Ober-Olm wickelte die Bürgermeisterei das Tatmuster D, die Verhaftungen, schnell ab. Drei Ober-Olmer Juden – Alois Koch, David Goldschmitt und Albert Lang – wurden zur Staatspolizeidienststelle nach Mainz transportiert.[718] Benno Stern holte die Gestapo zu Hause ab und brachte ihn über Mainz und Frankfurt nach Buchenwald.[719] Die Gründe für den Transport nach Frankfurt sind unbekannt. Eventuell könnte Stern wegen seines Geburts- und früheren Wohnorts Frankfurt den dortigen Behörden gesondert übergeben worden sein. Gesichert ist, dass Benno Stern Buchenwald nicht überlebte. Er starb am 20. Januar 1939, angeblich an »Herzschwäche durch Blutvergiftung«.[720] Damit ist Stern der einzige jüdische Bürger im hiesigen Untersuchungsraum, der aus der KZ-Haft nach den Novemberpogromen nicht mehr zurückkehrte.

Benno Sterns Tod bildete jedoch nicht die einzige Nachwirkung der Novemberpogrome in Ober-Olm und Klein-Winternheim. Bereits am 27. November 1938 war es in der Klein-Winternheimer Pfarrkirche zu einem denkwürdigen Nachspiel gekommen: Der Kapuzinerpater Reinhard Berger hielt beim Patronatsfest die Festpredigt, deren kritischer Inhalt der Bürgermeister und Ortsgruppenleiter Jakob Nikolaus Schreiber in einem Brief an die Pfarrgemeinde nicht unkommentiert stehen lassen wollte:

---

717 Vgl. Arnsberg: Die jüdischen Gemeinden in Hessen (Zweiter Band). S. 154. Hier verweist Arnsberg irrtümlicherweise auf einen Betraum, denn »eine richtige Synagoge gab es in Ober-Olm nicht«. Diese Aussage wird allerdings auf dem Plan von Willi Weber aus dem Jahr 1930 (überarbeitet von Heribert Schmitt im Jahr 2015) entkräftet. Auf den Plan ist die Mikwe als Kennzeichen einer Synagoge zu sehen. Vgl. für diese Information das Privatarchiv Heribert Schmitt, Ober-Olm.

718 Vgl. die Verhaftungsliste in StA Mainz, Bestand ZGS/E3/15.

719 Vgl. Vortrag von Heribert Schmitt vom 16. November 2018 (Manuskript). In: Privatarchiv Heribert Schmitt. Vgl. dort auch die Häftlingskarte von Benno Stern, den die Gestapo nach Buchenwald überstellt hatte.

720 http://totenbuch.buchenwald.de/names/details/person/924/ref/recherche (zuletzt aufgerufen am 14. April 2021); Todesnachricht von Benno Stern vom 20. Februar 1939. In: Privatarchiv Heribert Schmitt.

»[…] Mit der Anspielung auf die Zeiten des Mittelalters sollten wohl die jüngsten antisemitischen Ereignisse nicht vergessen werden, mit deren Ergebnis er [Berger] sich scheinbar nicht abfinden kann. Gehört das in die Kirche? Derartige Predigten dürften für einen wahren Christen, der in der Kirche etwas von Gott zu hören wünscht, nicht anziehend, sondern nur abstoßend wirken. Dies beweist die lebhafte Unterhaltung der Bevölkerung darüber.«[721]

Da der Pfarrer nicht einlenken wollte, verschärfte sich der Konflikt zwischen Pfarrgemeinde und Ortsgruppe. Zugleich ist dieser Vorfall ein Beweis dafür, dass einzelne Geistliche das Pogrom kritisierten,[722] obwohl sich die Amtskirche mit Kritik vorerst zurückhielt.[723] Dennoch trieb die Verwüstung der Geschäftsräume Alexander Abraham schließlich zur Auswanderung nach Wisconsin, während sein Haus von der örtlichen NSDAP eingezogen, die Möbelstücke versteigert und seine Fabrik von den Chemischen Werken Amöneburg arisiert wurden.[724] Anders erging es den erwähnten Ober-Olmer Juden: Mit Ausnahme der Witwe und Tochter Benno Sterns wurden alle im Holocaust ermordet.[725]

721 DDA Mainz, Bestand 52/54, Nr. 20f (fol. 183f.).

722 Für ein Beispiel aus dem Raum Trier, wo ein junger evangelischer Pfarrer die Pogrome anprangerte, vgl. Kißener, Michael: Grundzüge der historischen Entwicklung. In: Ders./Kahlenberg, Friedrich (Hrsg.): Kreuz-Rad-Löwe. Rheinland-Pfalz. Ein Land und seine Geschichte, Band 2. Mainz 2012. S. 113.

723 Man sollte daher mit Generalisierungen vorsichtig sein. Vgl. Friedländer: Das Dritte Reich und die Juden (Erster Band). S. 319: »Keine Kritik an dem Pogrom wurde von den Kirchen öffentlich geäußert«.

724 Vgl. Hoffmann: Geächtet, geplündert, geflohen. S. 16; Grass: Die Orte der Verbandsgemeinde Nieder-Olm. S. 248; für eine Versteigerung, vgl. LA Speyer, Bestand, Bestand J 10, Nr. 4007. Der Plan zur Auswanderung ist auch dokumentiert – damals noch mit Ziel Tennessee – in LA Speyer, Bestand H 53, Nr. 1439.

725 Vgl. https://www.bundesarchiv.de/gedenkbuch/ (Suchbegriff »Ober-Olm« für »Geburtsort« und »Wohnort«; zuletzt aufgerufen am 14. April 2021); Vortrag von Heribert Schmitt vom 16. November 2018 (Manuskript). In: Privatarchiv Heribert Schmitt.

3.6.2 BODENHEIM – DAS PERSÖNLICHE POGROM

In Bodenheim sind die Novemberpogrome eng mit der Familie Weil verbunden, sodass man von einem »persönlichen Pogrom« sprechen kann. Die Familie Weil war seit dem 19. Jahrhundert gut in die Dorfgemeinschaft integriert und hatte auch gemeinsame Schlachtungen mit christlichen Metzgern durchgeführt.[726] Als größte Metzgerei im Ort erwirtschaftete Gustav Weil ein kleines Vermögen, welches den Kindern eine höhere Schulbildung und den Eltern »eine Sammlung von Kunstgegenständen« ermöglichte.[727] Neid war hier vorprogrammiert. In der NS-Zeit erhielt Gustav Weil mit Ortsbauernführer Heinrich Haub II. einen prominenten Gegenspieler, der 1935 Anzeige gegen Weil wegen illegalen Milchverkaufs erstattete:

> »Gerade in Machenschaften und dergl. ist mir diese Firma bekannt, weshalb ich bitte, die strengste Massnahme, die bei dieser Gelegenheit anzuwenden ist, vorzunehmen, damit auch diesem jüdischen Saboteur endlich einmal zum Bewusstsein kommt, in welchem Staate er lebt.«[728]

Allerdings sprang für Weil nur eine geringe Geldstrafe heraus. Dass Weil später erneut juristisch belangt und dennoch seine Metzgerei fortführen konnte,[729] musste Haub missfallen haben.

So betrieb Gustav Weil, bereits 71 Jahre alt und verwitwet, im November immer noch mit seinen Söhnen die Metzgerei in der Neugasse 1.[730] Im Zuge der Novemberpogrome[731] wurden alle

726 Vgl. Kasper: Leben in der jüdischen Gemeinde Bodenheim im 19. Jahrhundert. S. 147.

727 Vgl. hierzu die eidesstattliche Erklärung vom 26. Juni 1963. In: LA Speyer, Bestand J 10, Nr. 1210.

728 LA Speyer, Bestand J 44, Nr. 995.

729 Ebd.

730 Vgl. Kasper: Der jüdische Friedhof in Bodenheim. S. 109.

731 Das Pogromdatum liegt je nach Aussage zwischen dem 8. und 10. November. Vgl. LHA Koblenz, Bestand 856, Nr. 134702 (10. November) sowie das Privatarchiv Horst Kasper (8. November bzw. 9. November). Die bereits erwähnten parallelen Vorgänge in anderen Ortschaften sprechen für den 10. November.

männlichen Mitglieder der Familie Weil verhaftet und eine Nacht im Rathauskeller eingesperrt; die Wohnung wurde verwüstet, der Pkw von Berthold Weil beschädigt.[732] Zudem existieren – in den Akten unbestätigte – Zeitzeugenberichte, wonach Schulkinder bei der Verwüstung des Hauses zugegen waren.[733] Die Töchter von Gustav Weil flüchteten zur Nachbarsfamilie Reinhard, die Zuflucht gewährte – ein seltenes wie gefährliches Unterlaufen des örtlichen Pogromverlaufs.[734]

Am folgenden Tag gelang es einer Tochter, ihren Vater freizubekommen, der daraufhin zu seinem Bruder nach Mainz ging. Allerdings bestand die Gendarmerie auf seiner Rückkehr, sodass Gustav Weil sich wieder nach Bodenheim begab. Als ihn seine Tochter Herta am Rathaus wiedersah, kam es ihrer Aussage zufolge zu dieser Szene:

> »Heinrich Haub II schlug mit beiden Fäusten auf meinen soeben eingetroffenen Vater ein, dass das Blut in Strömen herunterlief. Von diesem Anblick entsetzt, schrie ich auf und bat Haub, meinen alten kranken Vater zu verschonen, der ihm doch nie etwas zu leide getan hatte. Haubs Antwort war: ›Jeder Jude ist mein Feind‹ und wenn ich nicht ruhig wäre, würde ich auch Schläge bekommen.«[735]

Trotz dieser eidesstattlichen Erklärung rettete sich Heinrich Haub vor einer Strafverfolgung, da drei Zeugenaussagen ihn zwar nicht entlasteten, aber auch nicht überführten.[736]

---

732 Vgl. Privatarchiv Horst Kasper, Bodenheim.

733 Vgl. Artikel von Horst Kasper in der Allgemeinen Zeitung vom 20. August 2016. In: Privatarchiv Horst Kasper.

734 Ebd.; vgl. auch das Schreiben der Gemeinde Bodenheim vom 27. November 1963. In: LA Speyer, Bestand J 10, Nr. 1210. Hier wird die Nachbarsfamilie, »die auch während der Verfolgungszeit den Familienangehörigen Weil sehr hilfreich zur Seite stand«, erwähnt. Diese Hilfsbereitschaft war also vor Ort bekannt.

735 Eidesstattliche Erklärung von Herta Laqueur (geb. Weil), bestätigt durch Frieda Bernheimer (geb. Weil), vom 30. November 1949. In: LHA Koblenz, Bestand 856, Nr. 134702.

736 Vgl. LHA Koblenz, Bestand 856, Nr. 134702; Brüchert: Bodenheim im Nationalsozialismus. S. 115.

Neben der Familie Weil lebte noch die Familie von Salomon Blum in Bodenheim. Die Blums lebten als Mieter im Haus von Louis Mayer in der Mainzer Straße und so nur »einen Steinwurf entfernt« von Ortsbauernführer Haub, was Blum dank dieser Nachbarschaftsbeziehung vor größeren Zerstörungen gerettet haben dürfte.[737] Nach dem Krieg erwähnte sein im Ausland lebender Sohn Max Blum, sein Vater habe ihm geschrieben, dass Haub »mit der Anstifter jener berüchtigter Ausschreitungen in Bodenheim war.«[738] Das Gericht nutzte diese Aussage nicht weiter, was Haub rettete.

Nach den Pogromen teilte Salomon Blum das Schicksal von Gustav Weil und dessen Söhnen Ernst, Berthold und Richard. Alle kamen ins KZ Buchenwald.[739] Dass vier Mitglieder einer Familie ins KZ kamen, ist im Untersuchungsraum ein Einzelfall und zeigt die kalte wie persönliche Befehlsvollstreckung der Bürgermeisterei. Die Synagoge war dagegen im Frühjahr 1938 verkauft worden und blieb unangetastet.[740]

Nicht unangetastet blieb Bürgermeister Sauer. Auch wenn sie ihm eine Tatbeteiligung nicht nachweisen konnte, urteilte die Spruchkammer nach dem Zweiten Weltkrieg, dass er »in zynischer Gleichgültigkeit nicht das geringste getan hat, um diese gemeinen und unmenschlichen Verbrechen zu verhindern.«[741] Dies war eine ungewohnt scharfe Missbilligung – und aus heutiger Perspektive ein seltenes Urteil, das die angebliche Passivität von Amtsträgern bei den Novemberpogromen als Flucht vor der Verantwortung entlarvt.

---

737 Telefongespräch mit Horst Kasper, Bodenheim, am 9. Mai 2020. Vgl. zudem LA Speyer, Bestand H 53, Nr. 1772. Der Gesamtwert des Bodenheimer Schadens (1000 RM), verbunden mit den umfangreichen Zerstörungen und der Einrichtung, legt einen Hauptschaden bei der Familie Weil nahe.

738 Brief von Max Blum. In: LHA Koblenz, Bestand 856, Nr. 134702.

739 Vgl. LA Speyer, Bestand H 53, Nr. 1776.

740 Vgl. Kaufvertrag im Privatarchiv Horst Kasper; vgl. zum Synagogenverkauf auch Fischbach: Synagogen Rheinland-Pfalz–Saarland. S. 120.

741 Säuberungsvorschlag von Anton Sauer vom 11. Januar 1949. In: LHA Koblenz, Bestand 856, Nr. 132243.

3.6.3 MOMMENHEIM – ABRECHNUNG MIT EINEM »SONDERLING«[742]

Eine ähnliche persönliche Abrechnung wie in Bodenheim geschah in Mommenheim, wo seit dem Wegzug des Vorstands Loeb im Jahr 1933[743] die jüdische Gemeinde inaktiv war. Ludwig Bergmann blieb fast alleine zurück; der erblindete alte Korbhändler Hermann Hirsch lässt sich für die 1930er-Jahre nachweisen, fehlt aber in Quellen zum November 1938 – entweder weil er bereits weggezogen war oder wegen seiner Behinderung unbehelligt blieb.[744] Mittlerweile hatte Bergmanns Kolonialwarenhandlung viele Kunden eingebüßt, was nach Luig zu psychischen Problemen führte: Mit seiner Haushälterin Kohlmann habe Bergmann gar einen Selbstmordversuch unternommen.[745]

Damit könnte auch ein Vorfall zusammenhängen, der das angespannte Verhältnis zwischen Bergmann und der NSDAP-Ortsgruppe offenlegte. In der Nacht vom 24. auf den 25. Januar 1936 warfen Philipp Windisch und Heinrich Mühl die Fensterscheiben von Bergmanns Haus ein.[746] Im Strafverfahren schoben Windisch und Mühl ihre Tat auf eine feuchtfröhliche Geburtstagsfeier, die ausgeartet sei. Auch wenn diese Behauptung nicht widerlegt werden konnte, ist es doch interessant, dass der langjährige SA-Oberscharführer Philipp Windisch, einer der ranghöchsten SA-Leute des Dorfes, gerade bei Bergmann die Fensterscheiben einschmiss. Deutlicher wird diese Zielauswahl dank des Ortsgruppenleiters Georg Windisch II., der

742 So charakterisierte die Gemeinde den ehemaligen jüdischen Kolonialwarenhändler und Junggesellen Ludwig Bergmann im Jahr 1951. In: LA Speyer, Bestand J 10, Nr. 2217.

743 Vgl. Mitteilungsblatt des Landesverbandes israelitischer Religionsgemeinden in Hessen (3/1933). S. 3.

744 Vgl. LA Speyer, Bestand U 188, Nr. 76. Hier werden 1939 noch zwei jüdische Bürger angegeben, was auf Bergmann und ggf. seine Haushälterin, deren Religion nicht bekannt ist, oder eben auf Bergmann und Hermann Hirsch hindeuten könnte. Vgl. zu Hermann Hirsch auch Luig: Mommenheim. S. 71.

745 Vgl. Luig: Mommenheim. S. 71.

746 Für diese und folgende Einzelheiten, vgl. das Strafverfahren. In: LA Speyer, Bestand J 44, Nr. 1016.

Straferlass für beide Beschuldigte ersuchte – mit fadenscheinigen Begründungen: Windisch erwähnt z. B. einen Zwischenfall aus der Besatzungszeit, als die NSDAP-Ortsgruppe ein antifranzösisches Lied angestimmt hatte, was Bergmann beinahe zur Anzeige gebracht hatte. Windisch fährt fort:

»Auch bis zum heutigen Tage dient die Wohnung des Juden immer noch als Unterschlupf für kommunistisches und staatsfeindliches Gesindel. Es ist deshalb nur der Besonnenheit der nationalsozialistischen Bevölkerung zu verdanken, daß bis jetzt noch keine weiteren Ausschreitungen gegen den Juden vorgekommen sind. Wenn die Obengenannten aus politischen Motiven oder aus Rache gehandelt hätten, so hätten diese schon früher öfters hierzu Gelegenheit gehabt.«[747]

Die Verachtung des Ortsgruppenleiters ist klar herauszulesen, was den nächtlichen Vorfall vielleicht als Denkzettel, mindestens aber als günstige Gelegenheit entlarvt. Zudem wies der Ortsgruppenleiter im weiteren Verlauf des Schreibens auf die Möglichkeit weiterer Übergriffe gegen Bergmann hin. In der Retrospektive mutet diese Aussage wie eine zynisch-traurige Prophezeiung an, die sich im November 1938 bewahrheiten sollte.

Eine Synagoge, die man hätte zerstören können, existierte in Mommenheim nicht mehr. Das alte, im Jahr 1860 geweihte Synagogengebäude war längst verkauft und abgebrochen worden.[748] Somit konzentrierten sich die Übergriffe auf Ludwig Bergmann. Bis heute ist aus den Quellen nicht klar ersichtlich, wer die Verantwortung für die Zerstörung von Bergmanns Wohnung und Geschäft trägt; der Schaden war mit 1.800 RM beträchtlich.[749] Mit Philipp Windisch war ein alter Bekannter an dem erneuten nächtlichen Überfall beteiligt, den er bei seiner ersten Vernehmung im Jahr 1947 gestand, auch wenn er Mittäter schützte und sein Zerstörungswerk kleinredete.[750]

747 Ebd.

748 Vgl. für die Synagogenweihe Der israelitische Volkslehrer (7/1860). S. 231.

749 Vgl. das Verzeichnis der kreisweiten Schäden in StA Mainz, Bestand ZGS/E3/15.

750 Vgl. Vorladung von Philipp Windisch am 25. März 1947. In: LHA Koblenz, Bestand 856, Nr. 135167.

Eineinhalb Jahre später beteuerte er aber, dass er erst am Folgetag von dem Vorfall erfahren hätte.[751] Mangels Zeugen wurde dieses verspätete Alibi verworfen, sodass die Spruchkammer Windisch als »Belasteten« einstufte, ehe das Verfahren eingestellt wurde.[752]

Georg Windisch II., als Ortsgruppenleiter und Beigeordneter eigentlich eine zentrale Figur bei den Novemberpogromen, hüllte sich nach dem Krieg in Schweigen. Er erwähnte lediglich, dass er mit dem Bürgermeister Jakob Brückbauer die aufgebrochene Tür zu Bergmanns Haus zugenagelt habe.[753] Brückbauer wurde dazu nicht befragt; seine Charakterisierung war lediglich die eines »Befehlsempfänger[s]«,[754] welcher die Anweisung höherer Stellen gewissenhaft wie gründlich umzusetzen pflegte.

Zuverlässig lieferte daher die Gemeinde Ludwig Bergmann an die Gestapo-Außenstelle Mainz ab, von wo aus Juden nach Buchenwald kamen.[755] Der »Sonderling« verschwand vorübergehend – und 1942 für immer. Da Querverweise aus anderen Orten fehlen und bereits schwelende Spannungen zwischen Tätern und dem einzigen Opfer belegt sind, verdichtet sich der Eindruck, dass die Novemberpogrome in Mommenheim von Ortsbürgern ausgingen. In welcher Personenzahl dies geschah, bleibt im Dunkeln.

---

751 Vgl. Schreiben der Bürgermeisterei vom 21. Oktober 1948. In: LHA Koblenz, Bestand 856, Nr. 135167.

752 Vgl. Klageschrift und Schreiben vom 4. April bzw. 25. Oktober 1950. In: LHA Koblenz, Bestand 856, Nr. 135167. Der Grund für die Verfahrenseinstellung war der Abschluss der politischen Säuberung im Land Rheinland-Pfalz.

753 Vgl. Vorladung von Georg Windisch II. am 25. März 1947. In: LHA Koblenz, Bestand 856, Nr. 132381.

754 Klageschrift vom 11. Oktober 1948. In: LHA Koblenz, Bestand 856, Nr. 132456.

755 Vgl. die Verhaftungsliste in StA Mainz, Bestand ZGS/E3/15.

3.6.4 HEIDESHEIM – DAS JÜDISCHE »ABSCHIEDSGESCHENK«

In Heidesheim, nahe den Ingelheimer Gemeinden, kam es an zwei Tagen zu Vorfällen. Die Novemberpogrome zeichneten sich hier anfangs durch eine gewisse Spontaneität und schließlich durch ein kalt berechnendes wie skurriles Manöver aus. Einleitend ist zu bemerken, dass mit Adele Ebner in Heidesheim eine mit einem christlichen Landarzt verheiratete Person jüdischer Abstammung unversehrt blieb – ein Schicksal, das Bertel Huhn in Guntersblum teilweise teilte.[756] Die Familie Ebner bewohnte eine Villa am Ortsrand, engagierte sich im katholischen Milieu und war entsprechend angesehen.[757] Dies dürfte Adele Ebner gerettet haben. Man traute sich nicht an die Familie heran.

Ganz anders erging es Rosa Gruner, deren Textilgeschäft bereits vor 1938 im »Nachrichtenblatt« diffamiert worden war. Am Abend des 9. November fand sich die NSDAP-Ortsgruppe zu einer Gedenkfeier in der Turnhalle ein, welche zugleich der Ortsgruppe als Geschäftsstelle diente und nur wenige Meter vom Geschäfts- und Wohnhaus Rosa Gruners entfernt lag.[758] Die Gedenkfeier zum 9. November 1923 fand in einem martialischen Rahmen statt: Tafeln erinnerten an die »16 gefallenen Helden« des Hitlerputsches, Opferschalen illuminierten den Raum und ein Fanfarensignal mit Fahneneinzug eröffnete die Veranstaltung, sodass das »Nachrichtenblatt« später jubilierte: »Ein überwältigender Eindruck.«[759] Die örtliche Volksschule war durch Rektor Karl Sturm, der einleitend die Namen der »Blutzeugen« verlas, vertreten, während Bürgermeister

756 Vgl. LA Speyer, Bestand R 20, Nr. 280. Adele Ebner, die als Jüdin geboren wurde, aber zum Christentum konvertiert war, wurde von der NSDAP-Ortsgruppe Heidesheim qua ihrer Abstammung als »Jüdin« betrachtet. Vgl. das Schreiben von Bürgermeister Koch vom 8. Februar 1939. In: Privatarchiv Willi Geisenhof, Heidesheim. Zu Bertel Huhn, die keine Konvertitin war, vgl. Michaelis: Die jüdische Gemeinde Guntersblum. S. 200.

757 Vgl. zum Engagement des Arztes Otto Ebner diverse Dokumente im Privatarchiv Willi Geisenhof.

758 Vgl. Nachrichtenblatt vom 11. November 1938. Die folgenden Informationen zu der Gedenkfeier stammen aus diesem Artikel.

759 Ebd.

In der Turnhalle, hier ein undatiertes Foto aus der NS-Zeit, fand die Feier zum 9. November statt, nach deren Ende das Geschäft von Rosa Gruner aufgesucht wurde. Quelle: Willi Geisenhof, Heidesheim.

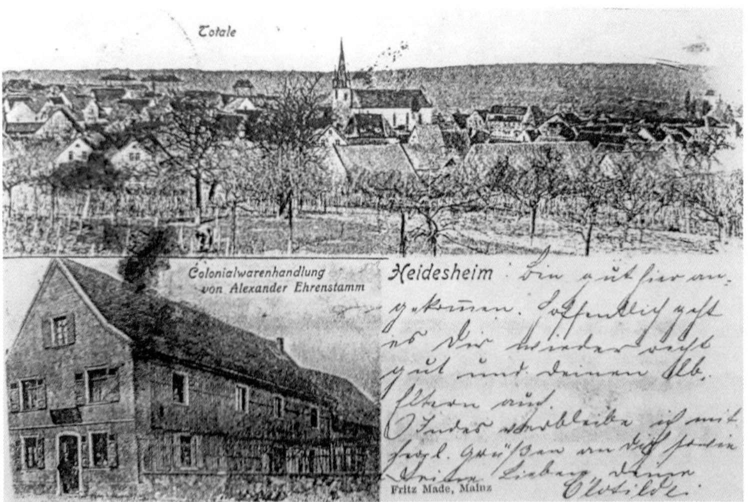

Die »Colonialwarenhandlung Alexander Ehrenstamm«, welche Ehrenstamms Tochter Rosa Gruner übernahm und in ein Kurz- und Wollwarengeschäft umwandelte, nahm einen prominenten Platz vor Ort ein, wie hier auf einer Postkarte um 1900 zu sehen ist. Quelle: Willi Geisenhof, Heidesheim.

und Ortsgruppenleiter Jakob Koch den historischen Hintergrund des Nationalsozialismus anhand des 9. November 1918 und 1923 erläuterte. Grynszpans Attentat kommt in der Berichterstattung des »Nachrichtenblatts« zu Kochs Rede nicht vor. Die Atmosphäre war aber aufgeheizt; nach der Veranstaltung kam es zu massiven Ausschreitungen an Gruners Geschäft, das stark beschädigt wurde.[760] Nach dem Krieg gab Jakob Koch ungerührt zu Protokoll, dass »die Rotte reinging und alles kaputt schlug«.[761] Wie es auch andernorts am Folgetag passieren sollte, wurde Rosa Gruners Einrichtung durch das Fenster auf die Straße geworfen und angezündet.[762] Dabei ging eine wertvolle Münz- und Briefmarkensammlung aus dem Hause Gruner verloren;[763] es ist naheliegend, dass die Pogromtäter dieses Sammlerstück mitgehen ließen.

An der altehrwürdigen Schlossmühle, welche das Ehepaar Holländer seit dem Jahr 1920 bewohnte, ereignete sich am 10. November ein skurriles Schauspiel. Ursprünglich hatten die Holländers geplant, an jenem Tag nach Wiesbaden umzuziehen, »da die Chikanen [sic!], die Misskreditierung, die Spionage um uns unertragbar waren.«[764] Doch es kam anders: Am Vormittag verschafften sich SA-Leute gewaltsam Zutritt zur Schlossmühle und machten sich an den bereits verladenen Möbelstücken zu schaffen.[765] Parallel dazu wurde Max Holländer verhaftet und zur Bürgermeisterei gebracht – wo man ihn dazu nötigte, die Schlossmühle der Gemeinde Heidesheim zu schenken. Angesichts unverhohlener Drohungen von Bürgermeister Koch konnte Max Holländer nach einem Gespräch

760 Vgl. LA Speyer, Bestand J 10, Nr. 467.

761 Sitzungsprotokoll vom 25. April 1950. In: LHA Koblenz, Bestand 856, Nr. 135151.

762 Vgl. Urhegyi: Die Kristallnacht in einer Landgemeinde. S. 10.

763 Ebd.

764 Erlebnisbericht von Johanna Holländer (undatiert; nach 1945). In: Privatarchiv Willi Geisenhof.

765 Inwieweit hierbei Möbelstücke angezündet wurden, ist in den Quellen umstritten. Nach dem Erlebnisbericht von Johanna Holländer sei es dazu gekommen, während die Speditionsfirma eine ordnungsgemäße Überbringung nach Wiesbaden vermeldete – wo das Umzugsgut dann dennoch beschlagnahmt worden sei. Vgl. hierzu StA Ingelheim, Rep. HH, 255/2.

mit seiner Frau Johanna nur der Aufgabe seines Grundbesitzes zustimmen, denn »wir [kamen] zu dem Ergebnis, dass das Leben, unser Leben, unser wertvollster Besitz sei«,[766] wie Johanna Holländer später schreiben sollte. Der Bürgermeister frohlockte; ein Schenkungsvertrag wurde eiligst aufgesetzt, wonach das Anwesen »aus freien Stücken« an die Gemeinde Heidesheim unverzüglich übertragen wurde.[767] Bei diesem notariellen Akt waren Bürgermeister Koch und Mitglieder des Ortsgerichts anwesend.[768]

Die Schenkung war ein durchschaubares wie zynisches Manöver der finanziell angeschlagenen Gemeinde, die unter kommunaler Finanzaufsicht stand und für jeden Kauf eine Genehmigung benötigte.[769] Durch die »Schenkung« wollte man dieses Problem elegant umgehen und Holländers Notlage ausnutzen – was Kellerhoffs Einschätzung, dass es sich hierbei um »die vielleicht dreisteste Selbstbereicherung in Rheinhessen im Zuge der Novemberpogrome 1938« handelte,[770] bestätigen dürfte. Aus zeitgenössischer Perspektive führte aber das Geschenk von Juden an Nichtjuden bzw. an eine finanziell angeschlagene Gemeinde zu Stirnrunzeln bei den lokalen Behörden.[771]

Das amtliche »Nachrichtenblatt« widmete dagegen der Schlossmühle die Titelseite und schrieb:

> »Und so ist der langgehegte Wunsch, daß das alte historische Bauwerk einmal in den Besitz der Gemeinde übergehen sollte, Wirklichkeit geworden.«[772]

Der Bericht im »Mainzer Anzeiger«, der vor antisemitischer Propaganda geradezu trieft, schließt mit den Worten:

---

766 Ebd.

767 Schenkungsvertrag (Kopie). In: Privatarchiv Willi Geisenhof.

768 Ebd.

769 Vgl. zu der Finanzaufsicht das Schreiben von Jakob Koch an das Kreisamt Bingen vom 30. Dezember 1938. In: Privatarchiv Willi Geisenhof.

770 Kellerhoff: Ein ganz normales Pogrom. S. 138.

771 Vgl. Schreiben von Jakob Koch an das Kreisamt Bingen vom 30. Dezember 1938. In: Privatarchiv Willi Geisenhof.

772 Nachrichtenblatt vom 11. November 1938.

»Unsere Bilder zeigen, wie der Jude – es ist nur ein Beispiel für die vielen tausend Fälle im Reich – wohnte, während deutsche schaffende Menschen in unwürdigen Wohnungen sich aufhalten mussten. Heidesheim ist glücklich, dass es nun judenfrei ist, dass die alte historische Schlossmühle der Gemeinschaft zugeführt werden kann. Am Sonntag ist die erste Gelegenheit, die Schlossmühle zu besichtigen.«[773]

Dieser Tag der offenen Tür erfreute sich eines so großen Andrangs, dass er eine Woche später wiederholt wurde.[774] Das Ehepaar Holländer erlebte diesen Voyeurismus nicht mehr. Während man Rosa Gruner noch nach Stuttgart flüchten ließ,[775] wurde Max Holländer ins KZ Buchenwald transportiert.[776]

Drei Wochen nach den Novemberpogromen in Heidesheim, am 30. November 1938, fand in der Turnhalle erneut eine Kundgebung statt.[777] Das Thema lautete diesmal »Männer machen Geschichte«. Ein Redner aus Frankfurt referierte zunächst über die aggressive Außenpolitik Hitlers, ehe er schließlich »die Juden« mit wüsten antisemitischen Schmähungen überhäufte und versprach: »Der Führer wird das deutsche Volk auch von dieser Judenplage befreien.« Bürgermeister Koch nutzte dies, »um noch einmal kurz auf die in Heidesheim gewesenen Juden zu sprechen […].« Was er genau sagte, ist nicht überliefert; es liegt aber nahe, dass Koch zufrieden auf die jüngsten Ereignisse in seiner Gemeinde zurückblickte.

---

773 Mainzer Anzeiger vom 19. November 1938.

774 Vgl. Urhegyi: Die Kristallnacht in einer Landgemeinde. S. 15; vgl. Nachrichtenblatt vom 25. November 1938.

775 Dies rettete sie jedoch nicht vor der Deportation nach Riga-Jungfernhof, einem Außenlager des Rigaer Ghettos. Sie wurde später für tot erklärt. Vgl.: https://www.bundesarchiv.de/gedenkbuch/de880617 (zuletzt aufgerufen am 14. April 2021).

776 Vgl. LA Speyer, Bestand J 10, Nr. 467 sowie den Erlebnisbericht von Johanna Holländer. In: Privatarchiv Willi Geisenhof.

777 Vgl. für den Bericht der Veranstaltung das Nachrichtenblatt vom 2. Dezember 1938. Sämtliche folgende Informationen, die sich auf dieses Ereignis beziehen, stammen aus diesem Bericht. Daraus ergibt sich zudem, dass diese Veranstaltung auch im Ortsteil Heidenfahrt stattfand, allerdings mit Kreisleiter Zehfuß.

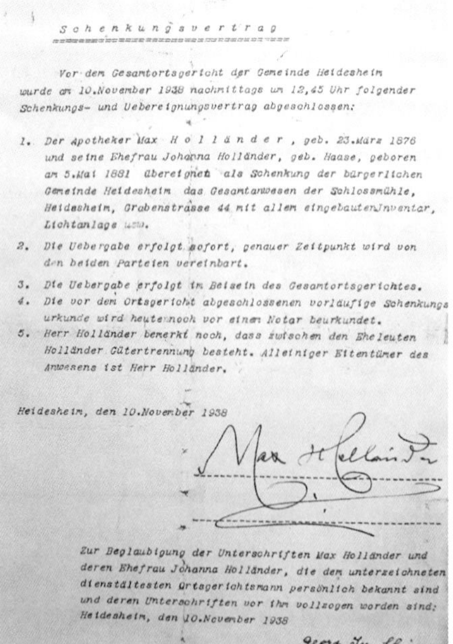

S c h e n k u n g s v e r t r a g

Vor dem Gesamtortsgericht der Gemeinde Heidesheim wurde am 10.November 1938 nachmittags um 12,45 Uhr folgender Schenkungs- und Uebereignungsvertrag abgeschlossen:

1. Der Apotheker Max H o l l ä n d e r , geb. 23.März 1876 und seine Ehefrau Johanna Holländer, geb. Haase, geboren am 5.Mai 1881 übereignen als Schenkung der bürgerlichen Gemeinde Heidesheim das Gesamtanwesen der Schlossmühle, Heidesheim, Grabenstrasse 44 mit allem eingebautenInventar, Lichtanlage usw.
2. Die Uebergabe erfolgt sofort, genauer Zeitpunkt wird von den beiden Parteien vereinbart.
3. Die Uebergabe erfolgt im Beisein des Gesamtortsgerichtes.
4. Die vor dem Ortsgericht abgeschlossenen vorläufige Schenkungs urkunde wird heute noch vor einen Notar beurkundet.
5. Herr Holländer bemerkt noch, dass zwischen den Eheleuten Holländer Gütertrennung besteht. Alleiniger Eitentümer des Anwesens ist Herr Holländer.

Heidesheim, den 10.November 1938

Max Holländer

Zur Beglaubigung der Unterschriften Max Holländer und deren Ehefrau Johanna Holländer, die dem unterzeichneten dienstältesten Ortsgerichtsmann persönlich bekannt sind und deren Unterschriften vor ihm vollzogen worden sind:
Heidesheim, den 10.November 1938

Oben: Die Schlossmühle im Jahr 1905. Quelle: Willi Geisenhof, Heidesheim.

Links: Mit diesem Schenkungsvertrag wechselte die Schlossmühle im Zuge der Novemberpogrome den Besitzer – unter Zwang. Dies ist die erste Seite des folgenreichen Dokuments. Quelle: Willi Geisenhof, Heidesheim.

Weniger zufrieden dürfte die Ortsgemeinde Heidesheim dagegen mit der weiteren Verwendung der Schlossmühle gewesen sein: Dort wurden Wehrmachtsangehörige aus der Wackernheimer Kaserne einquartiert – wozu die Bürgermeisterei, die durch Privatvermietung an »Volksgenossen« finanziell stärker profitieren wollte, zähneknirschend zustimmen musste.[778] Das Ehepaar Holländer kehrte nach Max Holländers Entlassung aus Buchenwald nicht mehr nach Heidesheim zurück, sondern flüchtete auf die Philippinen, von wo aus es die Schenkungsurkunde juristisch bekämpfte.[779] Nach dem Jahr 1941 kämpfte Johanna Holländer alleine, denn ihr Ehemann starb in den USA, gezeichnet von der KZ-Haft in Buchenwald und den Demütigungen in Heidesheim.

Doch nach dem Krieg sollten die Novemberpogrome in Heidesheim wie in keiner anderen rheinhessischen Gemeinde erhebliche Finanzlöcher in den Gemeindehaushalt reißen, als Johanna Holländer Restitutionsforderungen stellte.[780] Auch wenn sie das endgültige Urteil des jahrzehntelangen juristischen Tauziehens nicht mehr erleben sollte, siegte sie posthum juristisch auf ganzer Linie.

778 Vgl. hierzu die Schreiben der Bürgermeisterei und Kommandantur vom 18. November 1938 bzw. vom 24. November 1938. In: Privatarchiv Willi Geisenhof.

779 Vgl. Erlebnisbericht von Johanna Holländer (undatiert; nach 1945). In: Privatarchiv Willi Geisenhof.

780 Für den Restitutionsprozess Johanna Holländers, vgl. HHStA Wiesbaden, Bestand 518, Nr. 17003.

4

Epilog: Weichenstellungen nach den Novemberpogromen

Nicht nur in Heidesheim sollten die Novemberpogrome langfristige Folgen haben. Insgesamt wurden 20.000 bis 30.000 Juden verhaftet, von denen viele in Konzentrationslager transportiert wurden.[781] Nicht alle überlebten die unmenschlichen Haftbedingungen, sodass die Todeszahlen der Pogrome – welche in den chaotischen Situationen vor Ort nicht einmal klar erfasst wurden – langfristig stiegen. Einige jüdische Bürger sahen angesichts der Ereignisse, die auch seelisch Spuren hinterließen, keine andere Fluchtmöglichkeit als den Tod: Alleine in Wien nahmen sich 680 Personen das Leben.[782]

Im internationalen Kontext hatten die Pogrome eine verheerende wie zynische Wirkung, die Kieffer aufzeigt: »Entweder werden die Juden im Ausland aufgenommen, oder sie gehen in Deutschland zugrunde. Diesem Druck, so hofften Hitler und Göring, würden die Demokratien nicht widerstehen.«[783] Nebenbei lancierte Goebbels eine Pressekampagne, um den Schein des kontrollierten »Volkszorns«

781 Vgl. Gruner: Die NS-Judenverfolgung und die Kommunen. S. 107; Brüchert: Bodenheim im Nationalsozialismus. S. 115; Steinweis: Kristallnacht 1938. S. 107.

782 Vgl. Longerich: Die braunen Bataillone. S. 236; Wildt: Volksgemeinschaft als Selbstermächtigung. S. 346f.

783 Kieffer: Judenverfolgung in Deutschland – eine innere Angelegenheit? S. 321.

zu wahren und Kritiker aus dem Ausland abzubügeln.[784] Zwar hatte die Kampagne im gleichgeschalteten Inland Erfolg – sie verpuffte aber im Ausland, wie Steiner pointiert schreibt: »Kristallnacht stirred the world's conscience.«[785] Während die britische Presse über die »nation-wide orgy of destruction« berichtete,[786] telegrafierte der britische Botschafter in Berlin, George Ogilvie-Forbes, nach London:

> »The civilized world is confronted with the sight of over 500,000 people deliberately excluded from all trades and professions, and consequently unable to earn a living. They dwell in the grip and at the mercy of a brutal oligarchy, which fiercely resents all humanitarian foreign intervention.«[787]

Diese Aussage verschweigt aber den nach wie vor fehlenden internationalen Druck sowie die im Appeasement irrlichtende britische Außenpolitik. Entsprechend hielt sich ebenfalls die französische Regierung zurück – zumal Herschel Grynszpan, dessen antideutsches Attentat auf französischem Boden als Pogromanlass gedient hatte, seinen Prozess in Paris erwartete.[788] Diese außenpolitischen Erwägungen bremsten die Reaktion ein.

Die Stimmung in den USA war dagegen derart aufgeheizt, dass der deutsche Botschafter Dieckhoff schrieb:

> »Was mir besonders auffällt, ist, daß mit wenigen Ausnahmen die anständigen nationalen Kreise, die durchaus antikommunistisch

784 Vgl. hierzu den Mainzer Anzeiger vom 12. November 1938; Ingelheimer Zeitung vom 15. November 1938.

785 Steiner: The Triumph of the Dark. S. 973.

786 Überschrift im Coventry Evening Telegraph vom 10. November 1938. Vgl. auch die deutlichen Berichte bzw. Kommentare im Observer vom 13. November 1938 sowie im Manchester Guardian vom 14. November 1938.

787 Dok. 247. In: BDFA, Part 2, Series F, Vol. 49 (Germany). Frederick (MD) 1994. S. 351.

788 Vgl. Caron: Prelude to Vichy. S. 161; Steinweis, Alan E.: The Trials of Herschel Grynszpan. Anti-Jewish Policy and German Propaganda, 1938–1942. In: German Studies Review 31.3 (2008). S. 475. Dieser Aufsatz analysiert auch Grynszpans Haft sowie seine Auslieferung durch das Vichy-Regime.

> und zum großen Teil antisemitisch eingestellt sind, anfangen sich von uns abzuwenden […].«[789]

Ulrich von Hassell fühlte ähnlich: »Seit dem Weltkriege haben wir noch niemals so an Kredit in der Welt verloren wie dieses Mal, und das kurz nach den größten außenpolitischen Erfolgen.«[790] Hassell fügte hinzu:

> »Die wirklich schwere Sorge bezieht sich auf unser inneres Leben, das immer vollständiger und eiserner von einem solcher Dinge fähigen System erfaßt wird.«[791]

Dass die Novemberpogrome für einzelne spätere Widerständler »einen Markstein« in den Widerstand bedeutet haben, halten Altgeld und Kißener für möglich, warnen aber zu Recht vor Verallgemeinerungen.[792]

In der Zwischenzeit trieb die Reichsregierung die Ausschaltung des verbliebenen jüdischen Lebens unaufhörlich voran. So wurde der Centralverein bereits während der Pogrome am 10. November 1938 aufgelöst.[793] Nach den Pogromen fand geradezu ein Überbietungswettbewerb zwischen Goebbels und Heydrich zu antijüdischen Gesetzesinitiativen statt, mit absurden Vorschlägen wie Waldverbot für Juden und getrennte Parkbänke (Goebbels) bis hin zu einem Besuchsverbot von »Bezirken von nationaler Bedeutung« (Heydrich).[794] Am Ende erließen sie nicht minder einschneidende Verordnungen, darunter die Verordnungen »zur Ausschaltung von Juden aus dem Wirtschaftsleben« sowie »zur Wiederherstellung des Straßenbildes bei jüdischen Gewerbetreibenden« vom 12. November oder die »Verordnung über den Einsatz des jüdischen Vermö-

---

789 Dok. 501. In: ADAP, Serie D (1937–1945), Band IV: Die Nachwirkungen von München (Oktober 1938-März 1939). Göttingen 1951. S. 562.

790 Zit. nach Döscher: »Reichskristallnacht«. S. 29f.

791 Ebd.

792 Vgl. Altgeld / Kißener: Judenverfolgung und Widerstand. S. 14f.

793 Vgl. Brodhaecker: Menschen zwischen Hoffnung und Verzweiflung. S. 45.

794 Friedländer: Das Dritte Reich und die Juden (Erster Band). S. 304.

gens« vom 3. Dezember. Dadurch entzog man den Juden nicht nur Grundbesitz, sondern auch jegliche wirtschaftliche Lebensgrundlage.[795] Diese Maßnahme vertrieb außerdem die Juden langfristig aus ihren eigenen ländlichen Anwesen in zentrale städtische »Judenhäuser«. Zudem hatte man sich darauf verständigt, den Juden die finanzielle »Kompensation« für die Pogromschäden aufzuerlegen und sie so für die »Zerstörungen der Nazis bezahlen« zu lassen,[796] wie eine Luxemburger Zeitung treffend kommentierte. Nebenbei vernichtete diese äußerst zynische Handlung weitere finanzielle Reserven. Der Gesamtbetrag dieser Reparaturkosten belief sich auf eine Milliarde RM.[797] Bei der Sitzung, die diese Summe festlegte, sollte Göring auch sagen: »Wenn das Deutsche Reich in irgendeiner absehbaren Zeit in außenpolitischen Konflikt kommt, so ist es selbstverständlich, daß auch wir in Deutschland in aller erster Linie daran denken werden, eine große Abrechnung an den Juden zu vollziehen«.[798] Nach dem Überfall auf Polen sollte sich dieses Vorhaben auf tragische wie menschenunwürdige Weise bewahrheiten. Dieses Mal sollte die »disziplinierte und kalkulierbare«, jedoch nicht minder brutale, SS die Kontrolle übernehmen, während die SA in den Hintergrund trat, sodass Longerich nicht zu Unrecht die Novemberpogrome als »letzte große ›wilde Aktion‹ der SA« sieht.[799]

Im Jahr 1942 erfolgten schließlich auch in Rheinhessen die Deportationen der verbliebenen Juden. Die Züge rollten zu den Ghettos, Konzentrations- und Vernichtungslagern, darunter Piaski, Theresienstadt und Treblinka.[800] Nur eine Handvoll rheinhessischer

795 Vgl. Hoffmann: »… wir sind doch Deutsche«. S. 271f.

796 Escher Tageblatt vom 14. November 1938.

797 Vgl. Maier: Die Novemberpogrome von 1938 in Nierstein und Rheinhessen. S. 52.

798 Zit. nach Döscher: »Reichskristallnacht«. S. 42.

799 Longerich: Die braunen Bataillone. S. 237. Vgl. zu dieser Entwicklung auch Wildt: Volksgemeinschaft als Selbstermächtigung. S. 349.

800 Vgl. HStA Darmstadt, Bestand G 12 B, Nr. 23/28. Für eine Aufstellung nach Gemeinden (Landkreis Alzey Worms), vgl. Holzer: Piaski-Theresienstadt-Treblinka. Die Massendeportation der rheinhessischen Juden 1942. In: Heimatjahrbuch des Landkreises Alzey-Worms 53 (2018). S. 124–126.

Juden entgingen der Deportation – darunter Konvertierte wie Adele Ebner aus Heidesheim[801] sowie wenige Juden, die sich verstecken konnten, wie z.B. Bertel Huhn und ihre Tochter Erika aus Guntersblum. Dank der Hilfe eines befreundeten Arztes namens Willi Fröhlich tauchten Mutter und Tochter in Mommenheim unter,[802] während Ernst Huhn in Guntersblum ausharrte und durch seine Stellung als nichtjüdischer Landarzt unbehelligt blieb, obwohl er Verbindungen zum lokalen Widerstand pflegte.[803]

Im März 1945 erreichten dann die amerikanischen Soldaten Rheinhessen und somit den Untersuchungsraum dieser Arbeit. Schließlich rückten sie auch in Mommenheim ein, wo sich Bertel und Erika Huhn immer noch versteckt hielten. Erika Huhn erinnert sich an die Stunden der Befreiung, fast sechseinhalb Jahre nach den Novemberpogromen:

> »Wir waren die ersten in der Straße, die sich freudig ergaben. [...] Zwei Stunden später kam ein amerikanischer Major mit zwei Soldaten und sagte zu meiner Mutter, dass sie die erste jüdische Person sei, die er lebend aufgefunden hätte.«[804]

801 Vgl. für Adele Ebener LA Speyer, Bestand R 20, Nr. 280.

802 Vgl. Luig: Mommenheim. S. 126. Für den Vornamen des Mommenheimer Arztes, vgl. ebd.

803 Vgl. für rheinhessische Widerstandskreise das Sitzungsprotokoll vom 30. Juli 1948 mit den Aussagen von Jakob Steffan und Ernst Huhn. In: LHA Koblenz, Bestand 856, Nr. 135960.

804 Vgl. Michaelis: Die jüdische Gemeinde Guntersblum. S. 146f. Siehe zudem https://www.kulturverein-guntersblum.de/ssi/strassennamen/audio1.mp3 (zuletzt aufgerufen am 14. April 2021) für die auf Tonband gesprochenen und hier auszugsweise zitierten Lebenserinnerungen von Erika Lichtenstein (geb. Huhn).

5

Fazit

Für fast alle verbliebenen rheinhessischen Juden bedeuteten die Deportationen des Jahres 1942 den sicheren Tod in den Konzentrations- und Vernichtungslagern – und damit ein Abschied ohne Wiederkehr aus ihrer rheinhessischen Heimat. Allerdings haben diese Deportationen den Abschied nicht unvermittelt eingeläutet, sondern final vollzogen. Es war ein Abschied auf Raten, bei dem die Novemberpogrome einen einschneidenden wie entscheidenden Schritt bildeten und gleichzeitig viele damit verbundene Eigenschaften wie unter einem Brennglas symptomatisch abbildeten.

Geradezu offensichtlich zerstörten die Novemberpogrome das fragile Nachbarschaftsverhältnis zwischen Juden und Christen, das in den Jahren zuvor bereits erhebliche Risse bekommen hatte. Dabei hatte die Situation für die Juden in den rheinhessischen Landgemeinden im ausgehenden 19. Jahrhundert vordergründig günstig ausgesehen: Jahrhundertealte Restriktionen wurden abgeschafft, während die Reichsgründung die rechtliche Gleichstellung manifestierte und dank der Phase der Hochindustrialisierung auch einen wirtschaftlichen Aufstieg ermöglichte. Damit einher ging ein verstärktes jüdisches Engagement im sozialen und politischen Leben auf dem Land, was »die Juden« vielerorts über Ortsvereine stärker in die Dorfgemeinschaft integrierte. Hinzu kam der Einsatz der Juden für ihre Synagogengemeinde, was zum Bau neuer Synagogen führte, die nicht nur als Versammlungsort dienten, sondern auch das Nebeneinander von Juden und Christen für jedermann sichtbar machten. Dank des gesellschaftlichen und sozialen Wandels wurde aus diesem Nebeneinander ein immer stärkeres Miteinander.

Trotz dieser Entwicklungen, die in besonders aktiven Landgemeinden wie Ober-Ingelheim, Guntersblum oder Bodenheim hervorstachen, befanden sich die Juden stets in einem Spannungsfeld zwischen fortschreitender Integration und latenter Ablehnung durch antisemitische Umtriebe. Mit fortschreitender Integration radikalisierte sich auch die Judenfeindlichkeit, die kein neuzeitliches Phänomen ist, aber in einem neuzeitlichen Nationalstaat mit einsetzender politischer Massenmobilisierung neue Höhen erreichen konnte. Lokale Erfolge der Antisemitenbewegung in den 1880er-Jahren, insbesondere im zentralen Rheinhessen rund um Nieder-Olm und Jugenheim, etablierten Strukturen und Narrative, welche nicht einmal ein halbes Jahrhundert später durch die Nationalsozialisten imitiert werden sollten. Dazu gehörten nicht nur groteske antisemitische Fastnachtsveranstaltungen, sondern auch Angriffe auf jüdische Händler und die systematische Zerstörung von Fensterscheiben und Häusern. Diese erste Periode antisemitischer Aktionen im ausgehenden 19. Jahrhundert schwächte sich schließlich mit dem Scheitern der Antisemitenbewegung ab, legte aber den Nährboden für weitere Aktivitäten.

Mit der Durchdringung des rheinhessischen Hinterlandes durch die Nationalsozialisten um 1930 intensivierten sich diese antisemitischen Umtriebe. Denn die Nationalsozialisten stießen in die Lücke hinein, welche die Antisemitenbewegung hinterlassen hatte. Dank guter Kontakte zu örtlichen Honoratioren sowie zu landwirtschaftlichen Interessenverbänden konnte die NSDAP in Rheinhessen sukzessive expandieren. Ebenjene Honoratioren, darunter z.B. die Lehrer aus den Ingelheimer Gemeinden, wurden nach der nationalsozialistischen Machtübernahme für ihre Unterstützung politisch belohnt – und traten so auch bei den Novemberpogromen als örtliche Aktionsleiter in Erscheinung. Neben politischer Überzeugungsarbeit sorgte die SA für die Einschüchterung von politischen Gegnern, zu denen die Juden gehörten. In diesen »wilden Kampfjahren« lernten sich SA-Mitglieder kennen und etablierten ortsübergreifende Netzwerke, die bei zukünftigen Aktionen – und dazu zählten insbesondere die Novemberpogrome – aktiviert werden konnten. Gleichzeitig brachte die SA eine gewalttätige Komponente in die antisemitische Agitation hinein, die anlässlich der Novemberpogrome vor Ort eine Eigendynamik entfalten und sich als besonders verheerend für die betroffenen Juden auswirken sollte.

Diese rohe Gewalt hatte erstmals in der Zeit der nationalsozialistischen Machtübernahme eine staatliche Legitimation erhalten. Die lange Zeit fragile und in den letzten Republikjahren bedrohte Heimat der rheinhessischen Juden wurde nun von einer Partei regiert, welche die Juden zu Staatsfeinden erklärte und als solche politisch kaltstellte, verhaftete, wirtschaftlich verfolgte und juristisch zu Bürgern zweiter Klasse degradierte. Vielfach rückten gerade die sozial geachteten oder wirtschaftlich erfolgreichen Juden ins Visier der Behörden. Man brachte sie in Konzentrationslager, arisierte ihren Besitz, trieb sie zur Auswanderung und stellte sie an den Rand der Gesellschaft.

Trotz dieser Entwicklungen, welche viele Juden in die Städte oder direkt in die Auswanderung getrieben hatten, lebten im November 1938 noch einige Juden in den rheinhessischen Landgemeinden. Ihre jüdischen Gemeinden waren zu diesem Zeitpunkt aber bereits von dem demografischen und politischen Wandel gezeichnet: Viele junge Juden hatten seit Jahrzehnten wegen wirtschaftlicher Chancen die Städte präferiert, weitere Juden waren seit der nationalsozialistischen Machtübernahme ausgewandert und andere Juden planten ihren Wegzug, der infolge fortschreitender und radikalerer Diskriminierung im öffentlichen Leben immer dringlicher wurde. Dass in einigen untersuchten Gemeinden, u.a. in Nieder-Olm, Bodenheim und Mommenheim, die Synagoge bereits verkauft worden war und durch die Novemberpogrome nicht mehr zerstört werden konnte, verdeutlicht diesen sichtbaren Niedergang jüdischen Lebens vor Ort.

Inmitten dieses langfristigen wie fortgeschrittenen Niedergangs ereignete sich das Attentat auf Ernst vom Rath, was die Nationalsozialisten als willkommene Gelegenheit benutzten, um den noch in den Landgemeinden sowie in den Städten nach wie vor ausharrenden Juden die letzte Hoffnung auf eine Besserung ihrer Lebensumstände zu nehmen. Die Entscheidung, die Juden durch ein Pogrom flächendeckend, umfassend und nachhaltig zu schädigen, kann man in diesem Zusammenhang und unter Berücksichtigung der sich stets radikalisierenden Gesetzgebung und Presse als geradezu zynischlogischen Schritt erklären. Überregionale Befehlsketten und Organisationsstrukturen dienten als institutioneller Überbau, der nach fünf Jahren nationalsozialistischer Herrschaft die SA reaktivierte.

Dementsprechend wurden die Novemberpogrome in Rheinhessen vordergründig durch reichsweite Befehle ausgelöst und nicht, wie Ende des 19. Jahrhunderts, durch lokale Aktivisten. Diese reichsweiten Befehle enthielten detaillierte Anweisungen und gaben – scheinbar – enge Grenzen und Tatmuster für die regionalen Pogrome vor. Gleichzeitig demaskierten diese überregionalen Anweisungen die Pogrome in ihrer vorgeblichen Spontaneität. In gewissen Punkten wurden diese Anweisungen äußerst effektiv wie folgenreich vollstreckt, z.B. bei der Zerstörung jüdischer Häuser und Geschäfte, der Verwüstung der Synagogen oder den Verhaftungen jüdischer Bürger, den hier definierten Tatmustern A, C und D. Selbst das letzte Tatmuster B, was Übergriffe auf jüdische Bürger zusammenfasst, wurde im rheinhessischen Kontext geradezu pflichtgemäß an jüdischen Ortspersönlichkeiten vollzogen. Diese Beobachtungen laufen dem spontanen wie kontrollierten »Volkszorn«, den die staatliche Propaganda schürte, zuwider. So entstand der Schandmarsch von Guntersblum eben nicht aus einem spontanen Volksauflauf, sondern wurde durch die örtliche SA organisiert und durchgeführt.

Die SA übernahm in vielen Gemeinden die lokale Koordination des Pogroms und konnte damit nicht nur auf ihrer jahrelang praktizierten Gewalterfahrung gegenüber Regimegegnern aufbauen, sondern auch das in Republikzeiten aufgebaute ortsübergreifende Netzwerk zur effektiveren Durchführung der Pogrome einsetzen. Eine logische Konsequenz dieser ortsübergreifenden Zusammenarbeit bildeten die Rollkommandos, die keinesfalls zu einer Amokfahrt in ihre angeblich unschuldigen Zielorte aufbrachen – im Gegenteil: Vielerorts wurden die Rollkommandos bereits erwartet, sodass in enger Zusammenarbeit mit der örtlichen SA bzw. NSDAP die jüdischen Häuser und Geschäfte aufgesucht wurden. Die Ortskenntnis variierte von Rollkommando zu Rollkommando, sollte aber bei der örtlichen Zielauswahl nicht unterschätzt werden, wie das Beispiel der Ingelheimer Gemeinden zeigt, wo das ursprünglich österreichische Rollkommando durch ortskundige Lehrer verstärkt wurde und weiter ins Hinterland zog. Dagegen verfügte das Rollkommando aus Nieder-Olm in Ebersheim über eine exzellente Ortskenntnis und erfüllte so seinen Zweck als Verstärkung, ebenso wie das Oppenheimer SS-Kommando um August Bauer, welches die kleineren Gemeinden im südlichen Rheinhessen aufsuchte. Dass die Kommandos dabei auch eine persönliche Zielauswahl pflegten, zeigt eben dieses SS-Kommando, als es mit der Weinhändlerfamilie Trum aus Hahnheim und dem interreligiösen Ehepaar Hirsch aus Dienheim zwei persönlich bekannten Opfern erheblich zusetzte.

Auch wenn diese Rollkommandos in einem abgesteckten Rahmen operierten, waren Überschneidungen mit anderen Rollkommandos – man denke an zwei Rollkommandos, die in Sprendlingen aufkreuzten – unvermeidlich. Wie dieses Beispiel zeigt, konnten solche Komplikationen bzw. Befehlsüberschneidungen noch zum gegenseitigen Vorteil gelöst werden. Anders sieht es mit lokalen Eigendynamiken aus, die jenseits jeglicher Befehle standen. Lokale Exzesse konnten zwar von der Gendarmerie befehlsgemäß geduldet werden, doch wanderten die Pogromtäter hier auf einem schmalen Grat. Denn die oben erwähnten überregionalen Befehlsketten, Strukturen und Anweisungen befanden sich stets in einem vielschichtigen und lokal unterschiedlichen Wechselspiel mit eigenmächtigen Entscheidungen lokaler Aktivisten.

Es wäre ein folgenschwerer Trugschluss, die lokalen Pogromtäter als eine leicht »von oben« zu steuernde, homogen auftretende Masse zu sehen. Stattdessen ergibt sich eine Vielzahl von Ausgangslagen und Handlungsoptionen – was natürlich auf die Dynamik der Ereignisse, aber insbesondere auf die Heterogenität der Pogromtäter zurückzuführen ist. Sie haben diese Dynamik erst hergestellt, aufrechterhalten oder verstärkt. Die Rolle lokaler Aktivisten, vom Bürgermeister bis hin zum einfachen Ortsbürger, darf man nicht unterschätzen. Ihr Handeln (oder Nicht-Handeln) konnte der Dynamik eine neue Wendung geben. Wenn sie eigenmächtige Befehlsüberschreitungen vornahmen, hatte dies erhebliche Konsequenzen für den örtlichen Pogromverlauf. Dazu zählten die meist von der Gendarmerie geduldeten Gewaltexzesse – und skurrile Ideen, welche die Novemberpogrome in neue Richtungen lenkten: So befand sich ein »jüdisches Abschiedsgeschenk« wie die Schlossmühle in Heidesheim zwar auf der Agenda der Bürgermeisterei, führte aber zu Konflikten mit den Behörden, welche dieses finanzpolitische Manöver der Gemeinde durchschauten. Noch deutlicher wird das eigenmächtige Verhalten bei den Plünderungen und Weingelagen. Die Plünderungen lassen sich vielerorts zumindest ansatzweise nachweisen – und waren nicht das Produkt reichsweiter Planungen, sondern lokaler Habgier. Die Weingelage sind im Untersuchungsraum dagegen nur in Nierstein und Guntersblum nachzuweisen. Gerade in Nierstein nahmen diese Vorgänge ein solches Ausmaß an, dass Teile der SA und Ortsgruppe verhaftet und schließlich entmachtet wurden – darunter mit dem Beigeordneten Hock sogar ein Funktionsträger. Dass das Weingelage im Nachbarort Guntersblum keine Konsequenzen hatte, lässt sich dadurch erklären, dass das innerparteiliche Konkurrenzdenken in Guntersblum nicht so stark ausgeprägt war wie in Nierstein, wo Bürgermeister Strub die peinlichen Vorfälle nutzte, um seine eigene Position zu stärken. Gleichzeitig konnte Strub sein Vorgehen durch seine Abwesenheit rechtfertigen, was in fast allen Ortschaften auf die Funktionsträger in ähnlichem Maße zutrifft; man hielt sich eher im Hintergrund und überließ der SA sowie einigen Aktivisten die Drecksarbeit. Somit vermied man jegliche Assoziierung mit den zerstörerischen Vorfällen. Einen ähnlichen Weg, jedoch mit tatkräftiger Unterstützung der Justiz und Ermittlungsbehörden, wählten zahlreiche weitere NS-Funktionäre, die dadurch in den Nachkriegsprozessen jegliche Strafverfolgung hinsichtlich der Novemberpogrome vermieden, was insbesondere in Nieder-Olm und Ebersheim zu einem missglückten wie fehlerhaften Nachkriegsprozess führte, der für die Aufarbeitung der Geschehnisse durch die Nachkriegsbehörden symptomatisch ist.

Symptomatisch sind auch die Novemberpogrome – und zwar für das jüdische Leben in Rheinhessen in nationalsozialistischer Zeit. Denn berücksichtigt man alle erwähnten Faktoren, ortsübergreifenden Gemeinsamkeiten und ortsspezifischen Unterschiede und kombiniert sie mit dem ausführlichen wie für die Analyse notwendigen historischen Kontext, so sieht man anhand der Novemberpogrome viele Charakteristika nationalsozialistischer Verfolgungsmaßnahmen gegenüber Juden in einem kurzen Zeitraffer an sich vorbeiziehen: Der Sozialneid von Nichtjuden gegenüber Juden führte an einigen Orten zu Szenen der Selbstbereicherung durch Plünderungen, wie in Nierstein, Guntersblum, Ober-Ingelheim – und eben auch in Heidesheim, wo ein jüdisches Anwesen zwangsweise der Ortsgemeinde übereignet wurde. Langjährige Abneigungen wurden auf zynische wie opportunistische Weise ausgelebt, u.a. gegenüber Heinrich Strauß in Nieder-Ingelheim, Ludwig Langstädter in Ober-Ingelheim, Ludwig Bergmann in Mommenheim oder Gustav Weil in Bodenheim. Nachbarschaftliche Verbindungen führten zu einer Verstärkung der Pogromstimmung vor Ort, u.a. durch die aufgeheizte Menge bei Lina Koch in Nieder-Ingelheim, durch den Schandmarsch von Guntersblum oder durch die Ereignisse in Jugenheim, wo jüdische Häuser massiv zerstört wurden und nichtjüdische Häuser von Regimegegnern beschädigt wurden. In einigen jüdischen Geschäften, wo Zerstörungen und Plünderungen stattfanden, wurden Arisierungen vollzogen, u.a. in Hahnheim, Guntersblum und Heidesheim. Durch die Zerstörungen sowie die Gesetzgebung nach den Novemberpogromen wurden die letzten jüdischen Geschäfte in den Landgemeinden endgültig ausgeschaltet – und somit ein langer Prozess, der im Jahr 1933 eingesetzt hatte, abgeschlossen.

Die jüdischen Bürger hatten nach den Novemberpogromen keine Zukunft mehr – weder in den rheinhessischen Landgemeinden noch im gesamten Deutschen Reich. Ihre Häuser und Geschäfte waren zerstört, während die Synagoge als religiöse Heimat und Zentrum jeder jüdischen Gemeinde verwüstet worden war oder in Trümmern lag. Doch die Novemberpogrome hatten nicht nur Gebäude zerstört. Gerade in den Landgemeinden war das nachbarschaftliche Verhältnis gestört und die Hoffnung, trotz aller Widrigkeiten Teil der Dorfgemeinschaft zu bleiben, sichtbar verloren gegangen. Der persönliche Charakter der Novemberpogrome, der gerade in kleineren Landgemeinden offensichtlich wurde, verdeutlichte diese Entwicklung. Der vergleichende landesgeschichtliche Ansatz dieser Arbeit konnte dies für den Untersuchungsraum aufzeigen – und half insbesondere dabei, die vier definierten Tatmuster in den untersuchten Gemeinden stets neu zu überprüfen und zu analysieren sowie miteinander in Bezug zu setzen. Für zukünftige regionale Studien zu den Novemberpogromen kann diese Untersuchung als Plädoyer für weitere vergleichende, ortsübergreifende Analysen verstanden werden. Zusätzliche Regionalstudien jenseits der geografischen Grenzen des hiesigen Untersuchungsraums können die analytischen Grenzen weiter verschieben. Denn die Dynamik der Novemberpogrome stellt den für Regionalstudien wichtigen, klar abgesteckten Untersuchungsraum vor besondere Herausforderungen. Durch Querverweise auf andere, dem Untersuchungsraum nahe Gemeinden hat die vorliegende Regionalstudie dieses Problem aufgezeigt und den Blick geweitet. Die Rollkommandos spielten hier erneut eine wichtige Rolle: Sie dienten als verbindendes Element zwischen Sprendlingen, Bingen, Bad Kreuznach, Oppenheim, Worms, Nieder-Saulheim und Wallertheim. Weitere, regional angrenzende Fallstudien könnten hier erweiternd und ergänzend ansetzen. Im rheinhessischen Kontext könnten beispielsweise die Landgemeinden der Kreise Alzey und Worms auf ähnliche Weise systematisch in den Blick genommen werden. Ein weiteres Desiderat der Forschung könnte das Wechselspiel zwischen den rheinhessischen Landgemeinden und Städten wie Mainz, Bingen, Oppenheim, Worms und Alzey sein. Diese Forschungspotenziale könnten weitere lokale Eigendynamiken aufdecken.

Die vorliegende Regionalstudie konnte lokale Eigendynamiken aufzeigen, welche zu vielen ortsspezifischen Besonderheiten führten und nebenbei einen überregionalen Trend im regionalen Rahmen klar bestätigen: Die Novemberpogrome beschleunigten den langfristigen Niedergang des jüdischen Lebens auf dem Land brachial wie nachhaltig. Denn in jenen Novembertagen im Jahr 1938 verknüpften sich und kulminierten zahlreiche Tatmuster, Denkweisen und Charakteristika, die einerseits antisemitische Umtriebe vor 1933 ausgezeichnet hatten und anderseits durch den nationalsozialistischen Staat seit 1933 gefördert, legalisiert und institutionalisiert worden waren.

Quellen- und Literaturverzeichnis

Ungedruckte Quellen

Deutsch-Israelischer Freundeskreis Ingelheim e.V. (DIF Ingelheim)
— Foto der Ober-Ingelheimer Synagoge
— Foto der Stiegelgasse

Dom- und Diözesanarchiv Mainz (DDA Mainz)
— Bischöfliches Ordinariat, Generalia, Abt. 52/54
Nr. 20b (fol. 128/129), Nr. 20f (fol. 183f.), Nr. 20f (fol. 377f.).

Fotoarchiv Peter Weiland, Ingelheim
— Foto des Ober-Ingelheimer Rathauses während der nationalsozialistischen Machtübernahme
— Foto des Lehrerkollegiums in Nieder-Ingelheim in nationalsozialistischer Zeit
— Foto der Mainzer Straße in nationalsozialistischer Zeit
— Foto von Ludwig Langstädter (Klassenfoto)
— Foto von Ludwig Langstädter (Stürmer)
— Foto der Stiegelgasse

Hessisches Hauptstaatsarchiv Wiesbaden (HHStA Wiesbaden)
— Bestand 518, Entschädigungsverfahren
Nr. 17003.
— Bestand 520/05, Spruchkammerakten Darmstadt
Nr. 29771.
— Bestand 685, Steuerakten
Nr. 818.

Hessisches Staatsarchiv Darmstadt (HStA Darmstadt)

— G 12 A, Lageberichte der Gendarmerie
Nr. 19/5, 19/6, 19/7, 19/8.
— G 12 B, Sicherheitsdienst der SS
Nr. 23/28.
— G 27, Landgericht Darmstadt
Nr. 349.
— G 30, Landeszuchthaus Marienschloss, Gefangenenpersonalakten
GP 730.
— G 35 E, Besoldungsstammkarten
Nr. 17472.
— N 1, Dienststellen der NSDAP und ihrer Gliederungen auf dem Gebiet des Volksstaats
Nr. 421 (Wenz, Helmut).
— R 4, Bildersammlung
Nr. 3304, 4610, 5108, 29789.

Landesarchiv Speyer (LA Speyer)

— Bestand H 53, Kreis- und Landratsamt Mainz
Nr. 295, 307, 1184, 1436, 1439, 1772, 1776, 1893, 1894.
— Bestand J 10, Landgericht Mainz
Nr. 467, 1057, 1108, 1210, 2217, 4007, 5471.
— Bestand J 44, Amtsgericht Mainz
Nr. 196, 852, 995, 1016.
— Bestand J 46, Amtsgericht Oppenheim
Nr. 139.
— Bestand J 76, Staatsanwaltschaft beim Landgericht Mainz
Nr. 3, 10, 16, 23, 31, 33, 34, 35, 54, 59, 60, 61, 73, 74, 75, 97, 131, 155, 156, 157, 158, 159.
— Bestand R 20, Amt für Wiedergutmachung
Nr. 280.
— Bestand U 185, Gemeindearchiv Hahnheim
Nr. 1.
— Bestand U 188, Gemeindearchiv Mommenheim
Nr. 76.
— Bestand U 278, Gemeindearchiv Nierstein
Nr. 1978, 1980, 2009.
— Bestand U 296, Gemeindearchiv Essenheim
Nr. 148.
— Bestand X 3, Bilder- und Fotosammlung
Nr. 110–116, 2150, 2929.

Landeshauptarchiv Koblenz (LHA Koblenz)

— Bestand 662,005, zurückgegebene Akten aus den National Archives in Alexandria / USA
Nr. 97.
— Bestand 856, Landeskommissar für die politische Säuberung in Rheinland-Pfalz (Spruchkammerverfahren)

Nr. 052514, 053018, 053102, 054041, 054340, 130666, 132025, 132042, 132065, 132082, 132086, 132192, 132243, 132310, 132381, 132456, 132458, 132484, 132749, 132994, 133413, 133911, 134153, 134240, 134261, 134266, 134310, 134540, 134640, 134702, 134748, 135151, 135167, 135181, 135238, 135240, 135321, 135326, 135397, 135624, 135960, 137333, 137403, 137448, 137798, 138010, 138019, 138414, 138649, 138848, 139363, 140636.
— Bestand 860, Staatskanzlei des Landes Rheinland-Pfalz
Nr. 11412.

Leo Baeck Institute New York
— Memory Collection
ME 625.
— The Bella and Ludwig Liebmann Collection
AR 11967 (folders 1 and 3).

Privatarchiv Willi Geisenhof, Heidesheim
— Erlebnisbericht von Johanna Holländer (undatiert; nach 1945)
— Foto der Heidesheimer Turnhalle in nationalsozialistischer Zeit
— Foto der Schlossmühle im Jahr 1905
— Postkarte von Heidesheim um 1900
— Schenkungsvertrag der Schlossmühle (Kopie)
— Schreiben von Bürgermeister Koch vom 8. Februar 1939
— Schriftwechsel der Bürgermeisterei und Kommandantur vom 18. November / 24. November 1938
— Varia zur Familie Ebner

Privatarchiv Hans-Peter Hexemer, Nierstein
— Foto der Rheinstraße in Nierstein

Privatarchiv Horst Kasper, Bodenheim
— Artikel von Horst Kasper in der Allgemeinen Zeitung vom 20. August 2016
— Foto der »Abwaschaktion« in Bodenheim (1933)
— Foto der Abschiedsfeier bei Sally Rosenbaum (1939)
— Generalversammlung des Bodenheimer Radfahrervereins vom 30. August 1935

Privatarchiv Dieter Michaelis, Guntersblum
— Foto des Reichsbanners in Guntersblum
— Foto der Weinprobe von Guntersblumer Juden
— Foto von Guntersblumer Jugendlichen am Rhein
— Foto der Familie Erlanger vor der Atlantiküberquerung (1938)
— Kaufvertrag der Synagoge Guntersblum (Kopie)
— Mitteilung von Dena Rüb-Romero zum Reichsbanner Guntersblum.
— Schriftverkehr der Familie Rüb

Privatarchiv Heribert Schmitt, Ober-Olm
— Häftlingskarte von Benno Stern (Repro)
— Synagogenplan von Willi Weber von 1930 (überarbeitet von Heribert Schmitt, 2015)
— Vortrag von Heribert Schmitt vom 16. November 2018 (Manuskript)

Stadtarchiv Ingelheim (StA Ingelheim)
— Bestand A/85/2013/17.
— Bestand A/172/2013/33.
— Bestand Rep. III/543.
— Bestand Rep. HH (Heidesheim), 255/2.

Stadtarchiv Mainz (StA Mainz)
— Bestand VOA 11, Vorortarchiv Ebersheim
Nr. 35, 551.
— Bestand ZGS, Judaica
E3/15.
— BPSF, Bild- und Plansammlung
Nr. 419a, 8423a, 8790a, Nr. 419a sowie Ordner »Ebersheim Synagoge« (für die Postkarte von 1913) und Ordner »Ebersheim Römerstraße« (für die Postkarte von 1946/1947).

Zeitungsarchiv Volker Sonneck, Guntersblum
— Zeitungsartikel aus der Landskrone Oppenheimer Kreisblatt (1930–1939)

Veröffentlichte Quellen

DIPLOMATISCHE DOKUMENTE

— ADAP = Akten zur deutschen auswärtigen Politik, Serie D, Band 4 (Die Nachwirkungen von München). Göttingen 1951.

— BFA = British Documents on Foreign Affairs, Part 2, Series F, Vol. 49 (Germany). Frederick (MD) 1994.

— DDF = Documents Diplomatiques Français, Série 2.12 (3 octobre – 30 novembre 1938). Paris 1978.

— DDS = Documents Diplomatiques Suisses, Band 12 (1937–1938). Zürich 1994.

INTERNETQUELLEN

Boller, Jessica (u. a.): Zur Geschichte von Dexheim. In: regionalgeschichte.net, URL: https://www.regionalgeschichte.net/rheinhessen/dexheim.html (zuletzt aufgerufen am 14. April 2021).

Eintrag zu Benno Stern (19. April 1893 – 20. Januar 1939). In: Totenbuch Buchenwald, URL: http://totenbuch.buchenwald.de/names/details/person/924/ref/recherche (zuletzt aufgerufen am 14. April 2021).

Eintrag zu Gruner, Rosa. In: Gedenkbuch des Bundesarchivs, URL: https://www.bundesarchiv.de/gedenkbuch/de880617 (zuletzt aufgerufen am 14. April 2021).

Eintrag zu Herz, Josef. In: Gedenkbuch des Bundesarchivs, URL: https://www.bundesarchiv.de/gedenkbuch/de1253085 (zuletzt aufgerufen am 14. April 2021).

Eintrag zu Herz, Sofie Sophie. In: Gedenkbuch des Bundesarchivs, URL: https://www.bundesarchiv.de/gedenkbuch/de1000516 (zuletzt aufgerufen am 14. April 2021).

Gedenkbuch. Opfer der Verfolgung der Juden unter der nationalsozialistischen Gewaltherrschaft in Deutschland (1933–1945). In: Gedenkbuch des Bundesarchivs, URL: https://www.bundesarchiv.de/gedenkbuch/ (zuletzt aufgerufen am 14. April 2021).

Geißler, Hartmut: Die evangelischen Vorgängerschulen und die Pestalozzischule in Nieder-Ingelheim. In: Website des Historischen Vereins Ingelheim, URL: http://www.ingelheimer-geschichte.de/index.php?id=312 (zuletzt aufgerufen am 14. April 2021).

Geschichte der Ebersheimer Juden. In: Website des Ebersheimer Kultur- und Geschichtsvereins, URL: http://www.ebersheimer-geschichte.de/inhalt_ereignisse_ebersheimer_juden.html (zuletzt aufgerufen am 24. Juni 2020; im Jahr 2021 inaktiv).

Hillesheim (Kreis Bingen). Jüdische Geschichte / Synagoge. In: Alemannia Judaica, URL: http://www.alemannia-judaica.de/hillesheim_synagoge.htm (zuletzt aufgerufen am 14. April 2021).

Homepage des Deutsch-Israelischen Freundeskreises Ingelheim e.V. In: Website des DIF, URL: https://dif-ingelheim.de/ (zuletzt aufgerufen am 14. April 2021).
Interview mit Erika Lichtenstein (geb. Huhn), Tochter von Dr. Huhn. In: Website des Vereins zur Erhaltung Guntersblumer Kulturgutes, URL: https://www.kulturverein-guntersblum.de/ssi/strassennamen/audio1.mp3 (zuletzt aufgerufen am 14. April 2021).
Nachgefragt. Warum ist der Begriff Kristallnacht verschwunden? In: Deutschlandfunk, URL: https://www.deutschlandfunk.de/nachgefragt-warum-ist-der-begriff-kristallnacht-verschwunden.2852.de.html?dram:article_id=432858 (zuletzt aufgerufen am 14. April 2021).
Remembering the November 1938 Pogrom (»Kristallnacht«). Shattered and Broken. In: Website von Yad Vashem (The World Holocaust Remembrance Center), URL: https://www.yadvashem.org/education/educational-materials/ceremonies/kristallnacht.html#footnote14_fk5b1w1 (zuletzt aufgerufen am 14. April 2021).
Schornsheim mit Gabsheim (VG Wörrstadt, Landkreis Alzey-Worms) und Undenheim (VG Nierstein-Oppenheim, Landkreis Mainz-Bingen). Jüdische Geschichte / Synagoge. In: Alemannia Judaica, URL: http://www.alemannia-judaica.de/schornsheim_synagoge.htm (zuletzt aufgerufen am 14. April 2021).
Zeitzeugenaussage von Hans Neumann zur Pogromnacht in Ingelheim. In: Website des DIF, URL: http://www.dif-ingelheim.de/wp-content/uploads/2013/11/Neumann-Hans-Pogromnacht-Ingelheim.WAV.mp3 (zuletzt aufgerufen am 14. April 2021).

SONSTIGE VERÖFFENTLICHTE QUELLEN

Brilmayer, Karl Johann: Rheinhessen in Vergangenheit und Gegenwart. Geschichte der bestehenden und ausgegangenen Städte, Flecken, Dörfer, Weiler und Höfe, Kloster und Burgen der Provinz Rheinhessen nebst einer Einleitung. Gießen 1905.
Bokisch, Otto / Zirbs, Gustav A.: Der österreichische Legionär. Aus Erinnerungen und Archiv, aus Tagebüchern und Blättern, mit zahlreichen Aufnahmen aus dem Bilderarchiv der Österreichischen Legion. Wien 1940.
Dörrschuck, Jakob (Hrsg.): Nierstein (= Rheinhessen in seiner Vergangenheit, Band 7). Mainz 1928.
Döscher, Hans-Jürgen (Hrsg.): »Reichskristallnacht«. Die Novemberpogrome 1938 im Spiegel ausgewählter Quellen. Bonn 1988.
Dokumentation zur Geschichte der jüdischen Bevölkerung in Rheinland-Pfalz und im Saarland von 1800 bis 1945. Band 5: Statistische Materialien zur Geschichte der jüdischen Bevölkerung. Koblenz 1975.
Fröhlich, Elke: Die Tagebücher von Joseph Goebbels, Teil 1, Band 3: 1.1. 1937 – 31.12. 1939. München 1987.
FS Freiwillige Feuerwehr 1886 Ober-Olm zum 70-jährigen Jubiläum verbunden mit Bannerweihe und Denkmaleinweihung für die Opfer des 2. Weltkrieges. Oppenheim 1956.

FS Harxheim. 1250 – eintausendzweihundertfünfzig. Harxheim 2017.
FS 900 Jahre Klein-Winternheim. Beiträge zur Ortsgeschichte. Klein-Winternheim 1999.
FS 1250 Jahre Dalheim. Neubeiträge und Ergänzungen zur Ausstellung des Vereins »Bürger für Dalheim e.V.« (BfD) im Juni 2017. Dalheim 2018.
FS 1250 Jahre Weinbaugemeinde Dienheim am Rhein. Nierstein 2004.
Heim, Susanne (Hrsg.): Die Verfolgung und Ermordung der europäischen Juden durch das nationalsozialistische Deutschland (1933–1945). Teil 2: Deutsches Reich 1938-August 1939. München 2009.
Klein, Thomas: Die Hessen als Reichstagswähler. Tabellenwerk zur politischen Landesgeschichte, 1867–1933. Band 3: Großherzogtum / Volksstaat Hessen, 1867–1933 (= Veröffentlichungen der Historischen Kommission für Hessen, Band 51/3). Marburg 1995.
Meyer, Klaus: Wie ich überlebte. Die Jahre 1933–1945. Würzburg 2007.
Rosenthal, Hans: Zwei Leben in Deutschland. Bergisch-Gladbach ^{3}1987.
Saalwächter, Andreas: Beiträge zur Geschichte von Nieder-Ingelheim. Gießen 1910.
Tessin, Georg (Hrsg.): Deutsche Verbände und Truppen 1918–1939. Altes Heer, Freiwilligenverbände, Reichswehr, Heer, Luftwaffe, Landespolizei. Osnabrück 1974.
Tessin, Georg (Hrsg.): Verbände und Truppen der deutschen Wehrmacht und Waffen-SS im Zweiten Weltkrieg 1939–1945, Band 5: Die Landstreitkräfte (31–70). Osnabrück 1972.

ZEITUNGEN / ZEITSCHRIFTEN

— Allgemeine Zeitung des Judenthums
— Allgemeine Zeitung Mainz
— Amtliche Nachrichten: Amtsblatt der Gemeinde Nieder-Olm
— Central-Verein-Zeitung
— Coventry Evening TeleVorschein
— Escher Tageblatt
— Freie Stimmen, Deutsche Kärntner Landeszeitung
— Die Freiheit
— Ingelheimer Zeitung
— Der Israelit
— Der israelitische Volkslehrer
— Das jüdische Echo
— Jüdische Rundschau
— Landskrone Oppenheimer Kreisblatt
— Märkische Allgemeine
— Mainzer Anzeiger
— The Manchester Guardian
— Mitteilungsblatt des Landesverbandes israelitischer Religionsgemeinden in Hessen
— Nachrichtenblatt der Gemeinden Heidesheim und Wackernheim
— Neues Wiener Tagblatt
— The Observer

— Populär-wissenschaftliche Monatsblätter zur Belehrung über das Judenthum für Gebildete aller Confessionen
— Salzburger Volksblatt
— Die Stimme
— Völkischer Beobachter (Wiener Ausgabe)
— Wiener Morgenzeitung

FORSCHUNGSLITERATUR

Arenz-Morch, Angelika: Das KZ Osthofen 1933/34 – ein Überblick. In: Dies./Heinz, Stefan (Hrsg.): Gewerkschafter im Konzentrationslager Osthofen 1933/34. Biografisches Handbuch. Berlin 2019. S. 11–52.

Arnsberg, Paul: Die jüdischen Gemeinden in Hessen. Anfang – Untergang – Neubeginn (Zweiter Band). Frankfurt / Main 1971.

Ballmann, Simon: Zum »Sieg des deutschen Volkes« läuteten die Kirchenglocken. Die nationalsozialistische »Machtergreifung« in Ingelheim. In: Meyer, Hans-Georg / Klausing, Caroline (Hrsg.): Freudige Gefolgschaft und bedingungslose Einordnung …? Der Nationalsozialismus in Ingelheim. Ingelheim 2011. S. 95–117.

Baranowski, Shelley: Conservative Elite Anti-Semitism from the Weimar Republic to the Third Reich. In: German Studies Review 19.3 (1996). S. 525–537.

Bernard, Birgit: »... alles war beschmutzt und besudelt«. Das Judenpogrom in Bingen und die Zerstörung der Binger Synagogen am 10. November 1938. In: Schmandt, Matthias (Hrsg.): Bingen im Nationalsozialismus: Quellen und Studien (= Binger Geschichtsblätter 28). Bad Kreuznach 2018. S. 303–360.

Brodhaecker, Michael: Menschen zwischen Hoffnung und Verzweiflung. Der Alltag jüdischer Mitmenschen in Rheinhessen, Mainz und Worms während des »Dritten Reiches« (= Studien zur Volkskultur in Rheinland-Pfalz 26). Mainz 1999.

Brüchert, Hedwig: Bodenheim in der Zeit des Nationalsozialismus. In: Kißener, Michael (Hrsg.): Rheinhessische Wege in den Nationalsozialismus. Studien zu rheinhessischen Landgemeinden von der Weimarer Republik bis zum Ende der NS-Diktatur. Worms 2010. S. 91–122.

Caron, Vicki: Prelude to Vichy. France and the Jewish Refugees in the Era of Appeasement. In: Journal of Contemporary History 20.1 (1985). S. 157–176.

Crim, Brian E.: Antisemitism in the German Military Community and the Jewish Response, 1914–1938. Lanham (MD) 2014.

Conze, Eckart: Ein schwieriger Gedenktag. Der 9. November in Geschichte und Erinnerung. In: Hessisches Jahrbuch für Landesgeschichte 69 (2019). S. 1–16.

Dürsch, Klaus: Eine bedeutende Rolle im katholischen Leben Ingelheims gespielt – Das Leben des Wilhelm Fries. In: Meyer, Hans-Georg / Klausing, Caroline (Hrsg.): Freudige Gefolgschaft und bedingungslose Einordnung …? Der Nationalsozialismus in Ingelheim. Ingelheim 2011. S. 649–663.

Dürsch, Klaus: »Der Pfaffe ist die Ausgeburt der Hölle« – Der Ober-Ingelheimer Kaplan Jakob Bergmann«. In: Meyer, Hans-Georg / Klausing, Caroline (Hrsg.): Freudige Gefolgschaft und bedingungslose Einordnung …? Der Nationalsozialismus in Ingelheim. Ingelheim 2011. S. 638–648.

Eckert, Friedrich (Hrsg.): Juden in Mainz-Ebersheim. Mainz 1992.

Evans, Richard J.: The Coming of the Third Reich. London 2004.
Fischbach, Stefan (u. a.): Synagogen Rheinland-Pfalz, Saarland: »und dies ist die Pforte des Himmels« (= Gedenkbuch der Synagogen in Deutschland, Band 2). Mainz 2005.
Freckmann, Klaus: Zornheim und Sörgenloch. Beispiele rheinhessischer Dorfbilder, 1850–1940. In: Spieß, Karl-Heinz (Hrsg.): Nieder-Olm. Der Raum der Verbandsgemeinde in Geschichte und Gegenwart. Alzey 1983. S. 349–363.
Friedländer, Saul: Das Dritte Reich und die Juden. Erster Band: Die Jahre der Verfolgung (1933–1939). München 1998.
Geißler, Hartmut: Hermann Berndes. Neue Erkenntnisse (= Kleine Schriften: Ingelheimer Geschichtsthemen 9). Ingelheim 2015.
Goldberg, Kevin: Reaping the Judenfrage. Jewish Wine Merchants in Central Europe before World War I. In: Agricultural History 87.2 (2013). S. 224–245.
Goll, Thomas (Hrsg.): Der 9. November – Schicksalstag der Deutschen. Bonn 2011.
Grass, Karl-Martin: Die Orte der Verbandsgemeinde Nieder-Olm in der Weimarer Republik und in der NS-Zeit. In: Spieß, Karl-Heinz (Hrsg.): Nieder-Olm. Der Raum der Verbandsgemeinde in Geschichte und Gegenwart. Alzey 1983. S. 212–264.
Gruner, Wolf: Die NS-Judenverfolgung und die Kommunen. Zur wechselseitigen Dynamisierung von zentraler und lokaler Politik 1933–1941. In: Vierteljahrshefte für Zeitgeschichte 48.1 (2000). S. 75–126.
Hausmann, Ulrich: »Leuchte des Exils« – Zur Geschichte des jüdischen Mainz. In: Berkessel, Hans (Hrsg.): Leuchte des Exils. Zeugnisse jüdischen Lebens in Mainz und Bingen (= Beiträge zur Geschichte der Juden in Rheinland-Pfalz, Band 1). Mainz 2016. S. 11–35.
Hehl, Ulrich von: Nationalsozialismus und Region. Bedeutung und Probleme einer regionalen und lokalen Erforschung des Dritten Reiches. In: Zeitschrift für Bayerische Landesgeschichte 56 (1993). S. 111–129.
Hermann, Angela: Hitler und sein Stoßtrupp in der ‚Reichskristallnacht'. In: Vierteljahrshefte für Zeitgeschichte 56.4 (2008). S. 603–620.
Hoffmann, Dieter: Auf schmalem Grat. Die Juden Rheinhessens. In: Heimatjahrbuch des Landkreises Alzey-Worms 51 (2016). S. 73–76.
Hoffmann, Dieter: »… wir sind doch Deutsche«. Zu Geschichte und Schicksal der Landjuden in Rheinhessen (= Alzeyer Geschichtsblätter, Sonderheft 14). Alzey 1992.
Hoffmann, Monika: Geächtet, geplündert, geflohen. Das Schicksal der Familie Abraham aus Klein-Winternheim und Ober-Olm. Klein-Winternheim 2018.
Holzer, Gerhard: Piaski – Theresienstadt – Treblinka. Die Massendeportationen der rheinhessischen Juden 1942. In: Heimatjahrbuch des Landkreises Alzey-Worms 53 (2018). S. 124–126.
Holzer, Gerhard: Vom »schwarzen Loch« zur Aufarbeitung. Nationalsozialismus und Judenverfolgung in rheinhessischen Ortschroniken seit 1980. In: Alzeyer Geschichtsblätter 38 (2010). S. 147–167.
Holzmann, Michael E.: »… und steht die Legion auf dem ihr zugewies'nen Posten«: Die Österreichische Legion als Instrument früher NS-Aggressionspolitik. Berlin 2018.
Kasper, Horst: Der jüdische Friedhof in Bodenheim und Schicksale der ehemaligen jüdischen Bürgerinnen und Bürger von Bodenheim und Nackenheim. Zur Geschichte in Bodenheim und gegen das Vergessen. Bodenheim 2004.

Kasper, Horst: Leben in der jüdischen Gemeinde Bodenheim im 19. Jahrhundert. In: Heimatjahrbuch Landkreis Mainz-Bingen 62 (2018). S. 145–148.

Keim, Anton Maria: Zur Geschichte der rheinhessischen Juden im Vormärz. Zwischen Revolution und Emanzipation. In: Schütz, Friedrich (Hrsg.): Von Blau-Weiß-Rot zu Schwarz-Rot-Gold (= Beiträge zur Geschichte der Stadt Mainz 32). Mainz 1998. S. 117–127.

Kellerhoff, Sven Felix: Ein ganz normales Pogrom. November 1938 in einem deutschen Dorf. Stuttgart 2018.

Kemp, Wolfgang: Dokumentation Oppenheimer und Niersteiner Juden: 1933–1945. Alzey 2009.

Kemp, Wolfgang: Die jüdische Gemeinde Bodenheim / Nackenheim. In: Marschall, Bernhard (Hrsg.): 1250 Jahre Albansgemeinde Bodenheim. Beiträge zur Vergangenheit und Gegenwart. Alzey 2003. S. 182–203.

Kieffer, Fritz: Judenverfolgung in Deutschland – eine innere Angelegenheit? Internationale Reaktionen auf die Flüchtlingsproblematik 1933–1939 (= Historische Mitteilungen, Beiheft 44). Stuttgart 2002.

Kißener, Michael: Boehringer Ingelheim im Nationalsozialismus. Studien zur Geschichte eines mittelständischen chemisch-pharmazeutischen Unternehmens. Stuttgart 2015.

Kißener, Michael: Chancen und Probleme regionalgeschichtlicher Forschungen zur NS-Zeit in forschungspraktischer Perspektive. In: Ruck, Michael / Pohl, Karl Heinrich (Hrsg.): Regionen im Nationalsozialismus (= Institut für schleswig-holsteinische Zeit- und Regionalgeschichte, Band 10). Bielefeld 2003. S. 58–65.

Kißener, Michael (Hrsg.): Rheinhessische Wege in den Nationalsozialismus. Studien zu rheinhessischen Landgemeinden von der Weimarer Republik bis zum Ende der NS-Diktatur. Worms 2010.

Kißener, Michael (Hrsg.): Widerstand gegen die Judenverfolgung (= Porträts des Widerstands 5). Konstanz 1996.

Kißener, Michael / Kahlenberg, Friedrich (Hrsg.): Kreuz – Rad – Löwe. Rheinland-Pfalz. Ein Land und seine Geschichte, Band 2. Mainz 2012.

Klausing, Caroline: Ingelheim in der Zeit des Nationalsozialismus und im Zweiten Weltkrieg. In: Berkessel, Hans (Hrsg.): Ingelheim am Rhein. Geschichte der Stadt von den Anfängen bis in die Gegenwart. Oppenheim 2019. S. 192–205.

Klein, Wolfhard: Juden in Jugenheim. Zur Erinnerung an eine 500-jährige Geschichte. Jugenheim 2020.

Kreuzburg, Julia: Die »Weinbetrüger«-Prozesse in Rheinhessen. Zur »Arisierung« des jüdischen Weinhandels. In: Hambach-Gesellschaft für Historische Forschung und Politische Bildung: Jahrbuch 25 (2018). S. 167–191.

Kreuzburg, Julia: Die Weinhandlung Gärtner & Blum zur Zeit des Nationalsozialismus. In: Niersteiner Geschichtsblätter 24 (2018). S. 28–37.

Kropat, Wolf-Arno: Kristallnacht in Hessen: Der Judenpogrom vom November 1938. Eine Dokumentation. In: Schriften der Kommission für die Geschichte der Juden in Hessen, Band 10, Wiesbaden 1988.

Liepach, Martin: Die politische Orientierung der Dorf- und Kleinstadtjuden in Hessen am Ende der Weimarer Republik. In: Archiv für hessische Geschichte und Altertumskunde, N. F. 55 (1997). S. 93–110.

Longerich, Peter: Die braunen Bataillone. Geschichte der SA. München 1989.

Longerich, Peter: »Davon haben wir nichts gewusst!«. Die Deutschen und die Judenverfolgung 1933–1945. München ^{2}2006.

Luig, Ulrich: Mommenheim. Hundert Jahre Sozialgeschichte eines rheinhessischen Dorfes. Mainz 1990.

Mahlerwein, Gunter: Rheinhessen 1816 – 2016. Die Landschaft, die Menschen und die Vorgeschichte der Region seit dem 17. Jahrhundert. Mainz ²2016.

Maier, Franz: Die Novemberpogrome von 1938 in Nierstein und Rheinhessen. In: Niersteiner Geschichtsblätter 25 (2019). S. 34–53.

Meyer, Hans-Georg: »Die Revolution frisst ihre Kinder«. Der Volkssturmführer Hermann Berndes. In: Ders./Klausing, Caroline (Hrsg.): Freudige Gefolgschaft und bedingungslose Einordnung …? Der Nationalsozialismus in Ingelheim. Ingelheim 2011. S. 664–680.

Meyer, Hans-Georg: »Wer mit Juden handelt, gilt daher als unehrenhaft«. Die Geschichte der israelitischen Gemeinde Ingelheim. In: Ders./Klausing, Caroline (Hrsg.): Freudige Gefolgschaft und bedingungslose Einordnung …? Der Nationalsozialismus in Ingelheim. Ingelheim 2011. S. 420–467.

Meyer, Hans-Georg / Mentgen, Gerd: Sie sind mitten unter uns. Zur Geschichte der Juden in Ingelheim. Ingelheim 1998.

Michaelis, Dieter: Die jüdische Gemeinde von Guntersblum. Von den Anfängen bis zur Vernichtung durch den Nationalsozialismus. Berlin 2014.

Moses, A. Dirk: Review. The Coming of the Third Reich. In: German History 22.4 (2004). S. 656–658.

Mossel, Stefan: Alltag in Essenheim. In: Ders. (Hrsg.): Essenheim. Geschichte und Gegenwart. Ingelheim 2013. S. 264–280.

Mossel, Stefan: Juden in Essenheim. In: Ders. (Hrsg.): Essenheim. Geschichte und Gegenwart. Ingelheim 2013. S. 121–149.

Neumann, Henrik: Die Mitglieder der NSDAP in Oppenheim und Nierstein. In: Niersteiner Geschichtsblätter 22 (2016). S. 16–31.

Neumer, Franz: Friesenheim. Geschichte eines Dorfes in Rheinhessen. Alzey 2001.

Nielsen, Philipp: In the Defense of Germandom in the East. Jews and the Verein für das Deutschtum im Ausland, 1914 to 1935. In: Grill, Tobias (Hrsg.): Jews and Germans in Eastern Europe. Shared and Comparative Histories. München 2018. S. 160–176.

Obst, Dieter: »Reichskristallnacht«. Ursachen und Verlauf des antisemitischen Pogroms vom November 1938. Frankfurt / Main 1991.

Peiffer, Lorenz: »… unser Verein ist judenfrei«. Die Rolle der deutschen Turn- und Sportbewegung in dem politischen und gesellschaftlichen Wandlungsprozess nach dem 30. Januar 1933. In: Historische Sozialforschung 32.1/119 (2007). S. 92–109.

Penßel, Renate: Jüdische Religionsgemeinschaften als Körperschaften des öffentlichen Rechts. Von 1800 bis 1919 (= Forschungen zur kirchlichen Rechtsgeschichte und zum Kirchenrecht, Band 33). Köln 2014.

Rohde, Matthias: Juden in Rheinhessen. Studien zur wirtschaftlichen und sozialen Lage in der ersten Hälfte des 19. Jahrhunderts. Tönning 2007.

Rummel, Walter: Bilder des Unrechts. In: Unsere Archive. Mitteilungen aus den rheinland-pfälzischen und saarländischen Archiven 54 (2009). S. 24–30.

Schafranek, Hans: Söldner für den Anschluss. Die Österreichische Legion 1933–1938. Wien 2011.

Schafranek, Hans / Hurton, Andrea: Die Österreichische Legion und der »Anschluss« 1938. »Arisierungen« als Versorgungs- und Karrierestrategien »verdienter Kämpfer« im politischen Abseits. In: Dokumentationsarchiv des österreichischen Widerstandes: Jahrbuch (2008). S. 189–220.

Schwamb, Walter: Die jüdischen Bewohner der Selztalgemeinden und ihrer Nachbardörfer. Ihre Schicksale. Köngernheim 2012.

Schwamb, Walter: Von Cuningesheim bis Köngernheim. Ein Dorf und seine Geschichte. Köngernheim 2006.

Seibert, Winfried: Dolgesheimer Mord. Der Tod des Juden Julius Frank im Frühjahr 1933. Eine Annäherung. Frankfurt / Main ²2002.

Seibert, Winfried: Der jüdische Friedhof und Schicksale der Dalheimer Juden. Köln ²2017.

Siemens, Daniel: Stormtroopers. A New History of Hitler's Brownshirts. New Haven (CT)/London 2017.

Steber, Martina: Die Eigenkraft des Regionalen. Die ungeschöpften Potenziale einer Geschichte des Nationalsozialismus im kleinen Raum. In: Schmiechen-Ackermann, Detlef (Hrsg.): Der Ort der »Volksgemeinschaft« in der deutschen Gesellschaftsgeschichte. Paderborn 2018. S. 50–70.

Steiner, Zara: The Triumph of the Dark. European International History (1933–1939). Oxford 2011.

Steinweis, Alan E.: Kristallnacht 1938. Cambridge (MA) 2009.

Steinweis, Alan E.: The Trials of Herschel Grynszpan. Anti-Jewish Policy and German Propaganda, 1938–1942. In: German Studies Review 31.3 (2008). S. 471–488.

Tapp, Berthold: Die israelitische Gemeinde Ebersheim mit Harxheim und ihre Synagoge (1830–1938). Aufstieg und Untergang einer rheinhessischen Landjudengemeinde. Norderstedt 2014.

Thomaschke, Dirk: Abseits der Geschichte. Nationalsozialismus und Zweiter Weltkrieg in Ortschroniken (= Formen der Erinnerung, Band 60). Göttingen 2016.

Urhegyi, Karl: Die »Kristallnacht« in einer Landgemeinde. Heidesheim im November 1938. Heidesheim 1988.

Vey, Anno: Ingelheim unter dem Hakenkreuz (= Beiträge zur Ingelheimer Geschichte, Band 44). Ingelheim 1999.

Weisrock, Anton / Rettinger, Elmar / Weisrock, Peter (Hrsg.): Die Jüdische Gemeinde von Nieder-Olm. Nieder-Olm ²2000.

Wiese, Stefan: Pogrome im Zarenreich. Dynamiken kollektiver Gewalt. Hamburg 2016.

Wildt, Michael: Volksgemeinschaft als Selbstermächtigung. Gewalt gegen Juden in der deutschen Provinz, 1919–1939. Hamburg 2007.

Wirsching, Andreas: Jüdische Friedhöfe in Deutschland 1933–1957. Vierteljahrshefte für Zeitgeschichte 50.1 (2002). S. 1–40.

Wittstock, Alfred: »Es waren doch alles so nette Nachbarn ...«. Juden unserer Gemeinden: ihre Leidenswege in der NS-Zeit. In: Heimatpflege für den Kreis Mainz-Bingen / Vereinigung der Heimatfreunde am Mittelrhein e.V. 3 (1995). S. 165–169.

Wünschmann, Kim: Cementing the Enemy Category: Arrest and Imprisonment of German Jews in Nazi Concentration Camps, 1933–8/9. In: Journal of Contemporary History 45.3 (2010). S. 576–600.

Würz, Markus: Die Zeit des Nationalsozialismus in Rheinhessen. Ein Überblick über die (Forschungs-)Literatur. In: »Beseelt mit Hitlergeist« ... bis zum bitteren Ende. Nationalsozialismus im Alzeyer Land. Begleitband zur Sonderausstellung im Museum Alzey (24.4.–17.6. 2012) (= Alzeyer Geschichtsblätter, Sonderheft 26). Alzey 2012. S. 11–29.

Würz, Markus: Kampfzeit unter französischen Bajonetten. Die NSDAP in der Weimarer Republik (= Geschichtliche Landeskunde, Band 70). Stuttgart 2012.

Würz, Markus: Die Niersteiner NSDAP in der Weimarer Republik. In: Niersteiner Geschichtsblätter 17 (2011). S. 20–33.
Würz, Markus: Die Zeit des Nationalsozialismus in Rheinhessen. Ein Überblick über die (Forschungs-)Literatur. In: »Beseelt mit Hitlergeist« … bis zum bitteren EndeZiegler, Herbert F.: Review. Kristallnacht 1938. In: The American Historical Review 115.4 (October 2010). S. 1241f.
Zurowski, Marek: Hahnheim 764–1990. Aus der Geschichte einer rheinhessischen Weinbaugemeinde. Horb / Neckar 1991.

Förderverein Projekt Osthofen (Hrsg.)

Mehrdeutigkeit des Volksbegriffs

84 Seiten
Broschur

FORMAT 21 × 14,8 cm
ISBN 978-3-947884-49-0
PREIS 13,80 €

Als die Bürgerbewegung in der DDR 1989 dem autoritären Staat mit dem Sprechchor »Wir sind das Volk« die Stirn bot, ging es um Bürgerrechte wie Meinungs-, Versammlungs- und Glaubensfreiheit. Seit 2014 rufen rechte Demonstrationen »Wir sind das Volk.« Dabei geht es um eine völkische Abgrenzung gegenüber »Nicht-Deutschen» und die Anmaßung einer Alleinvertretung.

Der Volksbegriff ist also mehrdeutig und kann sowohl demokratisch als auch völkisch ausgelegt werden. Soll er daher als untauglich aussortiert werden? In »Mehrdeutigkeit des Volksbegriffs« wird diskutiert, ob damit nicht nur das Volk als Souverän eines demokratischen Staates infrage gestellt, sondern auch der Volksbegriff den Rechten zur freien Verfügung überlassen würde. Ausgehend davon beleuchten drei Beiträge unterschiedliche Facetten der Idee, die Ideale des beim Hambacher Fest 1832 ausgerufenen europäischen Völkerfrühlings neu zu erzählen und den Menschen Mut zur Gestaltung einer offenen Gesellschaft zu machen.

INHALT

PETER BRANDT: Was ist eigentlich das Volk? – Ein umstrittener Begriff im Wandel der Zeiten

SUSANNE SCHARNOWSKI Heimat – Zwischen Bedürfnis und Ideologie, Politik und Propaganda, Gefühl und Kitsch

VOLKER GALLÉ Begeisterung statt Hassjubel – Demokratische und völkische Gefühlswelten in der europäischen Moderne

Worms Verlag
Nibelungen | Regionalia | Judaica

Michael Kißener (Hrsg.)

Rheinhessische Wege in den Nationalsozialismus

Studien zu rheinhessischen Landgemeinden von der Weimarer Republik bis zum Ende der NS-Diktatur

268 Seiten
kartonierte Broschur
8 Schwarzweißabbildungen, 9 Karten,
5 Diagramme und Tabellen

FORMAT 21 × 14,8 cm
ISBN 978-3-936118-74-2
PREIS 19,80 €

Der Nationalsozialismus gilt als eine der am besten untersuchten Phasen der deutschen Geschichte. In der Regionalforschung sind aber nach wie vor viele Fragen offen, so auch in Rheinhessen. Der vorliegende Band betritt daher vielfach Neuland. Anhand von sechs Fallbeispielen erlaubt er einen Einblick in Entstehung und Realisierung der NS-Herrschaft in Rheinhessen. Im Vordergrund stehen konkrete Personen, die die Durchsetzung und Aufrechterhaltung der lokalen NS-Herrschaft ermöglicht haben. Aber auch Opfer werden benannt und ihre Schicksale, soweit möglich, dokumentiert. Dabei zeigt sich, dass die brutale Alltagsrealität der NS-Diktatur im engen dörflichen Milieu noch erschreckendere Züge annehmen konnte als in Städten. Der Band bietet damit über die konkreten Erträge hinaus wichtige Erkenntnisse hinsichtlich der Etablierung und Entwicklung der NS-Diktatur insgesamt.

INHALT

Regionen im Nationalsozialismus aus rheinland-pfälzischer Sicht · Alsheim vor dem 30. Januar 1933 und in der Frühzeit des »Dritten Reiches« · Bodenheim in der Zeit des Nationalsozialismus · Framersheim: Eine Keimzelle der Bewegung · Gau-Odernheim: »Stütze für das nationalsozialistische Werden in Rheinhessen« · Die Gau-Odernheimer Opfer des Holocaust · Wie Ingelheim am Rhein nationalsozialistisch wurde · »Gruß aus Hitlerhausen (z. Zt. noch Stadecken genannt)« – Die »Burg« der NS-Bewegung im nördlichen Rheinhessen

Der Untersuchungsraum dieser Arbeit

Die rosa unterlegte Fläche grenzt den Untersuchungsraum nach außen ab. Pink eingefärbt sind die Orte des Untersuchungsraumes, in denen sich Vorfälle während der Novemberpogrome ereigneten. Orange eingefärbt sind Gemeinden im Übergangsraum bzw. außerhalb des Untersuchungsraumes. Hierhin haben sich Rollkommandos begeben, nachdem sie in Ortschaften des Untersuchungsraumes bereits aktiv gewesen waren.

Die Karte stammt aus folgender Publikation: Kißener, Michael (Hrsg.): Rheinhessische Wege in den Nationalsozialismus. Studien zu rheinhessischen Landgemeinden von der Weimarer Republik bis zum Ende der NS-Diktatur. Worms 2010. S. 242f. Der Verfasser dieser Arbeit hat die Karte angepasst und durch die für die Analyse notwendigen grafischen Hervorhebungen ergänzt.